호류(胡流)와 한중 두 나라의 전통 연희

호류(胡流)와 한중 두 나라의 전통 연희

초판 1쇄 인쇄 2019년 2월 22일
초판 1쇄 발행 2019년 2월 28일

지은이 안상복
펴낸이 오세정
펴낸곳 서울대학교출판문화원

출판등록 제15-3호

주소 08826 서울 관악구 관악로 1
대표전화 02-880-5252 | 팩스 02-889-0785
홍보마케팅팀(주문 상담) 02-889-4424, 02-880-7995
이메일 snubook@snu.ac.kr
홈페이지 www.snupress.com

ISBN 978-89-521-2025-0 93380

호류胡流와 한중 두 나라의 전통 연희

안상복 지음

서울대학교출판문화원

이 책의 주지(主旨)는 한중 두 나라의 전통 연희를 여러 각도에서 비교 고찰하고 이를 통해 학계에서 아직까지 제대로 표면화되지 못한 호류(胡流)의 실재(實在)를 부각시켜 보이는 데 있다. 학계의 기존 연구동향을 살펴보면 호인(胡人)의 활동에 대한 연구 성과는 한국보다 중국이 상대적으로 많다. 이것은 역사적으로 호인의 직접적인 유입이나 접촉 기회가 한국보다는 중국이 압도적으로 많았기에 자연스러운 결과일 수 있다. 그런데 흥미롭게도 연구의 범위를 전통 연희(演戱)라는 분야로 좁혀 놓고 보면 양국 모두에서 호류를 전면에 내세운 성과를 찾아보기 어렵다. 필자 또한 처음부터 호류를 연구 주제로 인식한 것은 아니었으며, 호류를 표방하는 저술을 구상하기까지는 다소 긴 시간을 보내야 했다. 필자가 동아시아 연희사의 비교 연구에서 호류가 중요한 의미를 지닐 수밖에 없다는 인식을 본격적으로 갖기 시작한 것은 학술논문을 쓰기 시작한 지 20여 년의 시간이 지난 최근의 일이다. 그동안 개인적으로 쌓아온 성과를 돌이켜 볼 때 호류를 전면에 내세운 단행본의 집필이 가능하겠다는 희망을 갖게 되었고, 이에 용기를 내어 이 책의 집필을 시도하게 되었다.

일반적으로 호족(胡族)이라고 하면 한족(漢族)들이 주변 민족 특히 중국의 북방과 서방 또는 서역(西域)에 거주하던 여러 민족을 싸잡아 지칭하는 말로 이해된다. 중국 역사에서 진한제국(秦漢帝國)의 성립 이래 한족에 대한 호족의 충격은 오호십육국(五胡十六國) 및 북조(北朝)시대, 다시 말해 중국의 서북방에서 주로 유목에 의존해 생활하던 호족들이 중국 내지(內地)로 들어와 최초로 국가들을 세웠던 시대에 전면적으로 발생한다. 그런 까닭에 한국의 동양사학계에서는 이 시기의 정치문화체제를 '호한체제(胡漢體制)'라는 말로 압축하기도 한다. 예를 들면 서울대학교동양사학연구실에서 편찬한 《강좌중국사 II》(지식산업사, 1989)는 책의 부제로 '문벌사회(門閥社會)와 호한(胡漢)의 세계'를 내세우고 있으며, 같은 책 63-132쪽에 수록된 박한제의 〈호한체제(胡漢體制)의 전개와 그 구조〉라는 글은 오호십육국 및 북조시대를 아예 '호한체제'로 명명하고 있다. 이 책에서 내세우는 호류의 '호(胡)'는 이런 역사적 사실을 배경으로 하고 있지만 그 시기적·개념적 범위는 더 넓다. 왜냐하면 호족의 중국 내지로의 유입과 활동은 비단 이 시기뿐만 아니라 수당(隋唐) 시기 및 그 뒤의 요금원(遼金元) 시기에도 면면히 이어졌고, 그들의 활약과 자취 또한 정치문화 전반에 지속적으로 스며들었기 때문이다.

문헌 사례별로 호인의 출신지를 하나하나 밝히는 작업은 여간 힘든 일이 아니다. 당나라 때의 사례만 놓고 보더라도 북적(北狄)으로 분류되는 돌궐(突厥), 회골(回鶻), 거란(契丹), 해(奚)는 물론이고 서역(西域)으로 분류되는 동투르키스탄, 소그디아나, 인도, 페르시아, 타지크 등지에서 온 사람들 모두가 '호'로 지칭되었다. 이 때문에 개별 사료에 등장하는 '호'자만으로 그 사람의 구체적인 출신지를 알아내는 것은 원천적으로 한계를 지닌다. 물론 다른 자료를 취합하여 정확히 알아내는 것도 충분히 가치를 지니지만 이 책의 주지와는 거리가 있다. 요컨대 통시적으로 중국의 서쪽과 북쪽에서 중국 내지로 들어와 활동했던 수많은 계통의 외국인들을 가장 압축적으로 표현할 수 있는 글자로 '호'자만 한 것이 없다는 것이 필자의 생각이다. 그래서 이 책에서는 '호'로 통칭될 수 있는 모든 민족이나 나라의 사람들로 말미암은 문화적 현상이나 트렌드 정도의 개념으로 호류를 사용하고자 한다.

잘 알려져 있다시피 학계에서는 기왕에 호류와 비슷한 의미로 '호풍(胡風)'을 사용하지만, 필자의 견해로는 호풍보다 호류가 적합하다. 물길이 만드는 '류(流)'가 바람이 만드는 '풍(風)'보다 상대적으로 더욱 뚜렷하고 오래 지속된다는 특징을 각인시켜 주기 때문이다. 그래서 호풍보다는 호류라는 말이 이 책의 주지를 훨씬 효과적으로 전달할 수 있으리라 생각한다.

이 책의 연구는 기본적으로 비교론에 기초하고 있으며, 인과관계에 대한 고찰도 역순으로 접근한다. 풀어서 설명하면, 호인들로 말미암은 호류로 인해 전통 연희의 어떤 사례들이 어떤 모습을 취하게 되었다는 것이 아니라, 전통 연희의 특정 사례들이 한중 두 나라에 공통적으로 발견되고 아울러 동질적인 특징을 지니고 있기에 그것이 오히려 호류의 실재를 뒷받침하고 있다는 식이다.

이 책의 본론은 내용상 크게 두 부분으로 나뉜다. 제1부에서는 '호류의 물증'이라는 제목 아래 여덟 개의 장을 배치했으며, 제2부에서는 '호류의 자취'라는 제목 아래 세 개의 장을 배치했다. 제2부를 별도로 둔 것은 거기에서 다룬 내용이 주제 면에서 제1부와 연속선상에 있긴 하지만 한중(韓中) 간의 관련성을 뒷받침할 직접적인 근거 자료가 상대적으로 미약하기 때문이다. 제1부와 제2부를 합한 본론은 모두 열한 개의 장으로 구성되며, 제1장과 제2장을 제외한 각각의 장에서는 전통 연희의 서로 다른 분야를 다루었다. 여기에 서론과 결론에서 다룬 소주제까지 더하면 이 책에서 실질적으로 다루고 있는 제재의 범위는 비교적 넓다고 할 수 있다. 또 본론을 구성하는 소주제들의 시간적 범위를 중국을 기준으로 따져보면 위로는 선진(先秦)시기부터 아래로는 청(淸)나라에까지 미친다. 이에 필자는 이 책이 동아시아의 연희사(演戲史)를 읽어내기 위한 전제로서 호류의 양상과 전개를 제대로 파악하는 데 필요한 일종의 종합안내서 역할을 할 수 있기를 희망한다.

새로운 연구 지평의 확장을 시도하는 것이기에 미진한 부분이 없을 수 없겠지만, 향후 호류에 대한 학계의 관심을 촉발하고 많은 연구자들이 참여하는 계기를 제공할 수 있다면 이 책은 시도만으로도 상응하는 평가를 받을 수 있으리라 생각한다.

차례

서론 소蘇와 소도蘇塗·솟대의 관계로 살핀 호류胡流의 가능성

1. 서언

손진태는 일찍이 한반도 도처에서 전승되고 있는 솟대를 마한시대 소도(蘇塗)의 소(蘇)와 연결시킨 바 있다. 그가 풀이한 '소'자의 의미가 단지 '솟다'나 '높다'라는 뜻에만 국한되는지는 논란의 여지가 있을 수 있겠으나, 솟대와 소도를 연결시킨 주장 자체는 탁월한 안목에서 비롯된 것이라 하지 않을 수 없다. 다만 한 가지 아쉬운 점이라면 손진태 이후 이런 논의를 진전시킨 연구 성과가 발견되지 않고 있다는 것이다.

이 장의 논의는 기본적으로 손진태의 견해를 긍정하는 바탕 위에서 중국과 비교하여 그 내용을 좀 더 심화·확장시킨 것이라 할 수 있는데, 내용에서 직접적으로 호류와 연관시킬 수 있는 자료는 찾기 어렵다. 그럼에도 이 장을 서론으로 내세운 것은 소(蘇)와 소도의 전통이 역사기록 이전에 중국 이서 지역에 살던 선사인들의 중국과 한반도로의 이주 및 그 결과로서의 호류(胡流)의 가능성을 시사하고 있기 때문이다.

2. 중국의 괴뢰희신 소(蘇)와 한국의 소도와 솟대

중국 인형극의 기원과 관련하여 제기되는 대상 중의 하나가 소(蘇)이다. 현재 중국 천주(泉州) 지방의 제선괴뢰희(提線傀儡戲) 극단에서는 자신들이 모시는 희신(戲神)을 상공야(相公爺)라고 하는데, 그의 출생과 관련된 전설로는 두 가지가 전해진다. 하나는 당나라 현종 때 절강성 항주의 철판교 어귀에 살던 소가(蘇家)네 아가씨가 집 밖으로 놀러 나갔다가 벼 밭(田)을 지나면서 벼 열매를 하나 따 먹고 낳은 아이라는 설이다. 다른 하나도 이것과 대동소이하지만 약간 더 구체적이다. 소가네에서 축수(祝壽) 잔치를 벌이게 되었는데 한 농부가 축수할 예물을 구할 도리가 없자 밭에서 자란 벼 이삭을 따서 바쳤고, 소가네 아가씨가 그것을 먹고 임신을 해서 아이를 낳게 되었는데 아가씨의 부친이 이 사실을 알고는 시녀에게 명하여 아이를 밭에다 갖다 버리게 했다. 그런데 며칠이 지난 뒤 소가네 아가씨가 시녀를 시켜 그 밭을 찾아가서 아이를 찾게 하니 털게가 거품을 뱉어서 아이를 먹이고 있었다. 아이가 털게의 도움으로 죽지 않고 오히려 잘 자라고 있는 것을 보고 기이하게 생각하여 다시 그 아이를 집으로 데려와 키웠다는 전설이다. 이 두 가지 전설은 모두 소가네 아가씨가 밭에서 난 벼의 열매를 먹고 낳은 아이가 바로 상공야라는 것이다. 그래서 상공야의 본성은 밭을 의미하는 전(田)이 되지만, 어머니의 성을 따를 경우는 소(蘇)가 되기도 하기 때문에 소상공(蘇相公)으로 불리기도 한다는 것이다.[1]

천주의 제선괴뢰희 극단에서는 공연 때가 되면 상공야 인형을 한가운데 걸고 나머지 인형들을 서열에 따라 차례로 내걸며, 정극(正劇)이 공연되기 전에 반드시 상공야를 무대에 불러내어 첫 번째로 퍼포먼스를 하게 하는데 이것을 답붕(踏棚)한다고 표현한다. 상공야가 답붕하는 대목을 극본에서는 〈대출소(大出蘇)〉라고 명명하고 있는데, 여기서 대(大)

는 '전본(全本)'을 지칭하고 출(出)은 '등장' 혹은 '얼굴을 내민다'는 뜻이며 소(蘇)는 '상공야'를 의미한다. 〈대출소〉는 이야기나 스토리의 전개 없이 노래와 춤, 설백(說白) 따위로만 구성되며 종교적인 색채가 강한 1인극 형태로 전개된다. 천주의 제선괴뢰희 극단에서는 내부적으로 전해지는 전통 극본을 관습적으로 부(簿)라고 칭하며 이들 부의 전체 구성은 크게 42본(本)의 낙롱부(落籠簿)와 〈목련구모(目連救母)〉나 〈수호(水滸)〉 등을 포함하는 농외부(籠外簿)로 나뉜다. 이들 낙롱부나 농외부에 포함된 작품은 어느 것이든 실제 공연 때 연기자들이 언제든 넘겨볼 수 있게 극본이 제공된다. 그러나 〈대출소〉만큼은 대대로 구두로 전수되기 때문에 현재 채록되어 활자화된 낙롱부나 농외부 어디에서도 찾아보기 힘들다. 〈대출소〉는 오로지 연기자들의 기억에 의존해 공연될 뿐이며, 소요되는 시간은 대략 30분 정도이다. 극단의 전체적인 상연 절차로 보면 상공야는 청신(請神)할 때 외에 송신(送神)할 때에도 등장해서 장을 마무리해야 하며 여기서 구음 로리련(嘮哩嗹)을 노래한다.[2]

이 밖에 천주 지방의 이원희(梨園戲) 중에도 어린 배우들이 괴뢰희의 희신인 소상공으로 분장해 막을 여는 관습이 있는데, 괴뢰희에서 하는 상공야의 답붕을 모방했다는 의미에서 그것을 '제소(提蘇)'라고 부른다.[3]

이상에서 살펴본 천주 제선괴뢰희 극단의 희신과 관련된 전설이나 명칭, 관습 등은 현지의 괴뢰희가 처음부터 소와 밀접한 관련 아래 형성되었음을 강하게 시사하고 있다. 이에 아래에서는 그 역사적 소원(溯源)을 시도해 본다.

우선 12-13세기에 걸쳐 존속했던 남송(1127-1279)의 수도 항주에 대한 민속을 기록하고 있는 오자목(吳自牧)의 《몽량록(夢粱錄)》에서 관련된 단서를 찾아볼 수 있으니, 책 속에서 발견되는 '소가항의 24가 괴뢰(蘇家巷二十四家傀儡)'[4] 또는 '소가항의 괴뢰사(蘇家巷傀儡社)'[5]와 같은 구절이 그것이다. 이것들은 직접적인 증거라고 하기는 어렵지만 소가(蘇

家)와 괴뢰 사이에 무언가 끈끈한 관계가 있었다는 사실을 남송 시대 사람들이 이미 인식하고 있었음을 은연중에 드러내고 있다. 시대를 더 거슬러 올라가면 9세기 중엽에 저술된 것으로 추정되는 단성식(段成式)의 《유양잡조(酉陽雜俎)》에 다음과 같은 기록이 전해진다.

> 세간에서 사람이 죽으면 기악을 벌이는데 그것을 상악(喪樂)이라 부른다. 기두(魌頭)는 죽은 자의 혼을 보존하는 것인데 일명 소(蘇)라고도 한다.[6]

현대의 연구자들에 의하면, 여기서 거론된 기두(魌頭)는 방상(方相)과 함께 괴뢰의 기원과 관련된 핵심 키워드의 하나이다. 그러므로 소(蘇)를 기두의 또 다른 이름이라고 소개하고 있는 이 기록은 소상공을 괴뢰희의 희신으로 간주하는 천주 제선괴뢰희 극단의 전통이 최소 천 년 이상의 내력과 근거가 있음을 뒷받침한다고 할 수 있다.

중국 학자 하창림(何昌林)은 위 인용문에 언급된 소를 도가에서 말하는 부소(扶蘇)와 연결시켜 풀이했는데, 해당 원문을 인용하면 다음과 같다.

> 소는 소생의 뜻을 지녀서 원양지정이 되니 곧 도가에서 말하는 부소(扶蘇)이다. …… 부소는 태곳적의 사목(社木)으로 동남(童男)을 상징하며 남성 생식의 신이 된다. 이 나무를 깎아 인형을 만들어 희신으로 여기면서 소상공이라고 부르는 것은 실로 깊은 뜻이 담겨 있다.[7]

중국 학자 강보성(康保成) 또한 "방상(方相)과 기두를 소라고 한 것은 부소(扶蘇) 나무로 조각한 까닭이다."라고 하여 이 견해에 동의를 표했다.[8] 그런데 부소는 《시경(詩經)》의 〈산유부소(山有扶疏)〉에 등장하는 나무이기도 하다. 모전(毛傳)에서는 이것을 '소목(小木)'이라고 했고 마서진(馬瑞辰)은 《모시전전통석(毛詩傳箋通釋)》에서 이 소목(小木)을 작은 나무로 풀지 않고 특정한 나무의 이름을 가리킨다고 했다.[9] 또한 《여람(呂覽)》이나 《한서(漢書)》의 〈사마상여전(司馬相如傳)〉·〈유향전(劉向傳)〉·〈양웅전(揚雄傳)〉, 매승(枚乘)의 〈칠발(七發)〉, 허신(許愼)의 《설문해자(說文解字)》 등에서도 부소(扶疏)를 모두 큰 나무라는 뜻의 대목(大木)으로 풀이하고 있다.[10]

이제까지의 고찰에 의하면, 현대 중국 천주 지방의 제선괴뢰희 극단에서 희신으로 모시는 소상공은 우연히 소라는 성을 갖게 된 것이라기보다는 오히려 괴뢰희의 기원으로 지목되는 기두의 별칭이면서 동시에 고대 사목으로 숭배되던 큰 나무 곧 부소에서 비롯됐기 때문으로 생각된다. 이름 대신 성(姓)을 취한 것은 오랜 시간이 지나더라도 그 태생적 뿌리를 잊지 않도록 하는 데 이것이 더 효율적이었기 때문일 것이다.

한국의 소도(蘇塗)와 관련된 최초의 기록은 중국 사람 진수(陳壽)가 남긴 《삼국지(三國志)》 제30권 〈마한전(馬韓傳)〉에 다음과 같이 전해지고 있다.

> 마한의 제국에는 소도(蘇塗)라는 별읍이 있었는데 큰 나무를 세우고 영고를 매달아 귀신을 섬겼다.[11]
>
> 그 소도를 세운 의도가 부도와 비슷하다.[12]

송(宋)나라 사신으로 고려를 찾았던 서긍(徐兢)은 자신의 저서 《고려도경(高麗圖經)》 제3권 '민거(民居)'편에 긴 장대를 세웠던 고려의 습속을 다음과 같이 기록하고 있다.

> 예로부터 전해지길 오직 창우(娼優)들이 사는 곳에서만 긴 대를 세워서 양갓집과 구별했다고 하는데 지금은 그렇지 않다고 한다. 대개 그 습속이 귀신을 제사 지내는 것이니 사람들을 복종시키고 재액을 물리치려는 도구일 따름이다.[13]

손진태는 고려시대 장대를 세웠던 습속은 바로 마한 사람들이 큰 나무를 세우고 영고를 걸어서 귀신을 제사 지냈던 그 풍속이 전해진 것으로 추측했는데[14] 필자 또한 이 견해에 전적으로 동의한다. 손진태는 소도를 솟대와 연결시키기 위해 다음과 같이 논증을 이어 갔다.

> 그러한데 여기서 가장 문제가 되는 것은 '솟대'·'솔대'로서 이것은 마한어 소도와 가장 유사한 까닭이다. 소도가 소자유(蘇子油)로서 무슨 물체에 칠을 한다는 의미가 아닌 이상 이것은 명백히 입대목의 마한어의 음역일 것이다. 삼한 당시의 명칭이 금일까지도 거의 그대로 전승된 것이다. 그러면 소도·솟대·솔대가 과연 동원어라면 그 의미는 무엇일까. 먼저 이들 명칭 중에 공통한 대에서부터 해명하는 것이 편리하다고 생각한다. 대란 것은 금어에도 주(柱)·죽(竹)·간(竿)·도(棹)·봉(棒)·장(杖) 등 모두 직장(直長)한 물체를 말하는 데에 사용되나 왕석(往昔)에도 마찬가지였던 것 같으니 이조초엽의 《두시언해》(분류두공부시) 13권 13장에는 간(竿)을 대라 역하였고, 같은 책 6권 13장, 6권 52장, 7권 9장 등에는 장(檣)을 '빗대(船柱의 意)'라고 역하였다. 입목도 역시 일종의 대이기 때문에 그렇게 명명되는 것은 의심할 여지가 없다. 다만 여기서 의문되는 것은 소와 솔의 의미이다. 전인(前引) 여수 김응수 노인은 솔대를 높은 입목의 의미라 답하고 소주는 무슨 뜻인지 모른다고 하였다. 그러나 생각건대 소나무가 솔나무라고도 일컬어지고 무(水)가 물이라고도 와(訛)하는 것 같은 음편상(音便上)의 변와(變訛)는 허다히 있는 것이므로 소와 솔

과는 아마도 동일원(同一源)의 말로 입목의 고유 조선명은 '솟대' 또는 '솔대'에 가까운 말이었으리라고 대개 추측되는 바이다. 그런데 솟은 용(聳)·용(湧)의 동사·형용사에 쓰이는 말로서 오늘날은 물론 이조 초기의 문헌에도 …… 솟(踊躍의 의미)으로 역하였다. 만약 이것이 고대로부터 오늘날까지 큰 변화를 입지 않는 말이라면 소도는 그 원명 소대 혹은 솟대의 음역이고 또 이것은 용목(聳木)의 의미가 아니었던가 해석된다.《화어류초(華語類抄)》기희조(技戲條)가 연간(緣竿)·상간(上竿) 등 광대(배우)의 연기를 번역하여 '솟딕 타다'라고 한 것도 용주(聳柱)·고간(高竿)의 의미일 것으로서 소도의 솟대와 동일어이다. 일본 언어학자 백조고길(白鳥庫吉) 박사의 담화에 의하면 소도는 용주(聳柱)·고간(高竿)을 의미하는 몽고어 Soromoto 및 만주어 색마(索摩)·색막(索莫)(Somo) 등과 동원이며 So, Sore, Sor는 모두 용(聳)·고(高)의 의미이리라 한다.[15]

소도와 솟대의 발음상의 유사성에만 주목하는 입장이라면 위에서 고찰한 내용이 틀렸다고 단정하기 어렵다. 그러나 필자가 보기에 소도나 솟대를 단순히 솟다의 '솟'과 곧고 긴 나무를 의미하는 '대'가 결합한 말로만 이해하는 것은 그 본질적인 뜻까지 파악했다고 말하기 힘들다. 《삼국지》의 원문을 다시 보면 "큰 나무를 세우다(立大木)"라거나 "소도를 세우다(立蘇塗)"라고 하여 '세우다'는 뜻의 입(立) 자를 이미 두 번이나 쓰고 있다. 큰 나무를 세우면 그 나무는 위로 우뚝 솟는 것이 당연한데 '소도를 세우다'에 나오는 소를 굳이 솟다는 의미의 '솟'으로 이해할 필요가 있을까 의문이란 말이다. 게다가 나무를 세운 가장 중요한 목적이 귀신에게 제사 지내기 위한 것이라면, 제사의 대상이어야 할 귀신의 격 다시 말해 신목(神木)의 의미가 부각되어야 하는데, 위의 해석에서는 이 점이 부각되지 않기에 더 큰 문제를 안고 있다고 할 수 있다. 현재 전해지고 있는 솟대의 예로 보아도 그것들은 일반적으로 마을의 하당신이나 상당신 또는 주신으로 모셔진다. 그렇다면 소도나 솟대를 막론하고 모두 그 자체에 신목의 의미가 포함되어야 한결 자연스럽다. 요컨대 "소라는 명칭에 신목의 의미가 담겨 있는가?"라는 의문이 이제까지의 고찰에 의해 대두된 당면 문제라 하겠다.[16]

3. 소와 소도·솟대의 비교

앞에서 살폈던 《모시전전통석(毛詩傳箋通釋)》의 설명을 다시 상기해보자. 소목을 '작은 나무'로 풀지 않고 특정한 나무의 이름으로 이해하면서 동시에 《한서》나 〈칠발〉에서처럼 '큰 나무'로 인정한다면, 《삼국지》에 기술된 '큰 나무를 세우다'의 '큰 나무[大木]'도 소로 이해할 수 있고 그에 근거해 소도 또한 '소라는 나무로 만든 대'로 이해할 수 있다. 그런데 앞에서 인용한 하창림의 주장처럼 부소가 '태곳적의 사목으로 동남을 상징하며 남성 생식의 신'이라면 소라는 나무를 재료로 만든 장대로서의 소도가 신격을 지니는 것은 자연스러운 현상이 아닐 수 없다. 바로 이런 이유에서 "왜 소도가 신격을 지닌 신목(神木)으로 모셔지는가?"에 대한 의문을 해결해 줄 단서가 여기에 있다고 생각하는 것이다. 사실 소도가 신격을 지니고 있다는 사실은 《삼국지》의 "소도를 세운 의도가 부도와 비슷하다."라고 한 구절에서도 뚜렷하게 드러나 있다. 주지하다시피 부도의 어원은 붓다(Buddha) 또는 불탑의 유래가 되는 스투파(stupa, 한자로는 率屠婆)에서 찾을 수 있으니 형상적인 측면에서 본다면 부도는 곧 불상이나 불탑에 다름 아니다. 그러므로 솟대나 소도의 소가 중국 괴뢰희의 희신인 소(蘇)와 같은 뿌리에서 나왔다는 것이 인정된다면, 부도가 붓다에서 유래했고 그 붓다가 바로 부처를 의미하는 것처럼 소 또한 '태곳적의 사목'이자 '남성 생식의 신'이라는 의미를 포함하고 있어야 옳다. 《삼국지》에 기술된 원문의 맥락으로 보아도 소도에 사용된 한자 '소'의 의미가 단순히 높이 솟은 나무라는 의미에만 그치지 않음은 명백하다.

소의 신목(神木)으로서의 격을 인정하는 바탕에서 다시 소의 희신(戲神)으로서의 가능성을 따져 보자. 한국측 자료에서는 소가 인형의 모습으로 등장하는 사례는 발견되지 않았지만 '소도-솟대'로 이어지는 전개 과정에서 놀이꾼과 밀접했던 사실은 확인된다. 송나라 사신으로서 고려를 방문했던 서긍이 "오직 창우들이 사는 곳에서만 긴 대를 세운다"고 말한 구절이 이를 뒷받침하고 있다. 그는 그런 습속이 오래전의 것이어서 당시에 이미 명맥이 끊어졌다고 전언했지만 손진태의 조사에 의하면 그런 전통은 후대까지 계속 전승되고 있었다.

> 성천읍에는 사십 년 전 모 진사 가의 문전에 건립되어 높이 수십 척의 직장(直長) 백재(柏材)에다 승형(繩形)으로 단청을 시(施)하고 정상에는 역시 백재로써 개구(開口)의 용두(龍頭)를 조각하여 올리고 그 꼬리는 마치 방앗다리와 같이 두 갈래로 나누어지고 용은 전신 채색을 하고 입에는 여의주를 물리었었다. 건립 당일은 광대를 초청하여 보현희(步絃戲)를 하고 성대한 연을 베풀었다. 선조의 산소(山所)에 이것을 세우는 사람도 있는데 그때는 산신(山神)도 선조와 함께 위안한다고 산신목(山神木. 임의로 적당한 나무 하나를 택한다)에 북을 걸고 여러 가지 재희(才戲)를 연출하는 것이다.[17]

위 인용문은 1923년 성천군 읍내 김신호 노인의 전언인데, 그 내용만으로 보면 단순히 신을 즐겁게 할 목적으로 광대패를 불렀다고도 볼 수 있다. 그러나 중국 사신 서긍의 전언처럼 오직 창우들만이 자신들이 사는 곳에 긴 대를 세웠고 그것이 일반인들과 구별되는 습속이었다면,

인용문에 등장하는 광대와 솟대의 관계 또한 좀 더 내밀하다고 보아야 옳다.

솟대와 놀이패와의 관계는 현재 알려져 있는 전통 유랑예인 집단 중의 하나인 솟대장이패(蘇塗牌)라는 명칭을 통해서도 확인된다. 솟대장이패라는 명칭이 "이 패거리들이 꾸미는 놀이판의 한가운데에 반드시 솟대와 같은 긴 장대를 세우고 그 꼭대기로부터 양편으로 두 가닥씩 네 가닥의 줄을 늘여 놓고, 그 위에서 갖가지 재주를 부린 데서 비롯된 것"[18]으로 추정되기 때문이다. 여기서 필자의 눈길을 끄는 대목은 그 솟대장이패들이 놀았다는 줄타기의 방식이다. 앞의 전언에 의하면 솟대장이패들은 솟대 꼭대기로부터 양편으로 네 가닥의 줄을 늘여 놓고 그 위에서 갖가지 재주를 부렸기 때문에 그 네 가닥의 줄은 한쪽이 높고 다른 한 쪽이 낮은 사선(斜線)형일 수밖에 없다. 이런 방식의 줄타기는 일반적으로 생각하기 쉬운 수평의 줄 위에서 노는 그것과 구별된다. 사선형 솟대줄타기와 관련된 한국의 사례는 조선시대 사찰 벽화인 감로탱에서 그 선례를 여럿 찾아볼 수 있다. 남장사에 있는 1701년의 감로탱, 운흥사에 있는 1730년의 감로탱, 선암사에 있는 1736년의 감로탱, 봉서암에 있는 1759년의 감로탱, 자수박물관에 소장된 18세기 중엽의 감로탱, 청룡사에 있는 1898년의 감로탱 등에는 모두 솟대에 줄을 걸어 놓고 사선으로 줄을 타는 장면이 포함되어 있다. 예시하는 〈도1〉은 운흥사의 감로탱에 묘사된 솟대줄타기 장면이다.

이에 대응되는 중국의 사례는 북송의 수도 변경의 사적을 기록한 《동경몽화록(東京夢華錄)》에서 찾아볼 수 있다.

> 천자가 선덕루에 오르면 …… 음악이 연주되고 조금 있다가 딱따기 소리가 들리면 계간(鷄竿)이 세워졌다. 계간은 높이가 약 십수 장 정도였고 장대 꼭대기에는 큰 나무로 만든 받침대가 있었고 그 위에 '황제만세'

〈도1〉 솟대줄타기, 운흥사 감로탱 일부

라는 네 글자를 쓴 붉은 깃발을 입에 문 금계(金鷄)가 있었다. 받침대 밑으로는 네 가닥의 비단 줄이 늘어져 있었는데, 홍건을 쓴 네 사람이 각기 줄 하나씩을 잡고 앞을 다투어 타고 올라갔다. 금계가 물고 있는 붉은 깃발을 먼저 취한 사람이 황제를 위해 만세를 세 번 외치고 성은에 감사드렸다. 이 행위가 끝나면 선덕루 위에서부터 선덕문 아래의 한 채루(綵樓)까지 연결된 붉은 비단 실을 타고 사면서(赦免書)를 입에 문 금색 봉황이 내려왔다. 봉황이 채루에 도착하면 통사사인이 사면서를 집어 들어 낭독했다. 이때 개봉부와 대리시에서는 죄수들을 선덕루 앞에 줄지어 세워두었는데, …… 북소리가 나면 죄수들에게 씌웠던 칼을 풀고 놓아 주었다. 그러면 죄수들은 각기 만세를 삼창하고 성은에 감사드렸다.[19]

한국의 감로탱이나 송나라의 사면의식을 막론하고 두 종류의 사례에 나타나 있는 분위기는 단순한 오락거리나 상업적 의도가 아니라 오히려 종교적 색채가 짙은 신성성이라 할 수 있다.

한편, 《삼국지》의 소도 관련 기사에서는 새에 대한 언급을 찾아볼 수 없지만 후대의 솟대 위에는 일반적으로 새가 앉아 있기 때문에 새의 유무가 소도와 솟대를 구분하는 중요한 외형적 차이가 아닐 수 없다. 이 때문에 소도와 솟대의 내밀한 관계를 이해하려면 후대의 솟대에 등장하는 새를 어떻게 이해하는가도 관건이 아닐 수 없다. 손진태가 인용한 에밀 부르다레(Emile Bourdaret)의 《언코리(*En Coree*)》에 다음과 같은 기록이 나온다.

> 이 수양신(守讓神)은 이미 말한 바와 같이 읍락 또는 계곡 입구에 세워져 있고 흔히는 그 앞에 기다란 목간이 지면에 세워져 있으며 그리고 그 정상에는 졸렬하게 주조한 가압형(家鴨形)으로 된 나무 뿌리가 달려 있다. 이 새는 장군의 표상이다. 사람들은 거기에다 춘추로 제물을 바친다. 그 목상(木像)은 역시 수사리〔守護神列〕라고 일컬어지기도 하며 곡(槲)이나 송재(松材)의 장목(長木)에 조황(粗荒)하게 조각한 것이다.[20]

나무 꼭대기에 세운 집오리 모습의 새가 당시 사람들에게 장군의 표상 곧 신격의 상징물로 인식되고 있었음을 전하고 있다. 여기서 중국학자 하창림의 견해를 다시 살펴볼 필요가 있는데, 그는 《집운(集韻)》에서 "소는 새의 깃이다. 이른바 '유소'란 새의 깃을 모아 물이 흐르는 것처럼 늘어뜨린 것을 말한다."고 한 대목을 근거로 "소는 꿩이나 닭의 상징 혹은 표지라는 의미로 이해할 수 있고, 익숙성군(翼宿星君)은 리(离)괘에 속해 꿩이 되므로 소는 곧 익숙(翼宿)인 것이다."라고 했다.[21] 소 자체가 새의 깃을 의미하면서 동시에 익숙성군을 상징한다는 그의 관점에

〈도2〉 강릉 강문의 솟대

〈도3〉 〈청명상하도(淸明上下圖)〉 속 솟대

〈도4〉 〈용지경도도(龍池競渡圖)〉 속 솟대

서 본다면 신성한 소를 재료로 만든 장대 위에 새의 상을 얹어서 신격을 형상화시킨 것은 지극히 자연스러운 표현이 아닐 수 없다. 요약하자면, 에밀 부르다레와 하창림의 기술 대상은 한국의 솟대와 중국의 소로 서로 구별되지만 양자가 표출하는 의미 맥락은 상호 일치하고 있다는 것이다. 이와 관련하여 한국 강릉의 솟대와 그에 상응하는 송원시대 중국의 형상 자료를 덧붙인다(〈도2〉, 〈도3〉, 〈도4〉).[22]

이필영의 조사에 의하면 대개 오리로 알려져 있는 솟대 위의 새는 농사에 필요한 물을 가져다 준다거나 또는 화마가 얼씬거리지 못하게 하는 등의 종교적 상징성도 지닌다.[23] 이것은 솟대 위의 새가 단순히 신격의 상징으로만 그치지 않고 더 구체적인 두 가지 신통력, 다시 말해 수신(水神)과 화신(火神)의 기능을 대변한다는 말이다. 흥미롭게도 이런 조사 결과 또한 하창림의 설명과 일치한다. 앞서 언급했듯이 소가 대변하는 익숙성군은 팔괘에서 리괘에 위치하는데, 《주역(周易)》의 '설괘전(說卦傳)'에 의하면 리는 곧 화(火)가 된다. 익숙은 남방의 주작 칠숙(七宿)에 해당하며 여기서 남방과 주작 또한 모두 화(火)가 된다. 게다가

《황제점(黃帝占)》이나 《개원점경(開元占經)》 등에 의하면 익숙은 바다 또한 책임진다.[24] 요컨대 익숙의 가장 큰 특징은 불과 물을 대변하는 이중적 성격에서 찾을 수 있다고 하겠는데, 이런 상징성은 솟대 위의 새가 지닌 이중적 상징성과 정확히 일치한다. 이에 필자는 소도와 솟대에서 발견되는 한국의 '소'와 중국의 '소(蘇)'가 발음뿐만 아니라 의미 측면에서도 긴밀히 연계되어 있다고 생각한다.

이제 다시 중국 천주 지방의 제선괴뢰희 극단에서 소(蘇)를 모성(母姓)으로 하는 소상공(蘇相公)을 희신으로 모시고 있음을 상기해 보자. 소도에서 솟대에 이르는 국내의 자료가 비록 인형극으로 발전된 과정을 확인해 주지는 못하지만, 앞에서 살핀 내용에 의하면 적어도 놀이패들의 신격으로서의 솟대를 가정하기는 어렵지 않다. 그렇다면 그런 놀이패들의 직접적인 조상이라 할 무격(巫覡)들의 신목인 소도로부터 현재의 솟대까지 이어지는 역사적 맥락은 미약하긴 하지만 분명하게 감지되었다고 할 수 있다.[25]

4. 소결

이 장에서는 일차적으로 중국 천주 지방의 제선괴뢰희 극단에서 모시는 희신 상공야의 모성인 소에 착안하여 그 역사적 내력에 대한 추적을 시도해 보았다. 그 결과 소가 괴뢰희의 기원으로 거론되는 기두의 별칭이자 고대의 사목이었던 큰 나무 곧 부소로 연결되고 있음을 확인할 수 있었다. 또 소 자체가 물과 불을 동시에 대변하는 양면적 성격을 지녔을 뿐만 아니라 새라는 구체적인 모습으로 형상화된 사실도 파악할 수 있었다.

이어서 한국의 솟대와 소도에 대해 검토하고 그 결과를 가지고 중국의 희신인 소상공과 비교해 본 결과 솟대·소도와 소는 핵심적인 특성을 공유한 것으로 파악되었다. 좀 더 구체적으로 설명하면 양자는 단순히 소라는 어음이나 글자뿐만 아니라 몇 가지 중요한 특성들, 예컨대 신목(神木)으로서의 성격, 큰 나무라는 외형적 특징, 물과 불을 동시에 대변할 수 있는 양면성을 공유하고 있었다. 또 소도와 소는 공통적으로 새의 모습으로 형상화될 수 있는 속성을 지니고 있었으며, 후대의 솟대에서는 오리의 모습으로 확인되었다.

중국의 괴뢰희신 소와 달리 한국의 솟대나 소도의 경우에는 인형극단과 직접 연관된 증거가 아직 발견되지 않고 있어서 아쉬움이 남긴 하지만 인형극과의 관련성을 찾을 수 있는 단서가 전혀 없는 것은 아니다. 중국 천주의 제선괴뢰희 공연 때 불러지는 라리련 구음에 상응하는 구음을 한국의 꼭두각시놀이 속에서도 발견할 수 있기 때문이다. 먼저 중국 천주의 제선괴뢰희에서 소상공이 부르는 구음을 보면 다음과 같은 것들이 있다.

① 만사(慢詞)【하성조만(賀聖朝慢)】의 '련미(嗹尾)': "로리련, 련리로, 로리련, 련리로, 리로련."
② 삼료(三撩)【매분랑(賣粉郎)】의 '련미(嗹尾)': "로로리련, 로리련, 로리로리로련, 로로리련, 로리련, 로리로리로련."
③ 칠료(七撩)【일강풍(一江風)】의 '련미(嗹尾)': "리로련, 로리련로리, 리로, 련로리련, 로리련, 로리, 로리련."
④ 삼료(三撩)【박미곤(薄媚滾)】의 '련미(嗹尾)': "련리로, 로리련, 로리련, 로리로, 리로련, 로련로리, 련리련로로리로련, 련리로."[26]

한국 남사당패 꼭두각시놀이 첫 장면에 네 종류의 구음이 나오는데 이 중 중국 인형극의 라리련에 상응하는 구음은 다음과 같다.

나아 네이 나이나 리리라라 얼수 좋다. 리리리 랏다 리리라라 라리 라리라 라리 라리라[27]

위에 제시한 두 종류의 구음이 지닌 상호 유사성이 인정된다면 그것은 곧 한국의 소도·솟대와 중국의 소가 동질적인 내포를 지녔다는 이 장의 결론을 간접적으로나마 뒷받침한다고 보아도 무방할 것이다. 중국 천주의 제선괴뢰희에 나오는 라리련과 한국의 꼭두각시놀음에 구연된 구음 및 아리랑 혹은 아라리 사이에 매개된 호류에 대해서는 제5장에서 자세하게 논할 예정이다.

마지막으로 호류의 가능성에 대한 언급을 덧붙이면서 글을 맺고자 한다. 앞에서 전개한 중국의 소와 한국의 솟대·소도와 관련된 논의에서 필자는 호류에 대해 일언반구도 언급하지 않았다. 그럼에도 제목에 '호류의 가능성'을 내건 것은 중국의 소와 한국의 소도·솟대가 지닌 동질적 의미맥락은 그 자체가 이 가능성을 시사하고 있기 때문이다. 사실 신목 숭배는 그 분포 범위가 한국과 중국에만 그치는 것이 아니라 몽골초원이나 시베리아 등지를 포함해 유라시아 대륙의 광활한 지역에 걸쳐 있기 때문에 호인들의 습속이 매개로 작용했으리란 점은 충분히 인정할 수 있을 것이다. 게다가 더욱 흥미로운 사실은 인도에 전해지는 무불상(無佛像)시대의 스투파에서도 신목 숭배의 자취를 찾을 수 있다는 점이다. 앞에서 언급했다시피 《삼국지》의 저자가 소도와 비견되는 서역의 사례로 부도를 거론한 것은 무언가 그 내력을 알고 있었기에 그렇게 기술한 것이라고 생각된다. 그렇지만 현 시점에서 문헌기록만으로 그 이전 시기에 전개된 신목 숭배의 과정을 정확하게 논단하기는 힘들기에 한 발 물러서서 가능성만 제기해 두고자 한다. 참고로 현재 인도의 바르후트와 산치에 보존되고 있는 스투파의 꼭대기 부분에 모두 나무가 심어져 있음을 지적해 둔다.[28]

제1부

호류(胡流)의 물증

제1장

중국의 괴뢰傀儡·괴뢰자傀儡子와 한국의 광대廣大

1. 서언

한국 인형극의 기원과 관련된 한국 학계의 주장은 크게 외래기원설과 자생설로 양분되는데, 그 가운데 다수의 학자들에 의해 제기된 외래기원설은 내용이 통일되지 않아서 상호 간에 적지 않은 편차가 존재한다.[29] 예를 들면, 송석하는 〈조선의 민속극〉이라는 글에서 "어원적으로 볼 때 '꼭두'를 일본의 '가이라이(傀儡)'[30]나 지나(支那)의 '곽독(郭禿)'에 결부시켜 괴뢰라고 칭하고 있는 식자 간의 설이 타당하다고 본다."고 했고,[31] 또 오에노 마사후사(大江匡房)의 〈가이라이시기(傀儡子記)〉를 인용하면서 평안조(平安朝) 당시의 일본 가이라이시(傀儡子)가 "조선의 사당하고 혹사(酷似)한 것을 발견합니다."라고 했다.[32] 김재철은 한국 인형극이 중국의 직계이고 중국 인형극은 다시 인도에서 전래했을 것이라는 주장을 폈다.[33] 이두현은 "서역으로부터 전파된 괴뢰희는 막대양식의 신(神) 인형으로부터 골계희로 전성된 조종인형이며 곽독은 이때 함께 이입된 인형의 역명이며 동시에 인형희의 이름이기도 하였던 것은 우리의 '꼭두각시놀음'이 지금껏 그 유풍을 보여주고 있다고 생각된다"고 했으며, 한 걸음 더 나아가 곽독에 대해서는 중국 내 발생이 아닌 외래적인 것이라고 보고 그 원어를 몽골어의 '고독고친'이라고도 했다.[34] 이후 외래 기원설에 대한 논의는 유민영, 박진태 등을 거치면서 중국에 더 무게를 두는 쪽으로 전개되기도 하였고,[35] 다른 한편으로는 서역기원설의 확장으로 나타나기도 했으니 그 대표적인 사례가 지중해의 우가리 곧 북시리아 신화에서 꼭두각시놀음의 뿌리를 찾고자 했던 김청자의 시도라 할 수 있다.[36] 한편, 임재해는 자생설을 강력히 주장했지만 그 또한 "비록 영향 관계를 인정할 수 있다고 하더라도 기원론은 결코 될 수 없다"고 하여 영향의 가능성까지 배제하지는 않았다.[37]

위에서 언급한 한국 인형극의 다양한 외래기원설을 꼼꼼하게 훑어보면 일차 기원지를 어디로 보았건 제가의 주장에서 빠지지 않고 거론되는 나라가 중국인데, 이것은 한반도의 역사 전개 과정에서 중국이 지녔던 지리적 요인으로 말미암은 것이므로 필연적 결과라고 할 수 있다. 그렇지만 거론되는 빈도에 비해서 논의의 내용은 상대적으로 소략하다. 이에 이 장에서는 중국의 괴뢰·괴뢰자와 한국의 광대 사이에 나타나는 관계 양상을 정리하여 양자를 관통하는 호류의 자취를 드러내 보이고자 한다. 호류의 자취에 주목하는 이유는 이런 시도를 통해서 한중 두 나라의 인형극이 동일 계통이라는 주장의 내실을 다지면서 동시에 그것을 자연스럽게 서역전래설로 확장시키려는 의도도 가지고 있기 때문이다.

2. 중국의 괴뢰희 기원설과 괴뢰·괴뢰자의 의미

중국 괴뢰희의 기원과 관련하여 자생설을 주장하는 중국 학자들은 대체로 방상(方相), 기두(魌頭), 귀(鬼), 용(俑), 우(偶) 등에서 그 뿌리를 찾고자 했다. 예를 들어 상임협(常任俠) 같은 학자는 1942년 발표한 〈우리나라 괴뢰희의 발전과 용의 관계(我國傀儡戲的發展與俑的關係)〉라는 글에서 대나(大儺)의 방상씨(方相氏)로부터 용(俑)의 단계를 거쳐 괴뢰희에 이르는 전개과정을 다음과 같이 제시했다.

> 괴뢰희의 기원에 대해 세계의 많은 학자들이 인도에서 나왔다고 말하고, 우리나라와 일본의 학자들도 다수가 이 설에 찬동하고 있다. 내가 일찍이 이 문제를 따져본 바로는 우리나라에는 인도와의 교통 이전에 이미 괴뢰희가 있었고 그 기원도 아주 빠르다. 아득한 원시사회 시절 대나에서 방상이 역귀를 쫓았던 것이 곧 괴뢰희의 시작이었다. 원시종교의식으로서의 대나는 오늘날의 '라마도귀(喇嘛跳鬼)'와 마찬가지로 원래는 산 사람의 주택에 있는 역귀를 몰아내는 데 사용했지만 동시에 죽은 사람의 묘에 있는 역귀를 몰아내는 데도 사용했다. 나(儺)와 상례(喪禮)에는 모두 방상이 있었다. 괴뢰희는 방상에서 변해 온 것이었기에 최초에는 상가지악이었던 것이다.[38]

이어서 《주례·하관사마(周禮·夏官司馬)》에 등장하는 방상씨에 대해서 "이것은 가장 오래된 수묘용사(守墓勇士)이자 용(俑)이다. 그 형상이 크고 추악하였고(傀儡) 뛰면서 놀았기 때문에 괴뢰희라고 한 것이다."[39] 라고 하였다. 그런 다음 용에 대해서는 "고대사회에서 놀이꾼들이었는데, 살아서 주인을 받들었고 주인이 죽으면 따라서 순장(殉葬)됐다." "명기(明器) 중에서 용은 여전히 살아 있는 창우주유(倡優侏儒)를 모방해 만든 것이었다. 산 사람의 형태를 모방했을 뿐만 아니라 산 사람의 동작을 모방했고, 기관을 설치해 뛸 수 있었기에 용이라고 불렀던 것이다. 그래서 괴뢰희는 용으로부터 생겨난 것이다."[40]라고 했다.

그러나 손해제(孫楷第)는 연극적인 의미가 없다는 이유로 괴뢰희가 용에서 기원했다는 설에 대해 찬동하지 않았다.

옛날에 동인(桐人)을 설한 것은 신에게 공양하기 위한 것으로 그 의도가 지극히 평범하다. 용에 기관을 설치하여 움직이게 한 것도 단지 사람을 모방하기 위한 것일 뿐으로 처음에는 연극의 의미가 없었다.[41]

그렇지만 그 또한 괴뢰희의 기원으로 방상과 기두(魌頭)를 지목했다. 그가 응소(應劭)의 《풍속통(風俗通)》에서 말한 상가지악 괴뢰를 방상으로 여긴 근거는 '크다'와 '추하다'는 두 가지 특징 때문이었다. 그는 다양한 문헌 기록을 통해 방상과 기두의 뜻이 크고 추하다는 두 가지로 집약됨을 고증한 다음 방상이 괴뢰로 칭해질 수 있다고 결론지었다.[42]

동매감(董每戡)은 괴뢰든 방상이든 또는 기두이든 모두 귀(鬼)에 대한 모의에서 나왔다는 설을 제시했다.

기두·방상·괴뢰 3자는 모두 귀물(鬼物)로 《본초강목(本草綱目)》 권51하 '망량'조에서 이렇게 말하고 있다. "방상은 눈이 넷이고, 눈이 둘이면 기라 하는데, 모두 귀물로 고인들은 사람으로 그것들을 모방케 했다." 괴는 곧 귀요, 기 또한 귀의 파생자로 《설문(說文)》에서는 《회남전(淮南傳)》을 인용하여 '오인귀(吳人鬼), 월인기(越人䰙)'라고 했다. 그러니 실제로 기(䰙)·기(魌)·귀(鬼) 세 자는 고음이 비슷하고 본질이 같은 것이다. 기(魌)라고 부는 이유는 그 머리가 말(斗)처럼 컸기 때문이니 이른바 '기처럼 크다'고 한 까닭이다. 갑골문의 귀 자는 곧 머리가 큰 귀신을 뜻하는 '불(甶)' 자이다. 그래서 방상과 기두를 목우희(木偶戲)의 전신이라고 말할 수밖에 없는 것이다.[43]

소병(蕭兵)은 제가의 설을 취합하여 다음과 같이 정리했다.

사람이 용을 모방하건 아니면 용이 사람을 모방하건, 방상씨(方相氏)[44] 또는 괴뢰가 최초에 분연(扮演)한 것은 귀(鬼) 또는 우(禺)였다. 괴뢰의 합음은 곧 귀[45]요, 우[46]를 가장한 용(俑)은 우(偶)로 불렸다. 이것은 방상씨가 분연한 원후(猿猴)와 완전히 일치하며 또 방상씨가 썼던 가면 혹은 가수인 기두(魌頭)[47]와도 부합하니 부인하기 어렵다.

간단명료하게 말해서 우인(禺人)·우인(偶人)은 원숭이를 모방하거나 또는 원숭이를 모방하는 것을 모방한 것이다. 목우희는 괴뢰인데 괴뢰라는 말은 귀(鬼) 자의 석음(析音)이다. 귀는 또 불(由)을 따르니, 곧 불후(狒猴)의 무리로 우(禺)와 동류이다. 심씨(沈兼士)는 "그 말[48]은 또 괴뢰가 되는데, 괴뢰(傀儡)는 괴뢰(魁뢰) 혹은 굴뢰(窟뢰)라고도 하는 귀 자의 복음연어(復音連語)이다. 대개 귀(鬼)와 우(禺)는 동류로, 귀가 사람을 닮은 이수(異獸)라면 괴뢰는 사람을 닮은 목우이다. 귀가 괴뢰로 인신되는 것은 마치 우(禺)가 우(偶)로 인신되는 것과 같은 것이다."라고 했다. 그래서 최초의 괴뢰희는 곧 귀희(鬼戲)요, 우극(偶劇)이요, 후희(猴戲)인 것이다. 다만 후대에서처럼 원숭이를 부려 연희한 것이 아니라 사람이 원숭이를 연(演)하는 것[49]이었다.[50]

위에서 살핀 학자들의 견해에 따르면 괴뢰희의 성립과정은 대체로 다음과 같이 정리된다.

모방 대상으로서 귀(鬼) 또는 우(禺) – 그것을 모방한 방상(方相), 기두(魌頭) 또는 우(偶), 용(俑) – 괴뢰희

문제는 이런 식의 설명을 인정한다고 하더라도 귀(鬼), 우(禺), 방상(方相) 또는 기두(魌頭) 등으로부터 인형극으로서의 괴뢰희가 직접 파생되었음을 보여 주는 어떤 물증도 아직까지 확보되지 못하고 있다는 데

있다. 이른바 자생설의 한계가 바로 여기에 있는 것이다. 예컨대 《한서(漢書)》 권70 《포선전(鮑宣傳)》에 나오는 '괴루(魁壘)', 좌사(左思: 약250-305)의 〈위도부(魏都賦)〉에 사용된 '외루(嵬壘)'나 곽박(郭璞: 276-324)의 〈강부(江賦)〉에 사용된 '외뢰(磈磥)' 등은 손해제의 고증에 의하면 모두 '우뚝하고 장대하다'는 정도의 형용사로 사용되고 있을 뿐이다.[51] 그것이 인형 또는 인형극의 의미로 사용되었다는 예는 아직 발견되지 않고 있다. 심지어 《풍속통(風俗通)》에 언급된 상가악(喪家樂) 괴뢰조차도 엄격히 말해서 그 실체가 확인된 것은 아니다. 다만 그럴 것이란 개연성이 인정되고 있을 뿐이다.

이런 까닭에 일부 학자들은 외부에서 기원을 찾고자 하였다. 예를 들어 강소원(江紹原)은 《태평어람(太平御覽)》 권552에서 《풍속통(風俗通)》을 인용하여 "혹은 기두를 촉광(觸壙)이라고도 하는데, 수방(殊方)의 말이다."[52]라고 한 것을 근거로 촉광과 서역에서 온 괴뢰를 비교함으로써 괴뢰가 외래어일 가능성을 제기했다. 진지량(陳志良)은 괴뢰가 송대 이전에는 고정된 쓰기가 이루어지지 않는 것으로 보아 외래어일 것이라고 하면서 중국 서북 지역에 살던 어느 민족의 말을 음역한 것이 아닌가 추정했다.[53] 이 밖에 동매감은 괴뢰희의 인도 기원설을 제기하면서 특히 제선괴뢰희를 언급했고, 상임협 또한 중국의 괴뢰희가 남북조시대에 이르러 서역과 인도의 영향을 받아 다양하게 발전·변화하였다고 하면서 특히 당대의 제선괴뢰희가 인도와 깊은 관련이 있음을 다음과 같이 지적했다.[54]

> 《마하바라타》(Mahabharata:30.21P.)에서는 일찍이 괴뢰가 나무로 만들어졌고 그 이름이 '수트라프라타(Sutraprata)'라고 했는데, 이것은 실마리(線索) 또는 선을 매다(結線)를 의미한다. 그러나 이것이 괴뢰희인지는 분명히 밝히지 않았다. 옛적에 동인도 Vidbha의 도회 Mithila

의 가장 유명한 기예는 'Pancalanuynam(擬傀儡)'이었다. 이 괴뢰는 바깥에서 선으로 조종하는 것이었다. 10세기 때는 괴뢰를 놀리는 사람을 Sutradhara(引線匠)라고 불렀다. Sutradhara와 《마하바라타》의 '선을 매다(結線)'는 뜻이 같다. 인도에서는 오늘날에도 괴뢰를 놀리는 사람을 여전히 Sutradhara라고 하며, 공연하는 내용은 라마와 싯타르타의 이야기가 많다. 당나라 때 나무를 깎아 만든 견사괴뢰[55]는 이것과 상당한 연원관계에 있다.

흔히 중국 괴뢰희의 시초로 거론되곤 하는 다음의 두 가지 이야기 또한 신빙성이 없어서 외래설에 무게를 두게 만든다. 하나는 《악부잡록(樂府雜錄)》에 기록된 이야기로 진평(陳平)이 평성에서 괴뢰를 이용해 한나라 고조를 구했다는 것인데 역사적 근거가 없다는 이유에서 일찍이 여러 학자들에 의해 부정되었다.[56] 사실 이 이야기는 겉으로만 보면 역사적 근거가 없기 때문에 황당무계한 것으로 치부할 수도 있겠으나 필자는 오히려 그 이면에 역사적 사실이 숨겨져 있다고 생각한다. 왜냐하면 이야기를 통해서 가장 뚜렷하게 부각되는 한 가지가 운명을 건 눈앞의 싸움조차 망각할 정도로 괴뢰희에 열광했던 민족이 바로 흉노(匈奴)였다는 사실인데, 그 점에 주목하면 진평이 이용했던 인형놀이의 뿌리가 한족이 아니라 흉노였을 가능성이 자연스럽게 제기되기 때문이다. 다른 하나는 《열자(列子)》 '탕문편(湯問篇)'에 기록된 언사(偃師)의 이야기인데 이 또한 불경의 이야기를 표절했을 가능성이 높다는 이유에서 부정된다. 계선림(季羨林) 같은 학자는 서진(西晉)의 축법호(竺法護)가 번역한 《생경(生經)》 권3의 《불설국왕오인경(佛說國王五人經)》 제24에 동일한 이야기가 있다는 사실을 지적한 다음 《열자》에 수록된 이야기가 불전을 베꼈음이 거의 틀림없다고 확신했다.[57]

이상의 고찰에 의하면, 한위진(漢魏晉)시대를 거치면서 서역계 인형극이 중국으로 유입되었고 그것이 중국 인형극의 성립이나 발전에 지대한 영향을 끼쳤음은 명백하다. 이 점은 자생설을 제기한 학자들조차 인정하고 있는 사실이다.

이제 상기한 기원설을 배경으로 삼아 한중일 삼국에서 공통적으로 발견되는 괴뢰(傀儡)와 괴뢰자(傀儡子)라는 어휘가 중국에서 역사적으로 어떻게 사용되어 왔는지에 대해 살펴보자. 중국 문헌에서 괴뢰와 관련된 용어는 대체로 한대부터 발견된다. 《한서(漢書)》의 '괴루(魁壘)', 〈위도부(魏都賦)〉의 '외루(嵬壘)', 〈강부(江賦)〉의 '외뢰(磈磥)', 《풍속통(風俗通)》의 '괴뢰(魁櫑)' 등이 한위진시대에 사용됐던 예들인데, 당시의 의미는 '우뚝하고 장대하다'는 것을 형용하는 정도에 그쳤다.[58] 그런데 《구당서·음악지(舊唐書·音樂志)》에 전해지는 다음 기록은 앞의 사례들과 비교하면 상당히 큰 차이를 보여 주고 있다.

> 굴뢰자는 괴뢰자라고도 한다. 나무인형을 만들어 놀았으며 가무에 뛰어났는데 본래는 상가악(喪家樂)이었다. 한말(漢末)부터 가회(嘉會)에 사용되기 시작했다. 북제(北齊)의 후주(後主) 고위(高緯: 565-576)가 좋아했으며 고구려에도 있었다.[59]

당(唐)나라 때만 하더라도 "본래는 상가악(喪家樂)이었다"거나 "한말부터 가회에 사용되기 시작했다"는 언급을 뒷받침할 만한 자료가 있었을 것으로 판단되나, 현재 우리가 한(漢)나라 문헌을 통해서 확인할 수 없다는 점은 아쉬움으로 남는다. 그렇지만 북제 안지추(顔之推: 531-590)의 《안씨가훈(顔氏家訓)》 '서증편(書証編)'에 "세속에서 괴뢰자를 곽독이라 한다"[60]는 기록이 적혀 있고 또 《구당서·음악지》에도 현종 재위 시절 교방에서 공연했던 가무희 레퍼토리 중에 〈굴뢰자〉가 있었음이 언급되어 있다.[61] 이런 정황들을 종합해 보건대 괴뢰 혹은 괴뢰자라는 용어가 한나라 특히 후한(後漢) 이후로 위진(魏晋)시대를 거치는 동안 놀이꾼과 놀이를 지칭하는 용어로 굳어져 간 것만은 분명한 것 같다.

다시 송대(宋代)의 기록을 일별해 보면 괴뢰나 괴뢰희가 인형 또는 인형극의 의미로 제한되고 있음이 더욱 분명하게 확인된다. 예를 들어 황정견(黃庭堅: 1045-1105)의 《부옹잡설(涪翁雜說)》에서는 "괴뢰희는 나무 인형이다."[62]라고 적고 있고, 맹원로(孟元老: 약 12세기를 전후하여 생존)의 《동경몽화록(東京夢華錄)》 권5의 〈경와기예(京瓦技藝)〉조에는 '장두괴뢰의 임소삼'이니 '현사괴뢰의 장금선'[63] 따위의 어구가 적혀 있다. 이 밖에 남송의 수도 항주에 대해 기록한 내득옹(耐得翁)의 《도성기승(都城紀勝)》 〈와사중기(瓦舍衆技)〉조에도 대략 13세기 전반 항주에서 공연되던 괴뢰희의 종류로 '현사괴뢰', '장두괴뢰', '수괴뢰', '육괴뢰' 등이 기록되어 있다.[64]

중국 학계의 선행 연구를 검토해볼 때 괴뢰나 괴뢰자에 대한 이해는 《사해(辭海)》의 설명이 권위를 지니며 종래의 견해를 대표한다고 할 수 있다. 거기 제시된 설명은 세 가지인데 첫째가 '나무인형놀이(木偶戲)', 둘째가 '사람이 가면을 쓰고 공연하는 송(宋)나라 때의 대무(舞隊)', 셋째가 '공연형식이 분명치 않은 송나라 때의 육괴뢰(肉傀儡)'를 지칭한다는 것이다.[65] 그런데 최근에 옹민화(翁敏華)라는 학자가 일본의 오에노 마사후사(大江匡房: 1041-1111)가 남긴 〈가이라이시기(傀儡子記)〉를 근거로 기존의 이해와 차별화된 견해를 제시했다. 즉 괴뢰자가 초기에는 놀이가 아니라 그런 놀이를 놀던 예인 집단을 가리키는 말로 사용되었으리란 것이다. 괴뢰자는 당초 연예 외에 남자는 수렵, 여자는 매음 등에 종사하던 북적(北狄) 집단을 지칭하던 용어였는데, 이후 이들의 놀음을 괴뢰자희 대신 괴뢰희로 줄여서 부르게 되었고, 그 결과 괴뢰가 인형을 지칭할 수 있게 되었다는 논리를 편 것이다.[66] 필자는 옹민화의 이런 견해가 논리적 타당성을 지니며 괴뢰 혹은 괴뢰자가 지닌 어휘의 역사적 내력을 좀 더 정확하게 이해했다고 생각한다. 사실 앞에서 인용한《구당서(舊唐書)》의 기록은 그 원문을 찬찬히 뜯어 보면 놀이꾼과 놀이의 이중적 의미가 이미 담겨 있음을 어렵지 않게 파악할 수 있다. 뿐만 아니라 한대(漢代) 괴뢰와 관련된 용례들을 통해서도 놀이꾼과 관련됐을 가능성을 감지할 수 있다. 예를 들어《한서·포선전(漢書·鮑宣傳)》의 '괴루지사(魁壘之士)'[67]처럼 사람을 수식하는 형용사형 용례를 보면 '괴루'라는 어휘가 애초에 놀이가 아닌 놀이꾼을 지칭했고 또한 그들이 바로 '호인(胡人)'이었기에 사용됐을 가능성을 충분히 예상할 수 있다.[68]

3. 중국의 괴뢰·괴뢰자와 한국의 광대

중국에서 괴뢰자라는 어휘가 놀이꾼과 놀이의 의미를 겸했다는 사실은 한국 인형극의 역사를 이해하는 데 있어서도 대단히 중요하다. 앞에서 언급했듯이 중국 학자 옹민화는 일본의 자료를 참고하여 괴뢰자의 뜻을 놀이에서 놀이꾼으로까지 확대시켰는데, 실제로《구당서·음악지(舊唐書·音樂志)》에 이를 뒷받침하는 기록이 나온다.

> 굴뢰자는 괴뢰자라고도 하는데, 나무인형을 만들어 놀았으며 가무에 뛰어났다.[69]

나무인형을 만들어 놀았다고 했으므로 그 주체는 굴뢰자가 될 수밖에 없으며 다른 해석의 여지는 없어 보인다. 또 가무에 뛰어났다고 한 것으로 보아 굴뢰자로 불리던 놀이꾼들의 또 다른 장기가 바로 가무였던 사실도 확인된다. 그런데 같은 책의 다른 대목에서는 달리 해석될 수 있는 구절도 발견된다.

가무희로 〈대면〉, 〈발두〉, 〈답요낭〉, 〈굴뢰자〉 등의 놀이가 있었다. 현종(713-755 재위)은 그것들이 정성(正声)이 아니었기 때문에 교방에 두고 궁중에서만 다루게 했다.[70]

위 구절에서는 〈굴뢰자〉를 〈대면(大面)〉·〈발두(撥頭)〉·〈답요낭(踏搖娘)〉 등과 병렬했으므로 가무희에 속하는 레퍼토리의 명칭으로밖에 해석되지 않는다. 그래서 당나라 때만 하더라도 굴뢰자라는 어휘는 여전히 놀이꾼이나 놀이를 지칭할 때 모두 사용되었으며, 그 의미가 놀이로만 한정되게 된 것은 대략 송대(宋代)부터였을 것이라고 생각하는 것이다. 이렇게 의미가 축소된 현상은 관점에 따라 가볍게 보아 넘길 현상일 수도 있겠으나 본고에서는 대단히 중요한 단서를 제공한다. 왜냐하면 괴뢰나 괴뢰자라는 어휘에 애초부터 놀이꾼의 의미가 포함되어 있어야만 한국과 일본의 용례들도 제대로 해석되기 때문이다. 그러면 한국의 상황은 어떠한지 살펴보자.

고려시대 한국에서는 중국이나 일본에서 사용하지 않는 광대라는 고유한 어휘가 이미 사용되고 있었으며, 여기에는 놀이꾼과 놀이의 의미가 모두 담겨 있었다. 그런 광대를 한자어로 옮길 때 괴뢰라고 했기 때문에 광대라는 말은 중국에서 사용된 괴뢰나 괴뢰자와 매우 긴밀한 관계를 지녔다고 할 수 있다. 문헌자료에 나타난 역사적 용례로는 1451년 간행된 《고려사(高麗史)》 〈전영보전(全英甫傳)〉에 다음과 같은 구절이 수록되어 있다.

가면을 쓰고 노는 자를 국어로 광대라 한다.[71]

이것이 현재까지 알려진 광대의 가장 빠른 용례인데, 이것과 이학규(李學逵: 1770-1835)의 《동사일지(東事日知)》에 전해지는 "지금 두 명의 소광대가 우리나라에 있는데 전영보와 박허중이 그들이다."[72]라는 기록을 함께 놓고 보면 고려시대 국어로 광대라는 말은 '가면을 쓰고 노는 사람' 곧 가면희 연희자를 가리키는 어휘였음이 분명하다. 1527년에 간행된 《훈몽자회(訓蒙字會)》에서는 괴와 뢰의 뜻을 모두 광대로 풀이한 뒤 '괴뢰가면희속호귀검아(傀儡假面戲俗呼鬼臉兒)'라는 설명을 덧붙이고 있다.[73] 이 구절은 괴뢰를 놀이꾼으로 보느냐 아니면 놀이로 보느냐에 따라 서로 다른 해석이 가능하다. 첫째, 괴뢰를 사람을 가리키는 광대의 의미로 본다면 "광대라는 놀이꾼들의 가면희를 세속에서는 귀검아(鬼臉兒)라고 부른다."로 해석할 수 있다. 둘째, 괴뢰를 단순히 놀이만을 지칭하는 명사로 본다면 "괴뢰는 가면희인데 세속에서는 (그것을) 귀검아라고 부른다."라거나 또는 "괴뢰나 가면희는 세속에서 귀검아라고 부른다."라는 해석이 가능하다. 이 두 가지 해석은 우리말 표현으로는 차이가 나지만 괴뢰를 가면희와 동의어로 본다는 점에서 실질적인 의미상의 차이는 없다. 1690년에 간행된 《역어유해(譯語類解)》에서 '귀검아(鬼臉兒)', '귀두(鬼頭)', '가면'을 모두 광대로 풀이하고 있는 걸로 보아 이 당시 광대를 놀이의 의미로 사용할 때는 가면 혹은 가면희에 한정해서 사용했음을 알 수 있다. 또 같은 조의 설명에서 우리말 곡도에 해당하는 한자어로 괴뢰가 아닌 '면괴(面魁)'를 예시한 것으로 보면 이 당시 광대라는 어휘에는 아직 인형극의 의미가 포함되지 않았던 것으로 추정된다.[74] 괴뢰를 '목우희(木偶戲)'와 '탈쁜노름', 귀뢰(鬼儡)를 '광듸노름', 면괴(面魁)를 '곡도각시'로 각각 설명하고 있는 《만물초(萬物草)》의 풀이도 이와 다르지 않다고 할 수 있다. 한자어 괴뢰에 대해서는 탈놀이와 인형극의 의미가 모두 담겨 있다고 풀이하면서 광대놀음에 대응하는 한자어로는 괴뢰와 구분되는 귀뢰(鬼儡)를 예시하고 있는 점이 이를 뒷받침하고 있다. 20세기 전반에 활동했던 최남선(1890-1957)도 광대, 괴뢰, 곡도 등의 어휘가 지닌 의미를 정리한 바 있는데 이를 바탕으로 광대와 곡도의 동원어(同源語) 가능성까지 제기했다.

> 후대의 조선어에서 무릇 倡優를 휘뚜루 〈광대〉로 일컫지마는《高麗史》의 全英甫傳에 〈國語, 假面爲戱者,謂之廣大〉라 한 것을 보면,광대는 탈놀음의 노릇바치요, 〈譯語類解〉에도 鬼臉兒·鬼頭·假面의 諸語를 〈廣大〉로 역하였으며 〈訓蒙字會〉에는 傀儡를 다 〈광대〉로 새기고 合註하여 가로되 〈傀儡, 假面戱, 俗呼鬼臉兒〉라 하였으며 〈譯語類解〉에 또 面魁를 〈곡도〉라 역하고, 〈士小節〉에 〈山臺,設棚爲之, 今俗傀儡假面戱是也〉라 하여 많이 둘을 혼동하였으니, 이를 요하건대 광대란 말은 실상 假面戱와 및 傀儡子의 노릇바치를 따로 부르는 명칭이며, 여기 인하여 생각하건대, '광대'와 '곡도'(꼭둑)도 본래 同源語이었을 듯도 합니다.[75]

한편, 1988-1991년에 걸쳐 발간된《한국민족문화대백과사전》에서는 광대를 다음과 같이 정의하고 있다.

> 탈놀이·인형극 같은 연극이나 줄타기·땅재주 같은 곡예를 하는 사람, 또는 판소리를 업으로 하는 사람. 배우·배창(俳倡)·극자(劇子)라고도 불린다.

이상의 고찰에 의거해 우리말 어휘 '광대'의 역사적 전개 과정을 요약하면, 한편으로는 가면을 쓰고 노는 놀이꾼을 가리키는 말로 출발해 창우(倡優) 곧 배우 전체를 대변하는 명사로 자리 잡게 되었으며, 다른 한편으로는 놀이꾼 대신 가면희라는 놀이를 지칭하는 용어로도 사용됐다는 것이다. 이런 변화를 중국의 괴뢰나 괴뢰자와 비교해 보면 유사성과 차이점이 동시에 발견된다. 즉 애초에 놀이꾼을 지칭하던 데서 출발해 나중에 그들이 놀던 놀이를 지칭하게 된 점은 양자의 유사성이라 할 수 있다. 그러나 광대라는 어휘가 고대부터 지금까지 시종일관 놀이꾼의 의미를 잃지 않고 있는 데 반해 괴뢰는 애초에는 놀이꾼의 의미를 지녔지만 나중에는 그 의미를 잃고 놀이만 지칭하게 되었기에 양자는 뚜렷한 차이점을 지녔다고 할 수 있다. 또 광대가 애초부터 인형극의 의미를 지녔는지가 모호한 반면 괴뢰는 인형놀이와 탈놀이의 의미를 모두 지닌 것으로 풀이되는 점도 주목할 만한 차이점이라 할 수 있다. 상기한 자료에서는 광대를 인형극의 의미로 풀이한 사례가 발견되지 않는 것은 물론이고, 무엇보다 인형극을 가리키는 우리말 곡도나 곡도각시에 대응하는 한자어로 괴뢰가 아닌 면괴(面魁)를 예거했다는 점이 이런 추정을 뒷받침하고 있다. 만약 이런 추정이 옳다면 우리말 광대라는 어휘는 중국에서 놀이꾼으로서의 괴뢰자라는 어휘를 유행시킨 바로 그 집단과 동질적 성격을 지닌 집단으로부터 유래됐을 가능성이 높지만, 한반도로 들어왔던 이 집단의 장기는 인형극이 아니라 탈놀이였으리라는 가설이 가능하다. 또 인형극을 가리키는 우리말 곡도가 따로 존재했고 그에 해당하는 한자어도 괴뢰가 아닌 면괴(面魁)였다는 사실은, 설사 광대와 곡도의 동원어(同源語)설을 인정한다고 하더라도 최소한 광대와 곡도라는 어휘를 탄생시킨 집단의 유입 경로나 시기가 달랐을 가능성을 제기한다.

어쨌거나 한국의 광대와 곡도를 통해 드러난 사실들은 양적으로 보면 중국과 차이가 크지만, 현대 중국의 학자들이 그토록 애써 고증하려했던 핵심 내용이 고스란히 보존되어 있다는 점에서 흥미롭다. 예컨대 괴뢰를 광대로 새기고 있어 놀이꾼의 의미가 분명할 뿐만 아니라 그 광대가 곧 가면이면서 동시에 가면희를 가리키기도 한다는 점이 그렇다. 그래서 광대가 썼던 가면 또한 괴뢰와 마찬가지로 귀(鬼)를 모방한 귀검아(鬼臉兒) 혹은 귀두(鬼頭)였던 사실이 확인된다. 뿐만 아니라 우리말 광대와 한자어 괴뢰가 동원어일 가능성을 뒷받침할 만한 단서도 확보할 수 있다. 광대는 한자로 표기할 때 넓을 광(廣)자와 클 대(大)자를 사용하므로 그 의미를 따져보면 가면을 연상할 수 있고, 가면이 그렇게 넓고 크다는 말은 그런 가면으로 재현하고자 한 대상의 두상이 크다는 말이 되므로 자연스럽게 귀(鬼)자를 떠올리게 된다. 이런 사고를 다시 고대의 사정에 미루어 보면 결국 우리말 광대의 뿌리도 단순히 귀 자에 머무는 것이 아니라 그 귀 자의 원형이자 귀신의 머리를 가리키는 글자인 '불(甶)'로 귀착된다.

한자어 괴뢰자가 놀이꾼과 놀이의 의미를 모두 지녔던 현상은 일본에서도 마찬가지였으므로 참고로 덧붙인다. 오에노 마사후사의 〈가이라이시기〉에 기술된 가이라이시(傀儡子)는 그 내용으로 보아 놀이와 사냥을 위주로 했던 집단을 지칭하는 용어임이 틀림없다. 그렇지만 오에노 마사후사보다 약간 앞서 살았던 후지와라노 아키히라(藤原明衡: ?-1066)의 《신사루가쿠기(新猿樂記)》에서는 가이라이시가 노론지(呪師), 히키히토마이(侏儒舞), 덴가쿠(田樂), 도주쓰(唐術), 시나다마(品玉), 류고(輪鼓) 등과 같이 병렬되어 있기 때문에 놀이꾼이 아닌 놀이의 의미로도 사용됐던 사실도 분명하다.

〈가이라이시기〉의 기술 내용으로 볼 때 가이라이시가 여러 가지 잡희를 공연하는 집단이었음에도 불구하고 중국에서는 왜 후대로 갈수록 놀이꾼의 의미가 사라지고 놀이만을 지칭하게 되었는가 하는 의문도 제기하지 않을 수 없다. 만약 괴뢰희의 외부기원설을 수용한다면 다음과 같은 가설이 설득력을 지닐 수 있을 것이라 생각된다. 괴뢰자 집단이 놀았던 놀이들 중에서 인형놀이 이외의 것들은 역사적으로 볼 때 백희나 잡희 혹은 산악이라는 명칭으로 이미 널리 알려져 있었다. 한나라 이래로 그런 백희나 산악의 놀이꾼들은 황실이나 관의 비호를 받으면서 양성되었기에 기교 면에서 한낱 유랑집단에 지나지 않는 괴뢰자들이 필적하기는 힘들었을 것이다. 만약 괴뢰희가 그 당시 중국에 없었다거나 혹은 있었다고 하더라도 괴뢰자들의 공연 수준이 월등했다면 괴뢰희라는 놀이가 그 놀이꾼 집단을 대표하게 된 것은 자연스러운 귀결이 아닐 수 없다. 동매감이나 상임협 같은 중국 학자들이 괴뢰희의 성립과 발전에 서역의 영향론을 인정할 수밖에 없었던 것도 이런 사정을 부정할 수 없었기 때문일 것이다.[76]

4. 소결

지금까지 고찰한 바에 따르면 중국의 괴뢰·괴뢰자와 한국의 광대 및 그 한자어인 괴뢰 그리고 일본의 가이라이시는 모두 놀이꾼과 놀이의 의미를 겸하고 있다. 중국 문헌의 초기 사례에 나타나고 있는 '괴루지사(魁壘之士)'처럼 '괴루'라는 말이 사람을 형용할 때 사용된 것으로 보면, 놀이꾼으로서의 괴뢰자 집단은 한족과 구별되는 형체적 특징, 예를 들면 코가 우뚝하다거나 기골이 장대하다는 등의 특징을 지닌 호인(胡人) 계통이었을 가능성이 높다. 앞에서 중국 괴뢰희의 기원설 중에서 한나라 진평(陳平)이 평성에서 괴뢰를 이용해 고조(高祖)를 구했다는 이야기를 소개하면서 이 이야기는 겉과 달리 이면에서는 오히려 괴뢰희의 흉노 유래설을 암시하는 것으로 이해할 수 있다고 지적한 바 있다. 그런데 흥미롭게도 일본의 〈가이라이시기〉에서도 괴뢰자의 습속이 북적(北狄)과 매우 유사하다고 적고 있다. 북적은 중국의 북방에 살던 비한족(非漢族)을 통틀어 지칭하는 말이기도 하지만 그 기원으로 따지면 상대(商代)에 활약했던 귀방(鬼方)으로 거슬러 올라간다.[77] 이들은 춘추전국(春秋戰國)시대 이후 점차 흉노(匈奴), 오환(烏桓), 선비(鮮卑) 등 여러 개의 민족으로 분화된 것으로 알려져 있다.[78] 이렇게 보면 중국의 괴뢰나 일본의 가이라이시는 그 유래가 모두 북적으로 일컬어지던 흉노를 거쳐 그 조상으

로 알려진 귀방으로 귀착된다.[79]

일본 학자 가와타케 시게토시(河竹繁俊)에 의하면 1-2세기경 인형놀이를 서역에서 중국으로 전래한 이들이 중앙아시아 방면의 유랑민들인데, 그중 일부가 7-8세기경 나라(奈良)시대에 일본에 넘어온 것 같다고 한다.[80] 그런데 이 시기 중국 대륙에서 일본으로 가는 경로로 한반도를 거쳤을 가능성이 매우 높기에 일본에서 말하는 가이라이시는 한국의 광대와도 필연적으로 연결될 수밖에 없다. 이런 관점에서 보면 가이라이시와 광대의 한자어가 모두 괴뢰(傀儡)로 표기된 것이 결코 우연이 아니었음을 간파할 수 있다.

중국 학자 손해제는 《괴뢰희고원(傀儡戲攷原)》에서 한대(漢代)에 연행됐던 놀이로서의 괴뢰가 백희(百戲)와 다르지 않았을 것이라고 추정한 바 있는데,[81] 결과적으로 〈가이라이시기〉에 기술된 내용은 이런 추정이 옳았음을 뒷받침하고 있다. 이 밖에 일본 학계에서 제기된 가이라이시라는 말이 광대에서 유래됐다는 설[82]은 괴뢰라는 한자어가 양자를 연결해 주고 있긴 하지만, 한국의 상황을 들여다보면 광대보다는 곡도라는 말이 인형이나 인형극을 지칭했기 때문에 선뜻 긍정하기에는 여전히 부담스럽다. 그런 측면에서 보면 오히려 최남선이 제기한 '광대·곡도 동원어'설[83]이 인형이나 인형극의 의미에서 괴뢰, 광대, 곡도, 가이라이시 등을 포괄하기가 더 쉬워 보인다. 그렇지만 이 설도 구체적인 증거가 빈약하기는 마찬가지여서 향후 좀 더 면밀한 고찰이 필요할 것으로 예상된다.

한중일의 괴뢰·괴뢰자와 광대 그리고 가이라이시를 공통적으로 관통하고 있는 키워드로는 여러 가지가 있겠으나, 특히 본고의 논의를 통해서 부각된 핵심 키워드 두 가지를 꼽으라면, 하나는 흉노 혹은 북적으로 불리던 중국 서북방의 민족들과 그 뿌리로서의 귀(鬼)[84]이고, 또 하나는 놀이꾼으로서의 의미가 된다. 이 두 가지 핵심 키워드는 그 자체가

이 장에서 표방하는 호류의 자취를 입증하는 유력한 증거가 된다는 점을 다시 한번 강조해 둔다.

제2장

고구려 장천1호분 전실前室 북벽北壁 벽화의 의미

1. 서언

제1장에서 살핀 것처럼 중국의 문헌기록인《구당서·음악지(舊唐書·音樂志)》에서는 고구려 시대에 괴뢰자가 존재했다고 기술하고 있다.

> 굴뢰자는 괴뢰자라고도 한다. …… 북제(北齊)의 후주(後主) 고위(高緯: 565-576 재위)가 좋아했으며 고구려에도 있었다.[85]

또 북제(北齊)의 안지추(顔之推: 531-590)는《안씨가훈(顔氏家訓)》에 "세속에서 괴뢰자를 곽독이라 한다."[86]라는 기록을 남기고 있다. 주지하다시피 한자어 곽독(郭禿)에 해당하는 우리말은 꼭두이므로 이 두 기록에 의하면 한국 꼭두각시놀음의 역사는 고구려시대까지 소급되는 것이 마땅하다. 그렇지만 현재까지의 연구 성과를 돌아보면 조선시대 이전의 꼭두각시놀음에 대한 역사 기술이 대단히 소략하다. 이에 필자는 그런 공백의 일부를 메워 보고자 고구려에서 활동했던 괴뢰자 집단의 존재를 뒷받침하는 근거로서 고구려 장천1호분의 전실(前室) 북벽(北壁) 벽화를 제시해 보고자 한다.

현재 중국의 길림성 집안시 황백향 장천촌에 있는 고구려 장천1호분에 대한 최초의 조사는 길림성박물관(吉林省博物館)과 집안현문물보관소(集安縣文物保管所)가 1970년 8월에 공동으로 진행했으며 그에 대한 보고서가 《동북고고여역사(東北考古與歷史)》 제1집에 발표된 〈집안장천일호벽화묘(集安長川一號壁畵墓)〉라는 글이다. 보고서에서는 전실 북벽의 벽화 내용을 크게 상단과 하단으로 나누어 인식했기에 상단을 백희기악도(百戲伎樂圖)라 칭하고 하단을 수렵도(狩獵圖)라고 나누어 소개하고 있다. 이후 이런 견해가 남북한의 학계에도 그대로 수용되어 지금까지 통용되고 있는 것으로 보인다.[87] 벽화의 내용만으로 말하자면 이런 식의 설명이 틀렸다고 하기는 힘들다. 그러나 그림 전체를 한 번이라도 본 사람이라면 누구라도 쉽게 한 가지 의문을 떠올릴 수 있다. "왜 상단과 하단을 나누어 설명해야만 하는가?" 실제 벽화에서는 상단과 하단을 나누는 어떠한 경계선도 찾을 수 없다. 벽화를 대면하고 있는 사람이라면 보고서에서 소개한 것처럼 상단과 하단을 구분하여 이해한다는 것이 얼마나 곤혹스러운 일인지 쉽게 느낄 수 있다. 필자가 시도해 본 바로는 억지로 아래 위를 찢지 않는 한, 벽화는 나누어지지 않는다. 벽화 제작자가 애당초 그림을 나누고자 하는 의도가 없었던 것이 아닌가 하는 의문을 떨쳐버릴 수 없는 까닭이 여기에 있다. 이하 이 장에서 벽화의 내용을 통합적으로 이해하려는 시도는 이런 의문에서 비롯된 것이다.[88]

2. 일본의 〈가이라이시기〉에 기술된 괴뢰자 집단의 특징

제1장에서 살핀 것처럼 국내에서 사용된 괴뢰와 광대라는 어휘가 놀이

꾼뿐만 아니라 가면이나 인형의 의미까지 포괄하고 있었다는 사실은, 시간의 경과에 따라 인신되어 온 것이라기보다는 애초에 분화의 가능성을 지녔었지만 실제로는 분화되지 못한 채 원형 혹은 그에 가까운 형태를 견지해 왔던 탓으로 이해된다. 그런 의미에서 국내에서 사용된 괴뢰는《구당서》에 언급된 굴뢰자보다도 오히려 일본 사람 오에노 마사후사(大江匡房: 1041-1111)의 〈가이라이시기(傀儡子記)〉에 기술된 괴뢰자 집단에 더 가깝다고 생각된다. 이에 그들 집단의 행태가 어떠했는지 원문을 통해서 자세히 분석해 보기로 한다.

> 가이라이시(傀儡子)는 정처 없이 천막을 치고 수초를 찾아 떠돌아다녔는데, 그 습속이 북적(北狄)과 매우 유사했다. 남자들은 모두 활과 말을 이용해 수렵을 했으며, 혹자는 쌍검(雙劍)이나 칠환(七丸)을 놀렸고, 혹자는 인형을 춤추게 하거나 복숭아나무로 만든 인형〔桃梗〕을 싸우게 했는데, 산 사람의 태를 내는 것이 마치 어룡만연(魚龍曼蜒)의 놀이와 같았다. 모래나 돌을 금전으로 바꾸거나, 초목을 새나 짐승으로 바꾸어서 사람들의 이목을 (끌기도 했다). 여자들은 눈썹을 찡그리거나 슬픈 매무새를 짓거나 허리를 꼬거나 흰 이를 내보이거나, 짙은 화장을 하고 음란한 음악으로 사람들을 유혹했다. 부모는 그것을 알아도 경계하지 않았다. 지나가는 여행객과의 만남은 물론, 심지어는 하룻밤을 함께해도 이를 싫어하지 않았다. …… 한 뙈기의 밭도 경작하지 않고 한 가지의 잎사귀도 따지 않았다. 그래서 관(官)에 소속되지 않았고 모두 토착민이 아닌 떠돌이들이었다. …… 밤이면 온갖 신들에게 제사 지내며 노래하고 춤추고 떠들면서 복을 빌었다.[89]

위의 기술을 통해서 파악되는 가이라이시 집단의 특징을 간추려 보면 대략 다음과 같은 다섯 가지를 얻을 수 있다.

첫째, 북적(北狄)과 유사한 습속을 지닌 이동성이 강한 유랑집단이었다.

둘째, 남자는 모두 말을 타고 활을 쏠 줄 알았으며 수렵을 주업으로 삼았다.

셋째, 칼과 방울받기나 나무인형 놀리기 또는 '사석을 금전으로 바꾸기', '초목을 조수로 바꾸기' 등의 잡희에 종사했다.

넷째, 여자들은 화장을 하고 요염한 자태와 음란한 가무로 여행객들을 유혹하는 기녀업에 종사했다.

다섯째, 여러 신들에게 가무로 제사를 지내는 무(巫)의 역할을 하였다.

만약 '괴뢰=인형 또는 인형극'이라는 고정관념을 배제하고 본다면 〈가이라이시기〉에 나타난 첫 번째 특징은 수초를 따라 떠도는 이동성이 강한 유랑집단이라는 것이고, 거기서 남녀의 주업은 각각 '수렵·잡희'와 '가무·매음'으로 요약된다. 기록된 순서로 보아도 인형을 놀리는 것은 여러 가지 놀이 중에서도 칼이나 방울을 놀리는 기예인 도검(跳劍)과 농환(弄丸) 다음에 언급되고 있어 당초에는 그 비중이 크지 않았음을 알 수 있다.

중국에서도 괴뢰자라는 용어가 유랑예인 집단을 지칭하던 것에서 축소되어 인형놀이로 국한되어 사용되기까지에는 비교적 오랜 시간을 거치면서 여러 가지 변수가 작용했음이 분명하다. 앞에서 인용한《구당서》의 굴뢰자가 아직 놀이꾼의 의미를 완전히 잃지 않고 있는 것으로 보아 인형놀이의 의미로 축소된 것은 그 이후인 송나라 때였을 가능성이 크다.

이런 시대적 편차를 고려할 때, 대략 5세기 중엽에서 늦어도 6세기 초에 제작된 것으로 추정되는[90] 장천1호분의 벽화를 제대로 이해하기 위해서는 중국의 기록보다는 오히려 〈가이라이시기〉에 기술된 유랑 집

단의 특징에 주목할 필요가 있다.[91]

3. 고구려 장천1호분 전실 북벽 벽화의 재해석

이해의 편의를 위해 길림성박물관과 집안현문물보관소에서 공동으로 작성한 보고서의 내용을 먼저 요약해 제시한다. 보고서에 따르면 벽화는 크게 1-41까지의 백희기악(百戲伎樂)을 그린 부분과 42-71까지의 수렵을 그린 부분으로 나뉘며 세부적인 내용은 대략 다음과 같다. 그림의 내용에 대한 이해를 돕기 위해 필자가 번호를 매긴 모사도 〈도5〉를 함께 예시한다.

상단의 백희기악 부분부터 번호순으로 설명하면 다음과 같다.

1-3 : 큰 나무와 나무를 타고 있는 황색 원숭이 두 마리. 원숭이 두 마리는 백색 가면을 착용했는데 위쪽 것은 형상을 알아보기 힘들고 아래쪽 것은 곰 가면으로 보인다.

4-5 : 원숭이를 부리는 남녀 놀이꾼.

6 : 묘주인.

7-8 : 남녀 시종.

9 : 황구(黃狗).

10 : 손님.

11-14 : 시종들.

15-17 : 큰 백마, 백마의 고삐를 쥐고 서 있는 여인, 그리고 백마 뒤의 이족(異族) 노인.

18-19 : 말을 타고 달리는 두 사람.

20 : 백구(白狗).

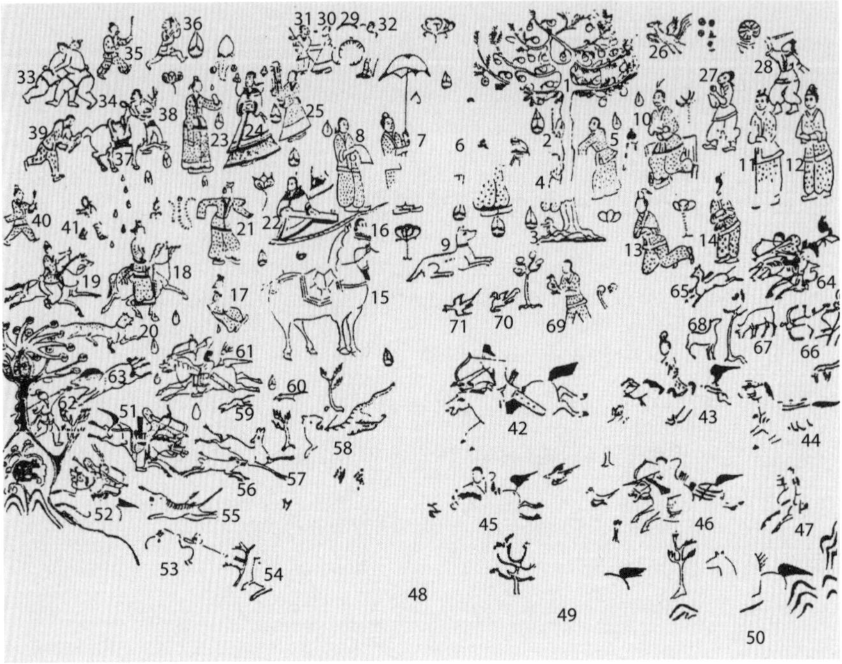

〈도5〉 고구려 장천1호분 전실 북벽 벽화 모사도

이상 1-20까지와 아래의 26은 모두 원숭이놀이와 관련된다.

21-22 : 독무(獨舞)하는 남자와 거문고를 탄주하는 여인. 한 조를 이루고 있다.

23-25 : 남자 무용수와 화장한 여자 무용수 그리고 오현금을 든 여인. 앞의 두 사람은 이인무(二人舞)를 담당하고 악기를 든 여인은 반주를 담당하는 듯하다.

26 : 난조(鸞鳥).

27 : 간두희(竿頭戱)를 하는 사람.

28 : 마술사.

29-32 : 수레, 수레를 끄는 여인, 그 앞의 이족(異族) 여인 그리고 수레 뒤

에 선 사람.

33-34 : 씨름하는 두 사람.

35-36 : 막대를 들고 쫓는 자와 작은 동물 같은 것을 들고 쫓기는 이족(異族).

37-39 : 백마와 그 앞뒤의 이족(異族) 두 사람.

40-41 : 채찍 같은 것을 든 남자와 그를 맞이하는 듯한 여인.

하단에는 여러 가지 들짐승과 날짐승을 사냥하는 장면이 다양한 모습으로 그려져 있다. 구체적으로 어떤 동물인지 알 수 없는 것도 있고 확인되는 것도 있는데, 번호순으로 설명하면 대략 다음과 같다.

42-60 : 수렵.

61-63 : 멧돼지 사냥.

64-65 : 노루 사냥.

66-68 : 고라니 사냥.

69-71 : 매를 이용한 꿩 사냥.

벽화의 내용을 하나로 이해할 것인가 아니면 둘로 나누어 이해할 것인가는 그 선택에 따라 판이한 결과가 초래될 수 있으므로 문제의 관건이 된다. 필자는 앞에서 백희기악도와 수렵도로 나눈 것을 내용상 틀렸다고 할 수는 없지만 이렇게 해서는 벽화 전체의 내용을 제대로 설명할 수 없다고 했다. 그런데 이런 구분법이 임시방편에 해당한다는 사실은 이미 보고서 작성자들의 언급에서도 드러나 있다.

① 벽화의 내용상 크게 상하 두 부분으로 나눌 수 있다. 상부는 백희기악을, 하부는 산림과 사냥 장면을 그렸다. 그러나 두 부분 사이는 남

벽(南壁)처럼 구획을 나누지도 않았고 일목요연한 경계도 없으며, 경물이 교차되어 있기까지 하다.

② 구도로 볼 때 벽화는 번잡한 도상들로 가득 차서 주(主)와 차(次)를 구분하기가 쉽지 않고……[92]

①에서 지적한 것은 제작자가 처음부터 구분할 의사가 있었다면 맞은편 벽화처럼 경계선을 사용했으리란 점이고 ②에서 지적한 것은 경계선이 없음으로 인하여 벽화 속의 어떤 도상이 더 중요하고 혹은 어떤 도상이 덜 중요한지 판단하기 어렵다는 점이다. 이것은 다른 고구려 벽화들과 비교해볼 때 찾아보기 힘든 사례인데, 뒤집어 생각해 보면 어쩌면 그림 속의 수많은 정경들이 모두 중요했기 때문일 수도 있다. 또 벽화 속의 다양한 장면들은 그 내용으로 볼 때 동일한 시공간에 일어났던 일들을 그대로 옮긴 것이 아니라 서로 다른 시간과 공간에서 벌어졌던 각각의 장면들을 한 폭에 모아 놓은 것으로 판단된다. 필자가 괴뢰자 집단을 주목하는 이유는 이런 까닭에서다. 그림 속의 주인공을 괴뢰자 집단으로 간주하면 벽화 속의 다양한 정경들이 자연스럽게 뭉쳐진 하나로 다가온다. 이제 보고서의 견해와 다른 필자의 견해를 제시해 보기로 한다.

1-14(도5-1): 필자는 보고서와 달리 1부터 14까지만 원숭이놀이와 관련된 것으로 생각한다. 1의 나무가 지니는 의미는 단순한 원숭이놀이의 무대 이상으로 심층적인 해석이 가능하다. 전호태는 이것을 성수(聖樹) 혹은 하늘과 땅을 잇는 통로로서의 우주수(宇宙樹), 또는 창조의 근원이자 재생의 상징인 생명수(生命樹)와 연계시켜 이해했다.[93] 신목(神木)으로서의 격을 생각하면 충분히 가능한 해석이다. 그런데 본고에서 주장하는 놀이꾼의 의미와 관련해서는 추가적인 설명이 요구된다. 서긍(徐兢)이 《고려도경(高麗圖經)》 제3권 '민거(民居)'편에서 "예로부터 전해

〈도5-1〉 모사도 1-14 부분

지길 오직 창우들이 사는 곳에서만 긴 대를 세워서 양가집과 구별하였다고 했는데 지금은 그렇지 않다고 한다. 대개 그 습속이 귀신을 제사 지내는 것이니 사람들을 복종시키고 재액을 물리치려는 도구일 따름이다."[94]라고 전언하고 있는 내용은 이와 관련해 대단히 중요한 단서를 제공한다. 이는 신목 숭배가 놀이꾼들의 특징적인 습속 중의 하나였음을 분명하게 밝혀주고 있다. 놀이꾼들의 이런 습속은 그 기원을 멀리 소목(蘇木)과 소도(蘇塗)에까지 연결시킬 수 있는데, 여기서 소목은 앞 장에서 살핀 것처럼 방상, 기두와 함께 괴뢰의 기원으로 거론되는 대상이기도 하다. 무덤 벽화에 이런 놀이꾼들이 묘사된 까닭은 괴뢰가 본래 상가악에 속했고 괴뢰자가 사람과 신을 매개하는 무(巫)의 역할을 수행했기 때문인 것으로 이해해야 합리적일 것이다.

2와 3의 두 마리의 원숭이도 나무와 마찬가지로 놀이꾼과 밀접한 관계를 맺고 있다. 앞에서 우리는 이미 괴뢰의 기원으로 원숭이과에 속하는 우(禺) 곧 모후(母猴)가 거론된 것을 보았다. 필자는 앞 장에서 1의 나무가 놀이꾼들이 섬기던 신목이자 괴뢰의 기원에 해당하는 소목일 수

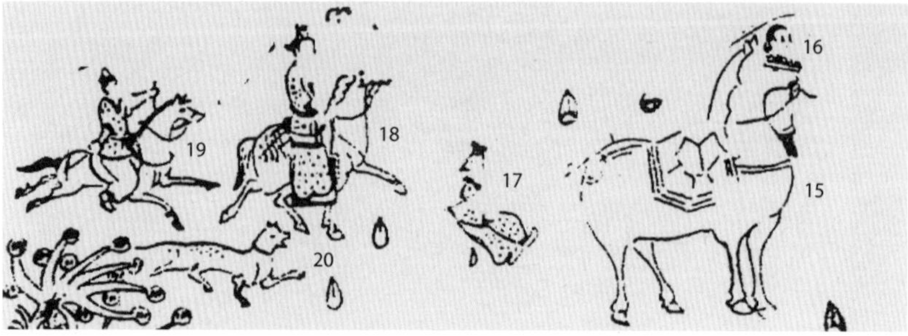

〈도5-2〉 모사도 15-20 부분

있음을 내비쳤다. 또한 그림 속의 원숭이들은 가면까지 착용하고 있다. 16세기 이래로 국내에서 사용된 '괴뢰'는 가면 또는 가면희의 의미도 지니고 있었다. 결국 1의 나무와 2-3의 원숭이는 모두 괴뢰로 수렴되고 있는 것이다. 참고로 덧붙여 두자면 봉산탈춤의 신장수과장에서 신장수와 함께 등장하는 원숭이도 이런 맥락에서 새롭게 검토해 볼 수 있을 것이다.

9의 개는 '영혼을 인도하는 동물'로서의 의미에 주목할 필요가 있다. 《삼국지·위지·오환전(三國志·魏志·烏丸傳)》에 의하면 3세기 이래 요하 유역에서 고구려와의 접촉이 잦았던 오환(烏丸) 사람들은 개를 죽은 자의 영혼을 적산이라는 성지로 인도하는 동물로 여겼다고 한다.

15-20(도5-2): 이 장면에서는 말의 이미지가 부각되고 있다. 세 마리 말 중에서도 특히 15의 백마는 그 크기나 중앙이라는 화면상의 위치를 고려할 때 자못 의미가 심장하다. 말은 집시에게 일종의 도상(圖像)적 의미를 지니기 때문이다. 제철인으로서 집시는 장인신과 결합하기 위해 무교적 의식을 통해서 말을 희생동물로 바쳤다고 하며, 집시가 말장사를 직업으로 한 것은 그들의 신화와 종교에 바탕을 둔 것이라고 한다.[95] 집시에게 말의 의미가 그렇다면 이는 그들과 동질적인 집단으로

추정되는 괴뢰자에게도 동일하게 적용될 수 있을 것이다. 20의 개는 9와 마찬가지로 이해할 수 있다.

21-25(도5-3): 여기의 다섯 사람은 가무와 매음을 담당했던 창부(娼婦)와 고객을 그린 것으로 생각된다. 21과 22의 두 남녀가 악무로 어울리는 장면은 양자의 관계를 동류로 볼 수도 있지만 창기와 손님의 관계로 해석해도 아무런 문제가 없다. 대가를 지불하고 가무를 사는 손님이라면 창기와 더불어 즐기는 것이 오히려 자연스럽다. 특히 24의 여인에게서 발견할 수 있는 두터운 화장과 화려한 옷차림은 〈가이라이시기〉에 언급된 여인들의 형상을 강하게 연상시킨다.

〈도5-3〉 모사도 21-25 부분

26-28(도5-4): 세 종류의 잡희를 묘사하고 있다. 26은 신강 키질석굴 118굴 벽화처럼 나무와 짝을 이루는 아름다운 새[96] 혹은 보고서처럼 난조(鸞鳥)[97]로 이해하더라도, 그림의 구도상 〈가이라이시기〉에서 언급하고 있는 '초목을 조수로 바꾸는' 마술의 한 장면으로도 이해할 수 있다. 물론 이 경우에도 서조로서의 의미를 잃을 필요는 없다. 27은 간두희(竿頭戲)가 아니라 칼과 구슬을 함께 놀리는 농환검(弄丸劍)이라는 기예이다. 28은 마술이 아니라

〈도5-4〉 모사도 26-28 부분

수레바퀴를 공중에 띄워 돌리는 무륜(舞輪)으로 판단된다.

〈도5-5〉 모사도 29-32 부분

29-32(도5-5): 29의 손수레는 그 앞뒤에 그려진 세 사람의 모습으로 볼 때 희거(戯車)를 연상시킨다. 수레는 말과 마찬가지로 집단의 이동성을 상징하므로 이들이 유랑예인 집단임을 뒷받침하는 증거로 이해된다.

33-41(도5-6): 씨름, 격투놀이, 마희(馬戯), 배우희 등 서로 다른 놀이 장면을 그려 놓은 것으로 판단된다. 33과 34는 씨름 장면이고, 35와 36은 두 명의 놀이꾼에 의해 연출되는 격투놀이의 한 장면으로 추정된다. 보고서에서는 36의 인물이 손에 든 것을 동물로 판단했으나 필자는 인형의 일종일 가능성도 있을 것으로 본다. 도판자료만으로는 판독이 어려워 최종 판단은 유보해 둔다. 37부터 39까지는 마희의 한 장면으로 추정된다. 이것은 〈신제이코가쿠즈(信西古樂圖)〉에 그려진 〈뉴바후쿠마이(入馬腹舞)〉[98](〈도6〉)와 비교해 볼 때 결코 무리한 추정이라고 생각되지 않는다. 40과 41은 남성과 여성의 포즈 및 그 대소 구도로 볼 때 배우희의 일종으로 생각된다.

42-71(도5-7): 규모와 방식이 서로 다른 다양한 수렵 장면이 등장하고 있다. 이것은 동일한 시공간을 배경으로 이루어진 것이 아니라, 이들 집단이 일상 속에서 겪었던 다양한 수렵 경험을 집약해서 하나의 화폭에 담은 것이다. 화폭의 절반을 차지할 정도로 비중이 큰 것으로 보아 수렵이 이들 집단의 생존과 직결되는 문제임을 짐작할 수 있다. 〈가이라이시기〉에서 남자들의 주업으로 수렵을 첫 번째로 거론한 것과 맥락을 같이하고 있다.

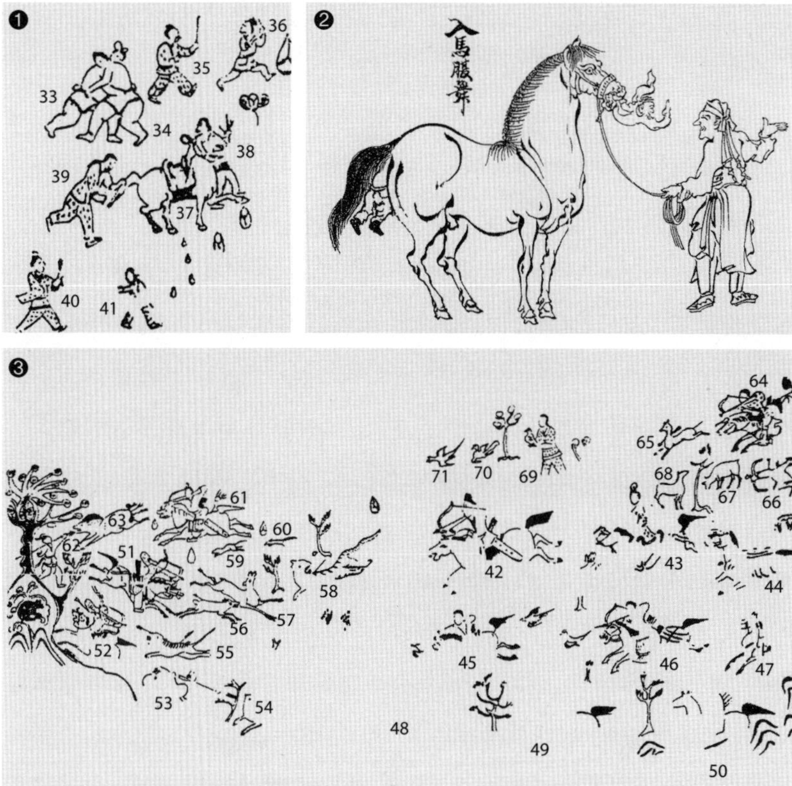

❶ 〈도5–6〉 모사도 33–41 부분
❷ 〈도6〉 〈뉴바후쿠마이(入馬腹舞)〉
❸ 〈도5–7〉 모사도 42–71 부분

4. 소결

〈가이라이시기〉에 기술된 괴뢰자 집단의 특징과 필자가 재해석한 벽화 내용을 비교해 보면 양자는 대략 다음과 같은 일곱 가지 면에서 상호 일치한다.

첫째, 유랑집단이라는 특징이 일치한다. 야외를 공간으로 하여 서로 다른 시공간을 배경으로 펼쳐지는 다양한 활동들은 벽화에 그려진 집단의 속성을 명백하게 알려 주고 있다.

둘째, 남자들이 말을 타고 활을 쏘면서 수렵에 종사했다는 특징이 일치한다. 42-71에 이르는 수렵 장면이 벽화 속에서 차지하는 비중은 괴뢰자 집단의 남자들이 수렵을 주업으로 했다는 기술과 일치한다.

셋째, 21-25까지의 장면에 드러나고 있는 여인들의 모습은 가무와 매음을 특징으로 하는 괴뢰자 집단의 여인들과 일맥상통하고 있다.

넷째, 26-41에 이르는 다양한 잡희의 연출 장면은 농환검을 비롯하여 다양한 흥행성 잡희를 연출했던 괴뢰자 집단의 특성과 일치한다.

다섯째, 괴뢰자 집단이 신들에게 제사 지내는 무당 역할을 수행했다는 기록은 중국의 괴뢰가 왜 상가악(喪家樂)으로 분류되는지를 설명해 주는 귀중한 단서가 될 뿐만 아니라 이들의 그림이 왜 장의(葬儀)예술인 무덤 속 벽화로 전해지는가에 대한 해답이기도 하다. 벽화의 내용을 생활풍속도라거나 혹은 백희기악도와 수렵도라고만 하면 너무 포괄적이다. 괴뢰자 집단이 원래부터 지녔던 무(巫)의 성격에 주목하여 그림을 이해한 필자의 견해는 이보다 한 걸음 진전된 것이라 할 수 있다.

여섯째, 17·31·36·38·39의 코가 큰 이족(異族) 남녀는 벽화 속의 집단 전체가 집시로 대표되는 호족 유랑집단이거나 최소한 그런 호족을 포함한 다민족 유랑집단임을 뒷받침하고 있으며, 이것은 일본의 〈가이라이시기〉에 언급된 북적 계통 유랑집단 유래설과도 부합한다.

일곱째, 9와 20의 개가 지닌 이미지 또한 북적의 습속을 언급한 〈가이라이시기〉의 기술과 부합한다.

요컨대 〈가이라이시기〉에 기술된 괴뢰자 집단의 특징과 고구려 장천1호분 전실 북벽 벽화의 내용이 전체적으로 상호 부합한다는 고찰 결과는 크게 두 가지 측면에서 연희사적 의미를 지닌다. 하나는 〈가이라이시기〉를 근거로 고구려 장천1호분의 벽화를 〈괴뢰자도〉라고 부를 수 있다는 것이고, 다른 하나는 이런 고찰의 결과가 그 자체로 5-6세기에 한반도 북방에까지 미쳤던 호류의 실체를 뒷받침하는 귀중한 물증으로서의 의미를 지닌다는 것이다.[99]

제3장

중국의 곽독희郭禿戱와 한국의 무애지희無㝵之戱

1. 서언

곽독희(郭禿戱)는 동아시아 특히 한중일 세 나라 인형극의 기원과 긴밀한 관련을 맺고 있기 때문에 일찍부터 많은 학자들이 주목하였고 그에 대한 의견들이 다양하게 제시된 바 있다. 그러나 기존 논의의 대부분은 어원학적(語源學的) 차원에서 접근한 것이었고 그나마도 단편적인 언급에 그치고 있다. 곽독희가 한때 괴뢰희(傀儡戱)[100]를 대표했고 또 곽독(郭禿)이란 인물이 인형극 속에서 주된 역할을 했던 사실이 여러 문헌 자료에 의해 확인됨에도 불구하고, 정작 곽독희의 공연 사례는 보고되지 않고 있다. 따라서 그 초기 면모가 어떠했는지는 대부분 베일에 싸여 있다고 할 수 있다. 현재 한국에서 보존되고 있는 꼭두각시놀음도 어음(語音)적 측면에서 볼 때 고대의 곽독희를 직접 계승한 인형극의 한 갈래로 유력하게 추정되지만 역사적 전승 경로를 뒷받침할 만한 자료는 빈약하다. 고구려에서 곽독희가 성행한 이후로 신라, 고려, 조선시대를 거치는 오랜 기간 동안 그 구체적인 행방은 오리무중이다.

신라시대 원효(元曉: 617-686)가 시작했다는 무애지희(無㝵之戱)는 고려시대 기록에 의해 그 실체가 전해지는데, 이것을 어떻게 볼 것인가에 대해서는 한국 학계에서 이미 여러 논란이 벌어졌었다. 김재철과 양재연은 가면극이냐 아니냐를 두고 서로 다른 견해를 제기했고,[101] 이두현은 원효가 가지고 놀았다는 박을 악기의 일종으로 이해하기도 했으며, 이두현은 탬버린 같은 악기일 것이라 했다.[102] 박진태는 '불교극으로서의 인형극'이라는 견해를 제시했다.[103] 이 중 마지막 견해가 무애지희를 인형극으로 이해한다는 점에서 필자와 출발점이 같다고 할 수 있는데, 양과 질 두 가지 측면에서 양자의 견해가 뚜렷하게 구별되기에 설명을 덧붙인다. 첫째, 양적인 면에서 박진태가 고전인형극사의 전개양상을 기술하면서 그렇게 볼 수 있겠다는 착상 차원에서 간단하게 몇 마디만 제시한 정도라면, 필자는 독립적인 한 편의 글로 무애지희만을 논하고 있다. 둘째, 질적인 면에서 박진태는 '불교극으로서의 인형극'이라고만 했고 필자는 인형극 중에서도 곽독희의 구체적인 사례로 제시했다. 이 글의 초고가 박진태의 견해가 제시되기 전에 이미 오랜 기간의 독자적 준비를 거쳐 완성되었다는 점도 함께 밝혀 둔다.

이하 논의에서는 한중 두 나라에서 산견되는 여러 가지 근거를 바탕으로 무애지희가 곽독희의 구체적인 사례가 될 수 있음을 입증하고 동시에 그것이 같은 시기 동아시아 대륙 및 일본에까지 불어닥쳤던 호류의 물증이기도 함을 드러내 보이고자 한다.

2. 중국의 곽독희 개괄

무애지희를 동아시아의 곽독희라는 맥락 속에서 이해하기 위해서 먼저 중국의 곽독희와 관련된 자료부터 살펴서 그 양상과 특징을 개괄하기로 한다.

곽독이 인형놀이 또는 놀이꾼의 의미로 사용된 사례는 북제(北齊)의 안지추(顔之推: 531-590)가 쓴《안씨가훈(顔氏家訓)》'서증편(書證篇)'에서 찾아볼 수 있다.

> 혹자가 물었다. "세간에서 괴뢰자를 곽독이라고 하는데 근거가 있습니까?" 이에 대답했다. "《풍속통》에서 이르기를……"[104]

인용문에 언급된 '혹자'의 물음을 통해서 안지추가 살았던 6세기 무렵 민간에서 괴뢰자를 곽독으로 불렀다는 사실을 알 수 있다. 그리고 이런 괴뢰자의 분포 범위가 북제뿐만 아니라 동북지역의 고구려에까지 미치고 있었음은《구당서·음악지(舊唐書·音樂志)》제29권에 수록된 다음 기록이 뒷받침한다.

> 굴뢰자는 괴뢰자라고도 한다. 나무인형을 만들어 놀았으며 가무에 뛰어났는데, (그런 놀이들이) 본래는 상가악이었다. …… 북제의 후주 고위(565-576 재위)가 특히 좋아했으며, 고구려에도 그것이 있었다.[105]

그런데《악부광제(樂府廣題)》의 기록에 의하면 북제의 후주가 좋아했다는 괴뢰자는 다름 아닌 곽공희(郭公戲) 곧 곽독희였다.

> 북제의 후주 고위가 괴뢰를 무척 좋아하여 그것을 곽공이라 불렀고, 당시 사람들이 이를 놀이 삼아 곽공가를 지어 불렀다.[106]

1322년에 간행된 마단림(馬端臨)의《문헌통고(文獻通考)》에 의하면 고구려의 괴뢰희가 당나라로 전해지기도 했다.

괴뢰와 월조 이빈곡은 이적이 고구려를 파하고 바친 것이다.[107]

당나라 장수 이적(李勣)이 고구려의 괴뢰희를 당나라로 가져간 것은 대략 7세기 후반의 일로 추정되는데, 앞서 언급한 기록들을 참고하면 이 고구려의 괴뢰희는 곽독희였을 가능성이 높다. 그런데 이적 같은 장수가 전리품으로 가져갔을 정도였다면 당시 고구려의 곽독희가 당나라에서는 보기 어려운 무언가 독특한 특징을 지니고 있었으리란 추정을 가능케 해 준다.

역사적으로 볼 때 당대(唐代) 이후의 곽독은 괴뢰라는 명칭을 대신하기보다는 오히려 등장인물의 측면에서 주로 거론된다. 예를 들면 당나라 단안절(段安節)의 《악부잡록(樂府雜錄)》에서 다음과 같은 '등장인물'로서의 곽독에 대한 언급을 찾아볼 수 있다.

(괴뢰희는) 예부터 전해지길 한나라 고조가 평성에서 묵돌〔冒頓〕 선우에 의해 포위된 일에서 비롯되었다고 한다. …… 후에 악인들이 놀이로 만들었는데, 그중에서 가무를 인도하는 이로 곽랑(郭郞)이란 자가 있어 머리가 벗겨졌고 우스개를 잘하였기에 민간에서는 곽랑이라고 불렀다. 모든 놀이판에서 배우들의 첫머리를 차지했다.[108]

머리가 벗겨졌다는 외형적 특징과 함께 배우들의 우두머리였다는 사실이 지적되어 있다. 이후 자료에서는 '헐렁한 춤소매'가 곽공의 형상적 특징에 추가된다. 이런 특징은 북송(北宋) 사람 양억(楊億: 974-1020)이 쓴 시 〈괴뢰〉에 명확히 드러나 있다.

포로(鮑老)가 잔치 자리에서 곽랑을 비웃네, 그의 춤소매가 너무 헐렁하다고.

만약 자신더러 춤춰 보라고 했다면 (자기 춤소매가) 오히려 더 헐렁했을 텐데도.[109]

이후 이런 특징은 역대로 많은 시인들에 의해 공유되니, 일례로 명나라 구우(瞿佑: 1341-1427)의 〈간등사(看燈詞)〉 15수 중 제5수에서는 다음과 같이 묘사되고 있다.

괴뢰로 분장하고 교방을 나서니 채기(彩旗)가 앞에서 두세 줄을 인도하네.

곽랑과 포로는 서로 비웃길 멈추게나, 누구의 춤소매가 더 긴지를 두고.[110]

이제까지 살핀 내용이 중국 자료에서 발견되는 곽독희의 개괄적인 양상이다. 곽독이란 인물과 곽독희라는 놀이의 존재는 분명하지만, 그런 인형놀이 또는 인형극이 어떤 모습이었는지를 파악하는 데는 한계가 있다. 또 당대 이후가 되면 주로 거론되는 대상이 곽독희라는 극이 아니라 곽독과 포로(鮑老)라는 인물로 좁혀진다. 곽독희가 원래적 모습을 잃고 인물을 통해서만 자취를 남기고 있는 주된 이유는 아마도 중국의 괴뢰희가 당송시대를 거치면서 양식이나 극본 등 여러 면에서 비약적인 발전을 이룬 탓이 아닌가 생각된다.

3. 한국의 무애지희 자료와 요점

고구려의 괴뢰자를 곽독희로 이해한다는 전제에서 출발할 때 한국에서의 전개 과정은, 1872년에 완성된 《교방제보(教坊諸譜)》에서 "곽독은 붕

(棚)을 설치하고 나무인형을 놀리는 것이다(郭禿設棚戲木人)"라고 기술하고 있어서 곽독희가 인형극으로 인식되었던 사실이 분명함에도 그 이전 시대의 상황에 대해서는 현재까지 알려진 바가 거의 없다.

이하 원효로부터 비롯된 무애지희를 곽독희의 맥락에서 이해하기 위해 《삼국유사(三國遺事)》, 《파한집(破閑集)》, 《고려사(高麗史)》 등에 전해지는 관련 자료의 요점부터 정리하기로 한다. 먼저 일연(一然: 1206-1289)의 《삼국유사》 제4권 '원효불기(元曉不羈)'조에 전해지는 기록부터 인용한다.

> 원효가 계율을 어겨 설총을 낳은 뒤에는 속인의 의복으로 바꿔 입고 스스로 소성거사라 불렀다. 우연히 광대가 춤추고 노는 큰 박을 얻었는데 그 모습이 기괴하였다. 그래서 그 모습을 본떠 도구를 만들고, 《화엄경》의 "일체무애인, 일도출생사"라는 구절에 근거해 무애라고 이름 붙이고, 노래를 지어 세상에 퍼뜨렸다. 원효는 일찍이 이것을 가지고 방방곡곡 돌아다니며 노래하고 춤추며 교화시키고 읊으며 돌아옴으로써 뽕나무 농사짓는 늙은이나 옹기장이나 무지몽매한 무리들로 하여금 모두 불타의 이름을 알게 하고 나무아미타불을 부르게 하였으니 그의 교화는 크다고 하겠도다.[111]

고려시대 사람인 이인로(李仁老: 1152-1220)는 원효 이래 당시까지 전승되던 무애지희를 본 다음 《파한집》 하권에다 다음과 같은 기록을 남겼다.

> 예전에 원효대성이 천한 사람들 속에 섞이어 놀았다. 일찍이 목 굽은 호리병박을 어루만지며 저자에서 가무하고 이를 무애라 하였다. 이런 일이 있은 뒤에 일 좋아하는 자가 금방울을 위에 매달고 채색 비단을 밑

에 드리워 장식하여 두드리며 진퇴하니 모두 음절에 맞았다. 이에 경론과 게송을 가져다 엮어서 무애가라 하니 밭 가는 늙은이까지 이를 모방하여 유희로 삼게 되었다. 무애지국이 일찍이 제하여 이르기를 "이 물건은 오래도록 무용을 가지고 사용하였고 옛 사람은 도리어 불명으로써 이름이 났도다." 하였고, 근래 산인 관휴가 게를 지어 이르기를 "두 소매를 휘두르는 것은 이장을 끊은 까닭이요, 세 번 다리를 드는 것은 삼계를 초월한 까닭이다." 하였다. 모두 진리를 그것에 비유한 것이다. 나도 또한 그 춤을 보고 이런 찬을 지었다. "배는 가을 매미마냥 비었고 목은 여름 자라처럼 꼬부라졌도다. 그 굽힌 것은 사람을 따르는 것이요 허한 것은 물건을 용납할 만하도다. 밀석에 막히는 것을 볼 수 없고 규호에 비웃음 받지 않도다. 한상은 이로써 세계를 숨겼고 장자는 이로써 강호에 떠다녔도다. 뉘 그것에 이름을 붙였는가? 소성거사요. 뉘 그것을 위해 찬을 지었는가? 농서의 타리로다." 하였다.[112]

《고려사》에서는 무애지희가 서역에 그 뿌리를 두고 있음을 지적하고 동시에 조선시대에 접어들면서 이미 그 전통이 소실되어 가고 있었던 사실도 함께 기록하고 있다.

> 무애지희는 서역에서 나왔는데, 그 가사가 불가어(佛家語)를 많이 사용하고 또 방언을 섞었기 때문에 편록하기가 힘들어 임시방편으로 리듬만 남겼다.[113]

상기한 기록들로부터 무애지희의 내원, 도구의 재료와 형상, 놀이의 형태, 목적, 전승 상황 등을 요약하면 다음과 같은 여섯 가지로 정리된다.

첫째, 무애지희라는 놀이의 내원은 서역이고 그 중개자는 유랑광대라고 할 수 있다. 비록 원효가 무애지희라는 이름을 붙였고, 대중교화라는 목적을 위해 차용했으므로 어느 정도 변용은 가능했겠지만 그 자신이 전문적인 놀이꾼이 아니므로 실질적인 놀이의 창시자라고 보기는 힘들다.

둘째, 무애지희의 중요한 도구는 박이었다. 《삼국유사》에서 '춤추고 노는 큰 박'이라 했고 《파한집》에서도 '목이 굽은 호리병박을 어루만지며 저자에서 노래하고 춤추었다'고 하여 두 기록 모두 무애지희를 노는 도구가 박으로 만들어졌음을 분명히 밝히고 있다.

셋째, 박으로 만든 도구의 형상은 처음부터 괴기(瑰奇)했고, 후대에는 위로 '금방울'과 아래로 '채색비단'이 더해진 모습이었다. 여기서 《파한집》에 기록된 "두 소매를 휘두르는 것은 이장을 끊은 까닭이요, 세 번 다리를 드는 것은 삼계를 초월한 까닭이다"의 주체를 박으로 만든 도구로 본다면, 그것은 사람의 모습을 한 인형이었을 가능성이 매우 높다. 이 구절에 대한 자세한 논의는 뒤에서 다시 펼칠 것이므로 여기서는 이 점만을 밝혀 두기로 한다.

넷째, 무애지희는 춤과 노랫말이 수반된 가무희의 일종이었다. 그래서 《삼국유사》에서는 원효가 "이것을 가지고 방방곡곡 돌아다니며 노래하고 춤추었다"고 하였고, 《파한집》에서도 "호리병박을 어루만지면서 저자에서 노래하고 춤추었다"고 했다.

다섯째, 놀이의 의도는 무애라는 이름에 뚜렷하게 드러나 있다. 《화엄경(華嚴經)》에서 말한 "일체무애인, 일도출생사"를 표현하기 위함이요 '이장을 끊고 삼계를 벗어나기' 위한 것이다. 바꿔 말하면 불가에서 말하는 모든 것이 공(空)이라는 '일체개공(一切皆空)'의 사상을 깨우치게 하기 위한 것이기도 하다.

여섯째, 무애지희는 원효 때부터 13세기 무렵까지 민간에 전승되었는데 조선 초기에 이르러 민간에서의 전승 면모는 기록에서 사라지고 변형된 형태만 관찬(官撰) 기록에 수록되게 된다.《고려사》및 그 내용을 전재한《악학궤범(樂學軌範)》은 이런 사정을 반영하고 있다.

4. 신라·고려시대의 무애지희 분석

앞에서 추출한 여섯 가지 요점에 근거하여 이하에서는 놀이의 도구와 형상, 형식 그리고 의도라는 세 가지 측면에서 무애지희를 분석한다.

1) 도구와 형상의 측면

놀이의 도구였던 박으로부터 논의를 시작하려는 까닭은 무애지희를 곽독희로 이해할 수 있는 중요 단서 중의 하나가 호리병박에서 발견되고 있기 때문이다. 9세기 중엽에 저술된 것으로 추정되는 단성식(段成式)의《유양잡조(酉陽雜俎)》전집(前集) 제8권에 대단히 중요한 구절이 전해진다.

> 또 고릉현에서 몸에 문신을 한 송원소라는 자를 잡았는데, 문신이 71곳에 달했다. 왼팔에는 "……"라 하고 오른팔에는 호리병박을 새겼는데 위로 사람의 머리가 나온 것이 마치 괴뢰희의 곽공과 같았다. 현리가 이해하지 못해 물었더니 호리병박 귀신이라고 대답했다.[114]

호리병박 위에 사람의 머리가 달렸는데 괴뢰희의 곽공 곧 곽독과 같았다고 하고 있다. 사람 몸에 새겨진 문신을 설명하기 위해 괴뢰희 곽공을 언급했다는 것은 그만큼 이 놀이가 사람들에게 널리 알려져 있었기 때문으로 이해된다. 그러므로 호리병박의 형상을 한 곽공을 호리병박 귀신이라고 한 대목은 그냥 지나치기에는 무언가 더 깊은 의미를 가졌을 가능성이 높다. 따라서 호리병박 곧 박과 식물이 지닌 의미를 좀 더 살피기로 한다.

박은 아프리카와 아시아 열대가 원산지로 알려져 있으므로 한반도를 기준으로 보면 대략 서남방에서 전래했다고 할 수 있다. 마침 박을 도구로 삼는 무애지희도 서역에서 전래한 것으로 알려져 있다. 중국의 서남방 소수민족 지역에서는 박을 시조신이자 보호신으로 삼는 습속이 전해지고 있다. 유석성(劉錫誠)과 왕문보(王文寶)가 주편(主編)한《중국상징사전(中國象徵辭典)》의 '호로(葫蘆)'조에서는 박이 상징하는 의미를 네 가지로 설명하고 있는데 그 가운데 첫 번째가 인류의 시조이자 보호신을 상징한다는 것이다. 운남성(雲南省) 진원현(鎭源縣) 일대에는 박과 관련된 세 가지 신화가 널리 퍼져 있는데 그 내용은 이렇다. 첫째는 홍수가 천지를 뒤덮었을 때 박에 숨었던 남매만이 요행히 살아남아 부부가 되어 자손이 번성했다는 내용이다. 둘째는 홍수가 나서 세상에 고아 한 명만 남게 되었는데, 어느 날 고아가 박씨를 얻어서 심었더니 박이 열리게 되었고 그 뒤 박이 갈라지면서 안에서 아름다운 처녀가 걸어 나와 고아와 부부가 되었고, 이후 인류가 번성하게 되었다는 것이다. 셋째는 홍수 시대에 세상에 남자 한 명만 남게 되었고, 이 남자가 선녀와 혼인하여 큰 박을 낳았고, 그 박을 깨자 안에서 많은 사람들이 걸어 나왔는데, 이들이 바로 각 민족의 조상이 되었다는 것이다. 이 때문에 납호족(拉祜族) 사람들은 박을 길하고 신성한 것으로 여긴다.[115] 엽명감(葉明鑑)의《중국호신부(中國護身符)》를 보면 박을 재료로 사용하여 구사(驅邪)의 법기(法器)로 사용하는 사례 두 가지가 수록되어 있다. 하나는 민간에서 호리병박을 신선이 사용하던 물건으로 인식하여 문 위에 직접 걸어 두거나 혹은 호리병박으로부터 영기가 나오는 그림을 당 위에 붙여 두는 방식이고, 다른 하나는 '채호로(彩葫蘆)'라는 것으로 곧 단오절에 사귀(邪鬼)를 물리치고 병을 내쫓는 상징물로서 오색의 채지로 만든 호리병박을 방문 위에 걸어 두는 방식이다.[116]

이상의 사례에서 필자가 주목하는 대목은 박이 상징하는 시조, 보호자, 구사거병(驅邪去病)의 신통력 등의 의미가 꼭두라는 어휘에도 공통적으로 내재되어 있다는 점이다. 기존의 연구에 따르면 우리말 꼭두에 대응하는 어휘가 범어(梵語), 셈어, 인도유럽어, 알타이어 계통에서는 흔히 하늘, 신성(神性), 조상, 보호자, 샤먼, 장인신의 의미를 지닌다고 한다.[117] 이런 각도에서 보면 꼭두놀이의 재료로 박을 사용하는 것은 너무나 자연스러운 현상이 아닐 수 없다. 따라서 도구의 재료로 박을 사용한 무애지희를 꼭두놀이 곧 곽독희로 이해할 수 있는 여지는 크다고 하겠다.

박은 역사적으로 악기나 예기(禮器)의 재료로도 널리 사용되었는데 그 가운데 특히 호로생(葫蘆笙)은 서남 소수민족들이 노래하고 춤출 때 즐겨 사용하던 악기였다. 남조국(南詔國)에서는 소년자제들이 밤에 거리를 누비며 호로생을 불었으며, 운남성의 제라족(諸儸族)이나 사천성(四川省) 건창(建昌)의 제라족에는 남자가 호로생을 불면 여자가 옷을 잡고 춤추며 노래하는 습속이 전해지고 있다. 또 광서성(廣西省)의 묘족(苗族), 요족(瑤族), 동족(侗族)은 매년 남녀노소가 함께 어울리는 '노생당(蘆笙堂)'이라는 집회를 거행하는데, 거기서도 남자들이 호로생을 불면 여자들이 가무로 호응한다.[118] 호로생은 남녀가 함께 즐기던 가무의 현장에서뿐만 아니라 상장(喪葬)의례 때도 중요한 악기로 사용되었다. 이족(彝族) 무당의 전언에 의하면 고대 이족이 조상의 영령을 보내는 의례를 거행할 때는 반드시 가장 오래되고 간단한 사관(四管)호로생을 사용했고,[119] 사천성과 운남성 사이에 있는 호고호(濩沽湖) 주변에 사는 납서족(納西族)과 마사인(摩梭人)들은 장례식 때 호로생을 불면서 노래하고 춤추는 자가 길잡이 역할을 한다. 마사인 무당이 손에 든 목제도구에 새겨진 신령 중에는 사람머리의 두 마리 뱀이 뒤엉킨 복희와 여와의 형상도 있다. 운남성 남쪽의 토료족(土僚族)[120]은 장례식 때 사위가 호로생을 불면서 주검 앞에서 춤을 춘다. 유요한(劉堯漢)은 납서족과 토료족이 호로생을 장례식의 길잡이로 삼은 것이나, 이족이 호로생 반주로 조상들의 영령을 전송하는 방식이 모두 박을 모체숭배의 대상으로 삼던 원시 습속의 유전과 관련된 것으로 보고 있다.[121]

위에 인용한 사례들의 요점은 박으로 만든 악기 호로생이 '노래하고 춤출 때' 사용되었고 또 '상장의례 때'도 사용되었다는 것인데, 꼭두놀이 또한 가무희에 속하며 본래는 상가악이었다는 점에서 양자는 상호 부합하고 있다.

다음은 무애지희에 사용된 박의 형상이 인형이었을 가능성에 대해 검토해 보기로 한다. 탈춤이라거나 아니면 단순한 가무였다는 등 서로 다른 견해가 제기되었던 것도 따지고 보면 도구의 형상이 무엇이었느냐에 대한 이해가 서로 달랐기 때문이니, 형상 또한 관건이 되는 문제가 아닐 수 없다.

먼저 상식의 선에서 출발할 때 호리병박은 그 자체로 사람의 모습과 흡사하고 그렇기 때문에 특별한 가공 없이도 인형으로 쉽게 사용할 수 있다는 점을 지적해 두고 싶다. 그래서인지 우리는 지금도 호리병박 모습의 인형을 주위에서 쉽게 찾아볼 수 있다.

앞에서 무애지희와 관련된 기록을 검토하면서 호리병박을 인형으로 볼 수 있는 근거를 세 가지 제시한 바 있다. 첫째 형상이 괴기했고, 둘째 위에 금방울을 매달고 아래로는 채색비단을 장식했고, 셋째 두 소매를 휘두르고 세 번 다리를 들었다는 것이었다. 이 가운데 필자가 결정적 근거로 삼는 것은 마지막 구절이다. 두 소매를 휘두르고 다리를 들었다는 것은 팔다리를 지닌 영장류만이 할 수 있고 따라서 그 주체는 사람이거나 또는 사람의 형상을 한 인형일 가능성이 가장 높기 때문이다.

그런데 필자는 왜 춤의 주체를 사람이 아닌 호리병박 인형에 무게를 두는 것인가? 이인로가 쓴 문장 전체를 다시 살펴보자. 그가 쓴 글의 주지는 '호리병박을 놀리는 사람'이 아니라 '호리병박과 그것이 연출하는 행위'에 초점을 맞추고 있다. 그의 글은 원효부터 자신에 이르기까지 모두 4인을 차례로 언급하는데, 문제의 구절이 나오는 관휴의 게는 세 번째에 위치한다. 맨처음 원효를 이야기하면서 목이 굽은 호리병박을 말하고 뒤에 호사가들이 거기에 금방울과 채색비단을 더했음을 지적했다. 그런 다음 무애지국의 제를 인용했는데 "이 물건은 오래도록 무용을 가지고 사용하였고 옛사람은 도리어 불명으로써 이름이 났도다"라고 했다. 이 글귀가 호리병박을 두고 한 말임은 이론의 여지가 없다. 마지막에 인용한 자신의 찬도 사람이 아닌 호리병박에 초점을 맞추고 있다. "배는 가을 매미마냥 비었고 목은 여름 자라처럼 꼬부라졌도다. 그 굽힌 것은 사람을 따르는 것이요 허한 것은 물건을 용납할 만하도다. 밀석에 막히는 것을 볼 수 없고 규호에 비웃음 받지 않도다. 한상은 이로써 세계를 숨겼고 장자는 이로써 강호에 떠다녔도다."[122] 스스로 무애지희의 춤을 보고 찬을 짓노라면서 언급한 내용이 기껏 도구로 사용되었다던 호리병박, 그것도 꼬부라진 외형에 속이 빈 호리병박이다. 만약 무애지희에 등장하는 춤의 주체가 사람이었다면 인용한 네 명 중 세 명이 이런 식으로 언급했을 가능성은 매우 낮다. 또 박이 단순한 악기 정도의 무구(舞具)였더라도 이런 식의 언급은 상상하기 힘들다. 무애를 말하면서 모두들 호리병박에 시선을 집중하고 있다는 사실은 호리병박이야말로 연출의 핵심이자 의미의 중심에 있음을 반증하는 것이다. 이렇게 이해해야 문맥이 순통해진다. 관휴의 게에 등장하는 "두 소매를 휘두르는 것은 이장을 끊은 까닭이요, 세 번 다리를 드는 것은 삼계를 초월한 까닭이다."라는 구절은 그 자체만 떼어서 보면 동작의 주체가 사람인지 아니면 호리병박인지 구분하기 힘들다. 그러나 '원효의 행적-무애지국의 제-관휴의 게-이인로의 찬'이라는 전체적인 맥락 속에다 놓고 보면 호리병박에 의해 연출된 동작으로 이해하는 것이 한결 자연스럽다. 그런데 공연현장에서 조종자와 인형이 모두 관중 앞에 노출된 상황이라면 춤의 주체가 꼭 호리병박 인형에만 국한되지 않을 수도 있다. 예컨대 원효와 인형이 각각 포로와 곽독의 역할을 맡았다면 원효 또한 포로 역할에 걸맞는 춤을 추지 않을 수 없었으리란 말이다.

무애지희에 등장하는 호리병박이 인형이었으리라는 결과에 부가해서《삼국유사》에서 말한 '괴기'한 모습에 대해서도 생각해 보기로 하자. 한자어 괴(瑰)는 괴(傀)나 괴(魁)와 통하며, 나아가 이들 세 자는 모두 귀(鬼)자로 수렴된다. 한편 한대(漢代)에 사용되던 괴뢰라는 글자는 '우뚝하고 크다'는 의미를 지녔고, 우리말에서도 곡도를 면괴(面魁)로 새기고 있다. 모두 '얼굴이 커서' 괴이하다라는 의미를 지녔다고 할 수 있다. 갑골문에 나타난 귀(鬼)자의 원자는 불(由)자로, 머리가 큰 모습을 형상한 것이라고 한다.[123] 그렇다면 호리병박이 대변하는 인물도 일반적인 사람이 아닌 귀 또는 신격으로 이해할 수 있다. 고려시대 호사가들이 호리병박에 덧붙였다는 금방울과 채색비단도 이와 같은 개연성을 더욱 높여주고 있다. 방울과 채색비단이 신격(神格), 신상(神像) 또는 무격(巫覡) 등에게서 흔히 발견할 수 있는 도구나 재료임은 이미 널리 알려진 사실이므로 더 이상의 언급이 불필요할 것이다.

2) 형식적 측면

북제부터 당대까지 이어지던 괴뢰자의 놀이는 가무희로 간주되었다. 당나라 현종(玄宗: 712-755 재위) 때의 굴뢰자가 가무희로 분류되었던 사실은《구당서·음악지》에 분명하게 기록되어 있다.

> 가무희로 대면·발두·답요낭·굴뢰자 등의 놀이가 있었는데 현종이 정성(正聲)이 아니라고 하여 교방에 두고 궁중에서 관장하게 했다.[124]

신라와 고려의 무애지희 또한 형식적 특징으로 춤이 부각되고 있다. 이 점은《파한집》의 기록에서 두드러진다. "(호사가들이 박을 두드리며) 나아갔다 물러섰다 하니 모두 음절에 맞았다", "두 소매를 휘둘렀다", "세 번 다리를 들었다" 등도 그렇거니와 이인로 본인도 찬을 지으면서 그 '춤'을 보고 지었다고 밝히고 있다.《고려사》에서도 서역에서 나온 무애지희가 "그 가사에 불가어가 많고 또 방언이 섞여서 편록하기 힘들다"고 하여 노랫말을 중요하게 언급하고 있다. 이렇듯《파한집》과《고려사》에서 춤과 노랫말을 핵심 내용으로 거론하고 있다. 6-7세기에 걸쳐 고구려부터 중국 대륙에 널리 유포되었던 괴뢰희가 형식상 노래와 춤을 주요 특징으로 삼는 가무희였던 사실은 뒤집어 보면 가무를 위주로 하는 무애지희를 괴뢰희로 해석할 수 있다는 말이 된다.

특히 관휴(貫休)의 게에 언급된 "두 소매를 휘둘렀다"는 구절에 주목할 필요가 있다. 여기서 말하는 '두 소매를 휘둘렀다'는 춤은 '소매춤'으로, 한자어로는 수무(袖舞)가 된다. 한반도와 중국 대륙에 걸친 춤의 역사를 보면 소매를 이용한 춤은 기원전부터 광범위한 지역에서 유행했으며 그 전통은 지금도 전해지고 있다. 대표적인 예로 긴 소매춤이라 할 장수무(長袖舞)와 넓은 소매춤이라 할 광수무(廣袖舞)가 전해지고 있는데, 관휴가 말한 춤이 구체적으로 어느 것인지는 알 수 없지만 대략 둘 중 하나에 해당할 것이다. 중요한 점은 소매춤의 구체적인 형식이 아니라 소매춤 그 자체이다. 그것이 무애지희를 괴뢰희로 이해할 수 있는 귀중한 근거를 제공하고 있기 때문이다. 북송 때 사람인 양억(楊億: 974-1020)의 〈괴뢰〉시에 나오는 다음 구절을 보자.

> 포로가 잔치 자리에서 곽랑을 비웃네, 그의 춤소매가 너무 헐렁하다고.[125]

괴뢰춤의 중요한 특징으로 소매춤을 거론하고 있다. 그의 이와 같은 표현이 있고 나서 곽랑(郭郞)이나 포로의 소매는 이후 한중 문인들의 작품 속에서 주된 묘사 대상이 된다. 예를 들면, 명대 복건성(福建省) 지역에 살았던 엽계희(葉繼熙)의 시 〈영괴뢰(詠傀儡)〉,[126] 명대 안휘성(安徽省) 출신 정지진(鄭之珍)이 남긴 극작품 《목련구모권선희문(目連救母勸善戲文)》,[127] 16세기 조선 사람 박승임(朴承任: 1517-1586)의 시 〈괴뢰붕(傀儡棚)〉[128] 등을 보면 모두 소매춤이 직접 묘사되고 있다. 특히 조선시대 나식(羅湜: ?-1546)은 〈괴뢰부(傀儡賦)〉라는 작품에서 곽랑이라는 인물의 외형적 특징 세 가지를 거론하고 있는데 그중 하나가 바로 긴 소매이다.

> 갑자기 곽랑이 등장하는데, 머리는 아이처럼 민머리에 얼굴 붉고, 소매는 원숭이처럼 길어서 너풀거리네.[129]

이 작품은 16세기 조선에서 공연되던 괴뢰희를 읊은 것이어서 길어서 너풀거릴 정도로 헐렁하다는 소매의 특징이 단순히 고인의 시구를 차용한 결과가 아님을 분명히 해 주고 있다.

가무희라는 형식과 관련해 짚고 넘어가지 않을 수 없는 또 하나의 문제는 조종한 사람과 조종당한 인형이 관중에게 어떤 방식으로 접근했는가 하는 것이다. 예를 들어 원효가 박을 가지고 '노래하고 춤추며' 방방곡곡 돌아다녔다는 구절에서 춤의 일차적인 주체가 누구였느냐가 논란이 될 수 있다. 인형일 수도 있고 조종자 원효일 수도 있다. 기관이 장치된 자동인형이 아니라면 일반적인 인형놀이에서 인형은 스스로 움직일 수 없고 사람의 힘에 의존할 수밖에 없다. 그 경우 조종자로서의 사람은 무대 장치의 유무나 형태에 따라 드러날 수도 있고 드러나지 않을 수도 있다. 원효가 관객에게 노출되었는지 여부는 《삼국유사》의 기록만으로 단정하기는 어렵지만 아마도 조종자 원효와 조종당한 인형 모두 구경꾼에게 노출되었을 가능성이 높다고 판단된다. 만약 이런 경우라면 원효 또한 춤의 주체가 될 수 있고 그럴 경우 조종자와 인형의 동작은 다를 수도 있고 같을 수도 있다. 조종자가 인형을 직접 들고 조종한다면 물리적으로 두 소매를 휘두르는 동작을 양자가 동시에 펼치기 힘들다. 그러므로 이런 경우에는 조종자와 인형의 춤이 다소 다른 모습으로 표현될 것이다. 인형이 두 소매를 휘두르면 조종자는 소매를 휘두를 수 없었을 테고, 조종자가 두 소매를 휘둘렀다면 인형은 그렇지 못했을 것이다. 그렇지만 양자가 동시에 같은 동작을 펼쳤을 가능성도 배제할 수 없다. 관중들이 눈치채지 못하도록 교묘한 기술로 인형을 조종할 수 있었다면, 그런 기술을 가진 놀이꾼은 관중들의 호기심을 더욱 자극할 수 있었을 것이다. 이 경우는 필자로서도 그 비밀을 파악하지 못했기 때문에 가능성을 열어둔다는 차원에서 제기해 둘 뿐이다. 그렇지만 고대 문헌에 전해지는 다양한 환술의 사례로 볼 때 불가능하지만은 않았을 것으로 짐작된다.

또 하나 주목해야 할 문제는 조종한 사람과 조종당한 인형이 모두 관중에게 노출된 상황, 즉 둘 다 공연의 담당자로 출연했을 경우 문헌 기록에 양자의 관계가 어떤 식으로 기술되었을까 하는 점이다. 조종자가 놀이 속의 가상현실과 놀이 밖의 실제현실을 넘나드는 사례가 동양의 고전극에서는 비일비재하므로, 시가형태로 남겨진 기록을 통해서 상황을 엄밀하게 판단하기란 매우 어려운 작업이라 할 수 있다. 그럼에도 필자는 조종자와 인형의 등장 방식에 대해 조심스러운 추론을 시도해 보고자 한다. 먼저 필자가 추정한 바 있는 포로와 바라문(婆羅門) 그리고 화상의 관계에 대한 견해를 인용해 본다.

> 한중 두 나라 모두 송대 이래 옛 시인들의 시에는 곽독과 함께 포로가 곧잘 언급되고 있다. 포로는 다른 인형극과 달리 가면희곡으로 알려

져 있다. 왕국유(王國維)는 《고극각색고(古劇脚色考)》에서 이 포로가 바라문에서 왔을 것이라는 견해를 밝힌 바 있다. 최근에는 왕조건(王兆乾)이 다시금 이런 관점에서 농파라(弄婆羅)-포라(抱鑼)-포로(鮑老)로 변화되었으리라는 견해를 제시하였다. …… 여기서 필자가 주목하고자 하는 점은 그것이 바라문(婆羅門) 곧 화상에서 유래했다는 견해이다. 만약 이 견해를 인정한다면 우리는 한국 인형극에서 포로와 곽독의 실례를 원효의 무애지희에서 찾을 수 있을 것이다. 대체로 1인 조작의 인형극이라면 인형을 조종하는 놀이꾼이나 조종당하는 인형이 유사한 춤을 추었을 가능성을 배제할 수 없다. 인형의 외형이 대머리인데 그 조종자가 화상이라면, 인형이 춘 춤의 특징이 소매가 헐렁한 수무(袖舞)였는데 포로가 화상이라면 그는 당연히 가사를 입었을 터이고 그 복장으로 추었을 춤은 역설적으로 수무와 훌륭한 짝을 이루었을 것이다.[130]

이런 추정은 무애지희에 나타난 최초의 놀이형태 즉 '원효 곧 화상'과 '박'의 관계가 '포로 곧 화상'과 '곽랑 곧 호리병박 형태의 곽공'의 관계로 치환될 수 있음을 가정한 것이면서 동시에 '원효와 박 곧 인형'의 관계가 괴뢰희의 일종일 수 있음을 전제한 것이다. 앞에서 보았듯이 곽랑과 포로가 서로 상대방의 춤소매가 헐렁하다고 비웃는다는 한중 문인들의 시구들은 이런 가정을 뒷받침하는 강력한 근거가 된다. 아유카이 후사노신(鮎貝房之進)의 조사 내용도 이런 가정이 19세기 후반의 꼭두각시놀음에까지 유효할 수 있음을 시사하고 있다. 그에 따르면 19세기 후반 조선에서는 한 명의 예인이 놀리던 인형놀이도 '꼭두각시놀음'이라고 불렀다.

꼭두각시놀음은 한 예인이 목에 끈을 매달고 끈 끝에 상자를 하나 매달아 그 위에서 놀린다. 상자 위에 여자인형을 세우고 (예인은) 상자 속에서 인형을 조종한다. 입으로 내는 박자에 맞추어 춤을 보여주고 마을을 돌아다니면서 쌀이나 돈을 구걸한다.[131]

상자라는 무대를 제외하면 예인 혼자서 놀렸다는 점과 인형의 춤을 주된 볼거리로 삼았다는 점에서 무애지희의 특징과 놀라울 정도로 일치하고 있다. 한 사람이 모든 연출을 도맡는 방식은 중국에서도 널리 유행했었다. 청나라 때 북경의 민간 상황을 기록한 부찰돈숭(富察敦崇)의 《연경세시기(燕京歲時記)》를 보면 다음과 같은 기록이 전해진다.

가리자(苛利子)는 곧 괴뢰자를 말하는 것으로, 한 사람이 장막 안에서 조그만 무대를 머리로 받치고 타호(打虎)나 포마(跑馬)와 같은 잡희들을 연창하는 것이다.[132]

채성오(蔡省吾: 1856 - 1933)가 편한 《일세화성(一歲貨聲)》은 광서(光緖) 연간 북경의 시정(市井) 모습을 생생히 보여주는 책인데 거기에도 괴뢰자 놀이가 다음과 같이 기술되어 있다.

솨괴뢰자(耍傀儡子): 한 사람이 멜대에 짐을 지고 징을 치며 호객하는데 앞은 주머니 같고 뒤는 대바구니 같다. 놀이를 할 때는 멜대로 앞의 주머니를 받쳐 올린다. 위로는 나무로 만든 조그마한 무대를 세우고 그 아래로는 남색 천을 늘어뜨려 감싼다. 사람과 대바구니는 모두 남색 천 안쪽에 있게 된다. 바구니 안에서 인형을 꺼내어 놀리면서 노래하는 한편, 징을 치고 입으로 호각까지 분다. 유명한 레퍼토리로 여덟 가지가 있으니 《향산환원》, 《찰미안》, 《고로장》, 《오귀착류씨》, 《무대랑사시》, 《매두부》, 《왕소아타로호》, 《이취련》 등이 그것이다.[133]

이 밖에 이조원(李調元: 1734-1802)이 읊었던 '피단희(被單戲)'[134]와 이두(李斗: 1749-1817)가 말한 '견담희(肩擔戲)'[135] 등도 모두 동일한 방식의 인형극을 지칭한다. 이처럼 청나라 때의 괴뢰자, 피단희, 견담희 등은 다양한 레퍼토리를 갖추었다는 점에서 조선의 그것보다 진전된 일면을 보이지만, 모든 과정이 한 사람의 놀이꾼에 의해 연출된다는 점에서는 꼭두각시놀음과 차이가 없다. 이런 까닭에 필자는 원효가 박을 가지고 사방을 떠돌며 놀았던 모습이 바로 '한 명이 연출하는 괴뢰희'의 모델이자 '포로와 곽랑이 짝을 이루어 노는 구도'를 생생하게 보여주는 사례라고 생각한다.

3) 의도적 측면

무애지희가 서역에서 내원했건 아니면 원효가 새롭게 만들었건 간에 두 경우 모두 연출의 주된 의도는 불교에서 말하는 '공(空)' 사상과 밀접하게 관련된다. 《삼국유사》에서는 《화엄경》의 "일체무애인, 일도출생사"를 언급하였고, 《파한집》에서도 "이장을 끊고" 또는 "삼계를 초월하다"는 말을 하고 있다. 이인로 자신도 호리병박의 배는 가을 매미마냥 '비었는데' 그 이유는 '빈 것' 곧 '공'이어야 사물을 용납하기 때문이라고 밝히고 있다. 고려시대 이규보(李奎報: 1168-1241)도 인형놀이과 관련하여 다음과 같은 시를 남기고 있다.

> 조물주가 사람을 놀리는 것이 마치 (놀이꾼이) 인형을 놀리는 것 같고,
> 놀이꾼이 인형을 보는 것이 마치 사람의 몸처럼 보네.
> 인생살이와 인형놀이가 한 가지러니,
> 필경 누가 참이며 또 누가 거짓인가?[136]

이 시에서 말하고자 하는 주된 의도는 인형놀이를 보고 '사람의 인생이란 마치 꼭두각시의 놀음과 같다'는 이치를 깨닫는 것이다. 이규보가 본 인형놀이의 내용이 정확히 무엇인지는 알려지지 않고 있지만, 작시 의도라는 측면에서 원효의 무애지희가 의도했던 바와 다르지 않았음은 분명하다.

사실 불교에서 '모든 것이 공'이라는 일체개공(一切皆空)의 사상을 대중들에게 포교하기 위해 인형놀이를 거론했던 역사적 내력은 오래된 것이어서 불경이나 선승들의 사적을 통해 관련된 사례를 찾아보는 것은 어렵지 않다. 예를 들면, 북량(北涼)의 담무참(曇無讖)이 옮긴 《대반열반경(大般涅槃經)》 제19권에는 다음과 같은 기록이 전해진다.

> 비유하자면 장인이 만든 기관 목인처럼 움직이고 멈추고 앉고 눕고 할 수 있지만 오직 말은 하지 못한다. 중생 또한 그렇다. 자재천은 비유하자면 장인에 해당하고 나무인형은 중생의 몸에 해당한다.[137]

자재천을 기관인형을 만드는 장인에다 비유하고 중생의 육신을 기관이 장치된 나무인형에 비유하고 있음을 볼 수 있다. 《수행도지경(修行道地經)》 제5권에도 공을 설명하기 위해 기관인형을 거론하는 대목이 나온다.

> 사대신을 보면 인연을 따라 합쳐진 것이기에 인형과도 같은 것으로 비유컨대 거짓된 것이니, 내가 가진 것도 아니요 그렇다고 타인의 것도 아니다. 재료를 합하여 만든 기관인형처럼 마주하여 움직이니 어리석은 자가 보면 사람이라고 일컫지만, 지혜로운 자가 살펴보면 나무를 모아놓은 것일 뿐 사람은 없다. 일체 삼계(三界)가 이처럼 공(空)일 뿐이다.[138]

이 밖에 《능엄경(楞嚴經)》 제6권과 돈황본(敦煌本) 〈유마힐경강경문(維摩詰經講經文)〉에서도 각각 관련된 사례를 찾아볼 수 있으니, 차례로 예시하면 다음과 같다.

> 마치 세상의 솜씨 좋은 인형놀이꾼이 거짓으로 여러 남녀들을 만들어 낸 것과 같으니, 비록 여러 인형들이 움직이는 것 같지만 실은 하나의 조종판으로 조종하는 것일 뿐, 그래서 조종판을 그치면 일체가 고요해지면서 여러 인형들은 생명을 잃어버린다.[139]

> 또한 기관 인형과 같아서 모두 줄로 잡아당기면 혹은 춤추거나 노래하고 혹은 움직이거나 걷지만 곡이 끝나면 일도 끝나 한옆으로 내던져진다.[140]

그런 까닭에 선승들도 괴뢰희를 곧잘 언급하곤 했는데, 수(隋)와 당(唐) 두 왕조에 걸쳐 살았던 왕범지(王梵志)는 백화시로 유명한 승려인데, 그의 작품 중 〈조화성위아(造化成爲我)〉라는 시를 보면 조물주와 사람을 각각 놀이꾼과 인형에 비유하는 구절이 들어 있다.

> 조물주가 나를 만든 것이 마치 사람이 곽독을 놀리는 것 같구나.
> 혼백은 줄과 같고 육신은 버드나무와 같네.
> 줄 당겨 가는 허리 만들고, 또 줄 당겨 눈과 눈썹 움직이네.
> 실 문득 끊어지면 그저 메마른 버드나무일 뿐이라네.[141]

특히 이 시에서는 단순한 인형이 아니라 곽독을 지칭하고 있어 주목된다. 중국 학자 항초(項楚)에 의하면 이 시가 지어진 시기는 초당시기 특히 측천무후(則天武后: 690-705 재위) 무렵이며 아무리 늦어도 개원

이후는 아닐 것으로 추정된다.[142] 따라서 이 시는 대략 7세기 말 8세기 초에 곽독희가 줄인형극의 형태로도 공연되었음을 알려주는 귀한 자료적 가치를 지닌다. 이 밖에 사공산(司空山)의 본정선사(本淨禪師)는 "인형놀이 구경하는데 선 끊어지니 일시에 끝나 버리네."라는 어록을 남겼고 진주(鎭州) 임제종(臨濟宗)의 의현선사(義玄禪師)도 "무대 위의 인형놀이 보노라니 당기고 끄는 조종은 모두 안에 있는 사람의 몫일세."라는 어록을 남기고 있다.[143]

인생을 인형놀이에 빗대거나 인생무상의 감정을 기탁한 사례는 일반적인 작품 속에서도 찾아볼 수 있다. 다음은 양굉(梁鍠)[144]의 시 〈영목노인(詠木老人)〉이라는 작품이다.

> 나무 깎고 실을 꿰어 노인 만드니,
> 닭 같은 피부와 흰머리가 사람과 진배없네.
> 순식간에 놀이 파하고 적막하게 아무 일 없으니,
> 마치 뜬구름과도 같은 인생이로구나.[145]

원대의 잡극(雜劇) 《호천탑맹량도골(昊天塔孟良盜骨)》 제1절에도 유사한 구절이 전해진다.

> 인형극장에서는 음악 연주하며 놀이를 펼치네. 생각하노니 저 세상 일이란 것이 모두 부질없는 것이요 남가일몽과도 같은 것이라네.[146]

이상에서 제시한 예들에 의하면, 인형을 만들거나 부리는 사람을 조물주에 비유하고 인형을 사람에 비유하여 육신의 공허함을 깨닫게 하는 방식은 애초 인도에서 시작되어 불경에 반영되게 되었고 이후 불교의 동전(東傳)을 따라 중국의 선승들을 비롯해 일반 문인들에게까지 영향을 미치게 된 것으로 생각된다. 따라서 넓게 보면 신라시대 원효의 행적이나 고려시대 이인로와 이규보가 남긴 작품에 스며 있는 사상이나 감정도 중국 사례들과 동일한 맥락 위에 있는 것이라 하겠다. 결국 놀이의 의도라는 측면에서 볼 때 원효가 놀았다는 무애지희는 불교극으로서의 성격도 함께 지녔을 것으로 추정된다.

5. 소결

이제까지 중국의 곽독희를 기준으로 한국의 무애지희가 곽독희의 일종이었을 가능성을 고찰해 보았다. 놀이의 도구와 형상, 형식 그리고 의도라는 세 가지 측면에서 구체적인 분석을 시도했으므로 그 결과를 먼저 요약한 다음에 호류를 언급하는 것으로 글을 맺고자 한다.

도구적 측면에서 살폈을 때 박은 시조신, 보호신의 상징이자 구사의 능력을 지닌 신물(神物)로 사용되었고 또 가무희나 상장의례에 수반된 악기로 사용되기도 했는데, 이런 면면들은 그 성격상 모두 꼭두라는 어휘가 지닌 의미에 부합하고 있다. 특히 당나라 때 등장한 호리병박 요정[葫蘆精]과 괴뢰희 곽공의 형상은 양자의 접점을 단적으로 보여주고 있다. 형식적 측면에서 보아도 무애지희와 꼭두놀이는 공히 춤과 노래를 위주로 하는 가무희였고, 심지어 춤의 세부적인 표현 특징인 '헐렁 소매'까지 일치하고 있다. 공연 방식에서도 양자는 모두 일인 조종자에 의한 연출 형식을 취했을 가능성이 큰 것으로 판단된다. 놀이의 의도라는 측면에서도 무애지희와 꼭두놀이는 모두 불교의 공(空) 사상을 깨닫게 한다는 점에서 서로 일치하고 있기에, 자연스럽게 불교극으로서의 성격을 지녔을 것으로 추정된다.

이어서 호류에 대해 덧붙이자면, 서역에서 유래된 무애지희가 한중 양국에 유전됐던 곽독희와 꼭두놀이의 구체적인 사례에 해당된다는 이 글의 결론은 필연적으로 호승(胡僧)이나 호족계통 예인의 매개를 전제한다. 그래서 필자는 중국의 곽독희와 한국의 무애지희 양자의 관계가 바로 고대 동아시아를 휩쓸었던 호류의 구체적인 물증이 될 수 있을 것이라고 생각한다.[147]

제4장

'공물 바치기'로 살핀 한중 두 나라의 호인胡人가면희

1. 서언

한중 두 나라에서는 오래전부터 외국인을 주요 등장인물로 설정한 가면희의 전통이 있었는데, 등장인물로서의 외국인 중에서는 호인의 자취가 한국과 중국 모두에서 발견된다. 동아시아부터 서유럽까지를 잇는 실크로드가 뚫린 이래로 각양각색의 호인들이 중국으로 넘어와 활약했다거나 그 일부가 신라나 고려까지 넘어와 다양한 활동을 펼쳤음은 이미 널리 알려진 사실이라고 할 수 있다. 그렇지만 범위를 좁혀서 연희사적 관점에서 보면 호인에 대한 관심이 미약하며 한중 두 나라를 아우르는 호인가면희에 대한 연구는 거의 찾아보기 힘들다. 이에 필자는 한중 연희사의 공백을 메우면서 동시에 고대 동아시아를 휩쓴 호류의 물증을 확보한다는 차원에서 '공물 바치기'라는 키워드로 두 나라의 호인가면희를 고찰해 보고자 한다.

2. '공물 바치기'와 관련된 중국의 호인가면희

1) '공물 바치기'와 관련된 호인가면희의 역사 전개

실제로 공물을 바치는 행위는 조하(朝賀)와 같은 공식 의례 속에서 거행되는 것이며 그 대상이 중국의 황제라는 점에서 원천적으로 궁정이라는 배경을 벗어날 수 없다. 그러나 그런 의례 행위와 가면희로 재현된 공연물은 서로 차원이 다른 문제이므로 고찰의 범위를 궁정에만 국한시키는 것보다는 오히려 민간의 양상까지 아울러 고찰하는 것이 시대적 흐름을 이해하는 데 더 효과적이다. 이에 아래에서는 궁정이나 관방 외에 민간의 양상을 함께 주목하면서 시대별 전개상을 고찰하기로 한다.

① 남북조(南北朝)부터 송원(宋元)시대까지

문헌자료로 볼 때 중국에서 조하와 관련된 외국인의 가면희, 그 가운데서도 '공물 바치기'와 연결시킬 수 있는 사례는 남북조시대의 양(梁: 502-557)나라 때 이미 출현하고 있다. 이 시기 궁정의 가면희를 알려주는 자료로는 무제(武帝: 502-549 재위) 그리고 같은 시기의 인물 주사(周捨: 469-524)가 각각 남긴 〈상운악(上雲樂)〉이 중요하다. 또 양나라 종름(宗懍: 약 502-565)이 남긴 《형초세시기(荊楚歲時記)》에는 같은 시기 민간에서 연행된 가면희가 언급되어 있다.

무제와 주사의 〈상운악〉은 제목이 같은 것으로 보아 동일한 공연물을 보고 읊었음이 분명하지만 곡사(曲辭)의 내용은 뚜렷하게 구분된다.[148] 〈봉대(鳳臺)〉, 〈동백(桐柏)〉, 〈방장(方丈)〉, 〈방제(方諸)〉, 〈옥귀(玉龜)〉, 〈금단(金丹)〉, 〈금릉(金陵)〉의 일곱 곡으로 구성된 무제의 작품은 신선이나 선경을 읊는 데 치중하고 있어서 연출과 관련된 정보를 얻기가 어려운 반면, 주사의 작품에는 연출과 관련된 유용한 정보가 다수 담겨 있다. 이것은 아마도 양자의 접근 시각이 달랐기 때문으로 풀이된다. 무제는 감성적으로 접근했기 때문에 공연에서 불렸을 법한 가사를 주된 대상으로 작품을 쓴 것 같고, 주사는 공연물 전체를 조망하는 관점에서 접근했기 때문에 등장인물의 특징적인 형상이나 공연의 세부 내용까지 폭넓게 담을 수 있었던 것 같다.

〈도7〉 일본에 남아 있는 〈곤주(胡飮酒)〉 형상자료, 〈신제이코가쿠즈(信西古樂圖)〉 일부

주사의 〈상운악〉은 달리 〈노호문강사(老胡文康辭)〉라고도 하는데 이 작품은 대략 서역에서 온 문강(文康)이라는 늙은 호인이 봉황과 사자 그리고 수많은 하인들을 대동하고 양나라 천자를 찾아와 축수하는 것을 줄거리로 삼고 있다. 작품 속의 주인공 문강은 정체가 호인이기 때문에 외형부터 한인(漢人)과 구별되어야만 했고 그래서 작품에 묘사된 그의 외형 특징은 푸른 눈과 흰 머리, 콧수염에까지 닿을 정도로 긴 눈썹, 입술에 닿을 정도로 처진 높은 코로 요약된다. 배우처럼 웃기는 짓도 잘하고 술도 잘 마시는 문강은 호무(胡舞), 봉황무(鳳凰舞), 사자무(獅子舞) 등을 펼친 다음 축수로 공연을 마무리한다.[149] 여기서 문강의 이런 외형 특징은 간단한 분장으로 해결할 수 있는 문제가 아니므로 그의 역할을 맡았던 배우는 화장보다는 가면을 착용했을 것이며 또 그가 보여준 호무, 사자무나 음주 연기 등은 각각 당대(唐代)의 호등무(胡騰舞), 사자무나 〈호음주(胡飮酒)〉 등의 선례가 됐을 것으로 추정된다.[150]

일본의 〈신제이코가쿠즈(信西古樂圖)〉에 당나라 때 공연됐을 것으로 추정되는 〈곤주(胡飮酒)〉의 형상자료가 수록되어 있어서 참고로 덧붙인다. 예시한 〈도7〉을 통해서 심목고비(深目高鼻)가 특징인 호인가면희

의 실상을 엿볼 수 있다.[151]

〈상운악〉이 궁정에서 공연된 가면희를 읊은 것이라면 《형초세시기》에 수록된 다음의 기술은 같은 시기 민간에서 공연됐던 가면희의 면모를 알려준다.[152]

> 12월 8일은 납일(臘日)이다. …… 마을 사람들이 함께 세요고(細腰鼓)를 매고, 호공두(胡公頭)를 쓰고 금강역사(金剛力士)로 분하여 역귀를 쫓는다.
>
> 《소설(小說)》에 의하면 손흥공은 늘 희두(戱頭)를 착용했는데, 역귀를 쫓는 사람들과 함께 환선무의 집에 이르렀을 때 선무가 그의 응대가 비범하다고 느껴서 미루어 물으니 흥공이 맞았다. 금강역사는 세속에서 불교의 신이라고 한다. 《하도옥판(河圖玉版)》에 의하면 "하늘을 떠받치고 있는 사방의 네 기둥에 금강역사가 있는데, 그 병기의 길이만 30장에 달했다."고 하는데 이것이 바로 그 뜻이다.[153]

호공두(胡公頭)를 쓰고 금강역사로 분하여 역귀를 쫓는 놀이라고 한 다음 덧붙인 일화에서는 호공두 대신 희두(戱頭)라는 단어를 사용하고 있어서 그것이 가면희였음을 분명히 하고 있다. 호공두를 쓰고 불교의 신 금강역사로 분했다고 한 것은 자의로 보아 그 형상이 한인과 구별되는 호인이었을 것으로 판단되는데, 이것을 뒷받침해 주는 기술이 송대 사람 고승(高承)의 《사물기원(事物紀原)》에 나온다.

> 강회(江淮)의 민속에서는 뭇 놀이들을 펼치기 전에 반드시 진권소면희(嗔拳笑面戱)부터 한다. …… 《형초세시기》에 이런 속담이 전해진다. "동짓달 북소리가 울리면 봄풀이 솟아나니, 마을사람들 함께 세요고를 매고, 호공두를 쓰고 금강역사로 분하여 역귀를 쫓네." 지금 남방에서

이 놀이를 하는 자는 반드시 호인 가면을 쓰고 용사처럼 행동하면서 그것을 진권(嗔拳)이라 부르니, 그것이 형초 지방의 옛 민속으로 내력이 오래됐음을 알겠다.[154]

송대 당시 강회(江淮)[155] 지방에서 유행한 진권소면희(嗔拳笑面戱)는 화가 나서 주먹을 휘두르는 진권(嗔拳)과 공손하게 웃는 낯으로 대하는 소면(笑面) 역할을 맡은 배우가 서로 어울려 엮어내는 가면희의 일종이다. 그런데 고승은 연희자들이 반드시 호인 가면을 쓴다고 했고 나아가 그것이 《형초세시기》에 언급된 호공두 놀이에서 유래됐다고 밝히고 있다.

이상에서 살펴본 바에 의해 양나라 때 이미 호인가면희가 궁정과 민간을 막론하고 폭넓게 유행했던 사실이 기본적으로 확인되었다고 할 수 있다. 또 작품에는 명시적으로 언급되어 있지 않지만, 정황으로 볼 때 호인 문강(文康)의 공연 속에는 '공물 바치기'가 포함됐을 개연성이 높은 것으로 생각된다.

수당시대에 이르러서도 양나라 때 유행한 호인가면희의 전통은 끊이지 않고 지속됐다. 그런 정황을 알려주는 대표적인 작품이 당나라 이백(李白: 701-762)과 이하(李賀: 790-816)가 남긴 동명의 작품 〈상운악〉이다.[156] 연희사적 관점에서 보면 이백과 이하의 작품은 6세기 때의 공연물이 8세기까지 계속 전승되었음을 확인해 준다는 점에서 의의를 지닌다. 그러나 내용이라는 측면에서 보면 주사가 남긴 〈상운악〉의 그것에서 거의 벗어나지 않고 있기에 이들 작품에 대한 구체적인 소개는 생략한다. 〈상운악〉 외에 당대의 호인가면희를 묘사한 작품으로는 백거이(白居易: 772-846)와 원진(元稹: 779-831)이 각각 남긴 〈서량기(西凉伎)〉라는 시가 있는데, 여기에 묘사된 호인가면희가 오히려 당대의 변화된 모습을 더 잘 보여 주고 있다는 점에서 주목할 필요가 있다. 백거이와 원진이 809년에 지은 시 〈서량기〉는 모두 사자무와 호등무를 위주로 읊고 있다는 점에서 내용상 유사하지만 원진의 시에 묘사된 내용이 상대적으로 더 다양하므로 이를 구체적으로 소개한다.

원진이 구경했던 서량기는 가서한(哥舒翰)이 부서(府署)를 열면서 베푼 잔치에 수반되었던 일종의 백희 공연이었다. 그것의 진행 순서는 맨 먼저 방울받기나 칼받기와 같은 잡희가 나오고 그런 다음 사자무와 호등무가 차례로 이어지며 마지막에 대완(大宛)이라는 나라에서 적한마(赤汗馬)를 바치고 토번(吐藩)의 왕이 취용구(翠茸裘)를 바친다.[157] 여기서 사자무와 호등무는 〈상운악〉에서 이미 본 것이지만 맨 끝에 연행된 대완에서 적한마를 바치고 토번의 왕이 취용구를 바치는 장면은 새로운 부분이라 할 수 있다. 물론 앞에서 언급했듯이 문강의 축수에서도 무언가를 바치는 행위가 있었을 개연성은 배제할 수 없지만, 말과 갖옷이라는 구체적인 공물이 나오고 그것을 바치는 주체로 대완과 토번이 명확하게 언급됐다는 점은 이 글의 주제와 관련하여 중요하다. 왜냐하면 이 글에서 고찰하려는 호인의 '공물 바치기'가 성립된 연대를 따질 때 809년이라는 구체적인 하한선을 제공해 주기 때문이다. 시에서 대완과 토번 사람이 가면을 썼다고 명기한 것은 아니지만 원진이 공물을 바친 주체가 누구인지 대번에 알아본 점이나 공연의 전체적인 맥락 등을 고려할 때 이들 또한 〈곤주〉에 묘사된 호인과 마찬가지로 가면을 착용했을 것으로 판단된다.

9세기 초에 성립된 이런 유형의 호인가면희는 송원시대에도 면면히 이어진다. 필자의 조사에 의하면 송원시대의 문헌자료는 전대의 것들과 비교할 때 아쉬움을 남기지만 그렇다고 전승의 실상을 소통시키기 어려울 정도는 아니다. 먼저 《서호노인번승록(西湖老人繁勝錄)》에 의하면 남송 항주(杭州)에서는 '파사국진봉(波斯國進奉)'과 '호녀번파(胡女番婆)'라는 이름의 단체가 활동했고 '달단무(韃靼舞)'라는 이름의 청악사(淸樂社)도 있었다.[158] 같은 시기의 상황을 기술한 주밀(周密)의 《무림구사(武

林舊事)》에서도 음력 정월 보름 행사에 참가하는 무대(舞隊)의 이름으로 '대소전붕괴뢰(大小全棚傀儡)' 아래에 '제국헌보(諸國獻寶)'와 '호녀(胡女)'를 예거하고 있다.[159] 이 두 기록을 합쳐보면 '파사국진봉'과 '제국헌보' 그리고 '호녀번파'와 '호녀'가 각각 호응하고 있는데, 이름으로 볼 때 전자가 외국인 공물 바치기를 담당했을 것으로 짐작된다. '달단무'라는 이름의 청악사는 자의로 보아 타타르인의 무용을 전공으로 삼았을 것이다. 남송 도성에서 정월 보름의 축제에 참가한 사(社)나 회(會), 무대 등은 외견상 민간의 동호인들에 의해 자발적으로 구성된 무리로 간주될 수도 있다. 그러나 당시의 공연 시스템을 들여다보면 남송 궁정에서는 수요에 따라 이들 민간 예인들을 궁정으로 불러들여 활용했기 때문에 위에 언급된 '파사국진봉'과 '제국헌보'는 사실상 궁정의 상황을 반영한 것으로 보아도 무리가 없다.

한편 송원시대 민간에서 전개된 외국인가면희와 관련해서는 앞에서 인용한 진권이 중요하다. 뒤에서 논하겠지만 현전하는 나희 속의 호인가면희도 이 기록을 통해서 비로소 그 유래가 양나라의 호공두 놀이까지 소급된다. 남송과 대치하던 북방의 금나라에서는 이른바 원본(院本)이라고 불리는 연희가 널리 유행했는데, 이런 기풍은 왕조가 원으로 교체된 이후에도 큰 변화가 없었다. 도종의(陶宗儀)의 《철경록(輟耕錄)》에 마침 금원시대 원본 수백 종의 명목이 수록되어 있어서 개별 상연 목록에서 취한 제재를 엿볼 수 있는데, 그 가운데 '제잡대소원본(諸雜大小院本)' 아래의 〈회회이화원(回回梨花院)〉과 '전축염단(拴搐艶段)' 아래의 〈만자염(蠻子艶)〉이 회회(回回)와 만자(蠻子)를 내세웠다는 점에서 눈길을 끈다. 구체적인 내용을 알기는 어렵지만 제목으로 보아 호인희의 일종이라는 점은 분명하고, 두 작품 모두 원본이라는 점에서 가면희로 공연됐을 가능성 또한 높은 것으로 생각된다. 이것은 명대까지 전승된 원본이 주로 가면희 형식으로 연출되었다는 송무징(宋懋澄)의 증언으로 미

루어 볼 때 그렇다는 말이다.[160]

② 명청(明清)시대부터 현대까지

명대의 외국인 공물 바치기 놀이는 문헌과 회화 양 방면에서 자료가 모두 전해지고 있기 때문에 그 실체가 전대에 비해서 훨씬 더 뚜렷하게 파악된다. 먼저 왕기(王圻)의 《속문헌통고(續文獻通考)》에 전해지는 명나라 궁정의 대무에 대한 기술부터 보자.

> 무릇 대사경성의 대연 때는 〈만국래조(萬國來朝)〉 대무와 〈영편득승(纓鞭得勝)〉 대무를, 만수성절(萬壽聖節)의 대연 때는 〈구이진보(九夷進寶)〉 대무와 〈수성(壽星)〉 대무를, 동지의 대연 때는 〈성희(聖喜)〉 대무와 〈백화성조(百花聖朝)〉 대무 그리고 정단의 대연 때는 〈백희련화분(百戲蓮花盆)〉 대무와 〈승고채련(勝鼓採蓮)〉 대무를 각각 사용한다. 이것들은 성조(成祖) 영락(永樂) 연간에 경정(更定)한 악장이다.[161]

만수성절(萬壽聖節)의 대연 때 대무 〈구이진보(九夷進寶)〉가 사용됐고 그 악장이 영락 연간(1403-1424)에 경정됐다고 기술되어 있다. 그런데 다른 자료에 의하면 명나라 궁정의 연회에서 외국인이 보물을 바치는 내용의 대무가 사용된 시점은 이보다 앞선 명 태조(1368-1398 재위) 때로 거슬러 올라간다. 명나라 사람 곽정역(郭正域)의 《황명전례지(皇明典禮志)》 제3권에 소개된 '대연의(大宴儀)'조의 한 단락을 보자.

> 봉천전연의(奉天殿宴儀)는 홍무26년(1393) 6월에 중정(重定)한 대연례(大宴禮)이다. …… 다섯 번째 잔이 나오고 〈진황강(振皇綱)〉곡이 연주된다. 술이 앞의 의례와 같이 바쳐지고 술 마시기가 끝나면 백희정응무(百戲呈應舞)가 공연된다. 공연이 끝나면 여섯 번째 잔이 나오고 〈금릉(金

陵)〉곡이 연주된다. 술과 탕이 앞의 의례와 같이 바쳐지고 〈팔만헌보(八蠻獻寶)〉무가 공연된다. 공연이 끝나면 일곱 번째 잔이 나오고 〈장양(長楊)〉곡이 연주된다.[162]

1393년에 중정된 봉천전연의에서 이미 〈팔만헌보(八蠻獻寶)〉라는 춤이 사용되고 있음을 볼 수 있다. 〈팔만헌보〉나 〈구이진보〉는 '팔만'과 '구이'라는 명칭상의 차이는 있을지언정 실질적인 의미상의 차이는 없다고 할 수 있다. 팔 대신 구를 썼으므로 약간 확대 재편한 정도의 느낌을 주는 정도일 뿐이다. 어쨌거나 위 두 자료에 언급된 대무(隊舞)가 만수성절에 공연됐다는 점은 그 용도가 축수용이었음을 알려주는 것이고, 이는 곧 축수에 사용된 〈상운악〉의 전통이 명대 초기까지 계속 전승되고 있음을 보여주는 것이기도 하다.

명대 궁정에서 공연된 '공물 바치기'가 가면희로 공연됐음을 보여주는 시각자료는 헌종(1464-1487 재위) 때 그려진 〈헌종원소행락도(憲宗元宵行樂圖)〉 속에 나오는 한 무리의 호인 행렬이 그 증거이다. 이 무리는 모두 5명의 호인과 사자 한 마리로 구성되어 있는데, 사자의 크기로 보아 그 안에 두 명의 호인이 들어갔을 것으로 판단된다. 좌에서 우로 행진하는 무리 중에서 맨 앞의 호인 한 명이 푸른 사자 한 마리를 끌고 가는 모습은 일본의 〈신제이코가쿠즈(信西古樂圖)〉에 묘사된 당나라 때의 사자무와 흡사하다(관련 형상은 〈도8〉[163]과 〈도9〉[164]를 각각 참조).

그 뒤로 산호수와 보주(寶珠), 상아, 동전 따위를 든 네 명의 호인이 뒤따르고 있다. 맥락으로 보아 이들 산호수와 보주, 상아, 동전 등은 모두 황제에게 바치려는 공물임에 틀림없으므로, '공물 바치기'는 이들 네 명의 몫이었을 것이다. 이들 호인의 공연이 가면희였다는 것은 그림 속 형상을 통해서 어렵지 않게 파악할 수 있다. 명대 원본(院本)이 주로 가면희 형식으로 연출되었음을 뒷받침해 주는 좀 더 결정적인 증거가 완

〈도8〉 호인헌보(胡人獻寶), 〈헌종원소행락도(憲宗元宵行樂圖)〉 일부

〈도9〉 사자무, 〈신제이코가쿠즈(信西古樂圖)〉 일부

대성(阮大鋮: 1587-1646)의 《연자전(燕子箋)》 속에 전해지고 있어서 소개한다. 이 작품 제41척 '합연(合宴)'에서 은영연(恩榮宴)과 기린연(麒麟宴)이라는 잔치를 배경으로 총 네 가지의 가면희가 공연된다. 앞의 은영연

에서는 〈동자배관음(童子拜觀音)〉과 〈천록청려(天祿青藜)〉가 무대에 오르고, 뒤의 기린연에서는 〈괘리선인(拐李仙人)〉과 〈파사진보태평유상(波斯進寶太平有象)〉이 차례로 나온다.[165] 이 중 마지막에 무대에 오른 〈파사진보태평유상〉이 바로 외국인의 '공물 바치기'를 제재로 한 가면희이다. 세부적인 이해를 돕기 위해 관련 대목을 덧붙인다.

(악관이 무릎을 꿇는다.) 태평성세 천자께서 새해 첫날 신료들과 모임 가지니, 해와 달이 모두 이민족까지 밝게 비추네. 페르시아 호인들 오늘의 잔치자리 찾아와, 보물에다 빙글빙글 멋진 춤까지 바치네. 나으리께 아뢥니다. 이번에 추는 것은 〈파사진보태평유상〉이라는 팀입니다. (악사 무리가 음악을 연주하자, 가면을 착용한 키 작은 페르시아 호인들이 쟁반을 받들고 등장한다. 상노아(象奴兒)가 코끼리를 타고 등장한다.)

【원림호(園林好)】 (무리가 함께) 키 작은 페르시아 호인들이 보물 쟁반을 손에 들었는데, 쟁반 위엔 뿌리부터 가지까지 온전한 산호수 놓여 있고, 자잘한 구슬과 비취도 함께 바치네. 또 상노아가 있어 흰 코끼리 타고 있네, 상노아가 흰 코끼리 타고 있네.[166]

마침 완대성이 지은 《연자전》을 직접 구경했던 장대(張岱: 1597-1689)의 소감문이 전해지고 있어서 함께 소개한다.

완대성 집안의 배우들은 스토리의 안배와 구성, 정(情)과 리(理), 문장의 힘찬 변화와 연결 등을 힘써 강구하므로 허무맹랑한 다른 극단과 구분된다. 그들이 펼치는 원본은 모두 주인이 직접 창작한 것이어서 묘사하는 것마다 고심이 배어 있다. 이 또한 대충대충 넘어가는 다른 극단들과 다르다. …… 내가 그 집에서 《십착인(十錯認)》, 《마니주(摩尼珠)》, 《연자전》 등 세 편을 보았는데 …… 《십착인》의 용등(龍燈)과 자고(紫姑),

> 《마니주》의 주해(走解)와 후희(猴戲), 《연자전》의 비연(飛燕)·무상(舞象)·파사진보(波斯進寶) 등은 그 지찰(紙札)과 분장에 있어서 어느 하나 한껏 그려내지 않은 것이 없어서 그 뛰어남이 더욱 대단하다.[167]

장대는 "완대성 집안의 배우들이 펼치는 원본은 모두 주인이 직접 창작한 것"이라고 지적한 뒤 《연자전》에 나오는 비연(飛燕)·무상(舞象)·파사진보(波斯進寶) 등이 "그 지찰(紙札)과 분장에 있어서 어느 하나 한껏 그려내지 않은 것이 없기에 그 뛰어남이 더욱 대단하다."라고 평하고 있다. 장대의 이런 지적으로 보아 〈파사진보태평유상〉은 파사진보와 무상이라는 두 가지를 하나로 합쳐서 만든 것이며, 전통적인 것에서 제재를 취했지만 세부 내용은 완대성의 손을 거쳐 재창작된 것임을 알 수 있다. 작품에서 거론된 가면희의 장면을 엿볼 수 있는 삽도 하나가 난홍실본(暖紅室本)《연자전》에 포함되어 있어서 참고로 덧붙인다(〈도10〉 참조).

〈도10〉은 〈파사진보태평유상〉을 직접 묘사한 것은 아니지만 가면을 착용한 배우의 모습, 실내용 무대의 모습과 배치 등이 어떠했는지를 엿볼 수 있기에 도움이 된다. "무리가 음악을 연주하면, 가면을 쓴 한 사람이 책을 읽고 노인 한 명이 지팡이를 들고 춤을 춘다"는 작품 속의 설명에 의하면 이 그림은 앞에서 언급된 〈천록청려〉의 한 장면으로 추정된다.[168] 그림 속 무대는 관람석과 별도로 가설되었고, 밑으로는 일정한 높이의 지상고(地上高)를 확보할 수 있도록 그 높이만큼의 받침대가 설치되어 있으며, 무대 삼면으로는 낮은 난간이 둘러져 있다. 흑백 도판임에도 불구하고 매우 공들여 안배한 관람석과 무대 배치를 확인할 수 있고, 전반적으로 고급스러운 연출 분위기를 물씬 풍기고 있음을 느낄 수 있다.

〈헌종원소행락도〉와 원본 〈파사진보태평유상〉에 묘사된 호인가면희를 비교해 보면 함께 등장하는 동물이 전자는 사자, 후자는 코끼리라

〈도10〉 〈천록청려(天祿青藜)〉의 한 장면

는 점에서 서로 구별되기도 하지만 '공물 바치기'라는 주제는 동일하다. 그러므로 두 자료는 '공물 바치기'가 대략 15세기 후기부터 17세기 전기까지 최소 백 년 이상 가면희의 형식으로 반복해서 공연되었음을 명확히 알려 준다는 점에서 의의를 지닌다.

공물을 들고 행진하는 외국인의 모습을 보여주는 시각자료는 〈도11〉에서 보듯이 명대 중후기 작품으로 추정되는 〈남도번회도(南都繁會圖)〉에서도 발견할 수 있다.[169]

이 그림은 남경(南京)의 시가지에서 펼쳐진 원소절의 번화한 전경을 조망한 것이어서 〈헌종원소행락도〉보다 많은 수의 주회(走會) 팀을 담고 있다. 그중 오산의 우측에 그려진 한 팀이 〈주해왜자진보(走海倭子進寶)〉라는 기를 들고 있다. 2인 1조가 담당하는 사자 2마리와 함께 이

〈도11〉 〈남도번회도(南都繁會圖)〉 속의 왜자진보(倭子進寶)

국적인 모자를 쓴 사람 여러 명이 보이는데, 그중 한 명이 커다란 산호수를 들고 있다. 외국인 복장을 하고 사자를 몰고 간다거나 산호수를 들었다는 점 등으로 볼 때 이들이 '공물 바치기'를 위한 팀이라는 것은 의심의 여지가 없다. 이들과 〈헌종원소행락도〉에 보이는 호인 무리를 함께 놓고 보면 한 가지 특기할 사항이 눈에 띄는데, 바로 두 행렬의 배경에 오산(鰲山)이 등장한다는 점이다. 이것은 두 그림 속에 표현된 '공물 바치기'를 공히 오산가면희, 한국식으로 표현하면 산대가면희의 일종으로 간주할 수 있게 해주는 근거가 된다. 이 점은 고려시대 공연된 외국인의 '공물 바치기'와 연결시킬 때 대단히 중요한 요소가 되므로 미리 밝혀 둔다.

명대《연자전》에 나타나는 페르시아 호인의 공물 바치기와 코끼리 타기의 조합은 청대까지 이어진다. 이성진(李聲振)의 〈백희죽지사(百戲竹枝詞)〉[170] 중 〈파사진보〉에 부기된 저자의 설명에 따르면 이 공연에서 페르시아 복장을 갖춘 여러 명의 연기자는 코끼리를 부리면서 〈공보곡(貢寶曲)〉을 부르고 또 징으로 박자를 조절한다.[171] 중국의 민간에 널리 알려진 바에 의하면 여기 등장하는 코끼리 상(象) 자는 길상의 상(祥)자와 해음자이고, 상노아가 코끼리 등에 올라타면 탈 기(騎)자로 표현되는데 이 글자는 길할 길(吉) 자와 해음자이다. 따라서《연자전》에서 상노아가 흰 코끼리를 타는 장면은 길상(吉祥)의 의미를 지닌다. 명청시대 민간에 유행했던 장식도안이나 그림, 조각품 중에서 흔히 발견되는 것 중의 하나가 코끼리가 보병(寶甁)을 지고 있는 모습인데, 여기서 보병의 병자는 태평할 평(平)자와 해음자가 된다. 이 때문에 이런 도안이나 형상은 태평유상(太平有象)이자 태평유상(太平有祥)의 의미를 지닌다. 경우에 따라서는 그 병에 창의 일종인 극(戟)이 꽂혀 있기도 하는데, 이때 극은 길할 길(吉)자의 해음자가 된다. 그래서 태평길상(太平吉祥)을 상징하게 된다.

현재 중국의 안휘성(安徽省) 귀지(貴池) 지역에 전해지는 나무(儺舞) 〈무회회(舞回回)〉는 대략 사자무, 무도(舞刀), 축복(祝福), 음주(飮酒)의 네 가지 유형을 포함하고 있다.[172] 그중 사자무와 축복, 음주의 세 유형은 대체로 양나라의 〈상운악〉 및 당나라의 〈서량기(西凉伎)〉 전통과 연결되고 칼을 놀리는 무도 유형은 내용상 송나라 때의 진권소면희(嗔拳笑面戱) 전통과 연결된다.

감숙성(甘肅省) 영정(永靖) 지역에 현재까지 전승되는 나희 중에도 서역 사람이 주인공을 맡는 호인가면희가 포함되어 있다. 〈삼회회(三回回)〉, 〈세회회(洗回回)〉, 〈세료료(洗佬佬)〉 등이 그것인데, 이들 세 작품 모두 회회(回回) 사람 세 명이 등장하여 귀신들과 다투어 물리치거나 혹은 물로 씻는 행위를 통해 정화 의식을 보여준다.[173] 특히 〈삼회회〉에서는 세 명의 회회 사람이 자신들이 휴대하던 서역의 식품을 길가의 관중들에게 계속 나눠 주는데 이것은 복을 나눠 주는 산복(散福)의 의미를 지닌다. 또 홍귀(紅鬼), 녹귀(綠鬼)와의 싸움은 그 내용으로 보아 진권소면희의 전통을 계승한 것으로 이해된다.

강서성(江西省) 신풍현(信豐縣) 고파향(古坡鄉)에 전승되는 〈석사(席獅)〉라는 사자무에는 다섯 명의 남자가 출연하는데 그중 세 명이 사자 역할을 맡고 나머지 두 명이 사자를 인도하거나 뒤쫓는 역할을 맡는다. 현지 사람들은 여기서 사자를 희롱하는 두 사람을 각각 대회회와 소회회라고 부른다.[174] 이 때문에 이 사자무의 뿌리도 당대의 〈서량기〉를 거쳐 양대의 〈상운악〉까지 소급된다고 할 수 있다.

여기서 한 가지 흥미로운 점은 궁정이나 사대부 관료들이 선호하던 외국인의 '공물 바치기'가 민간의 나희에서는 뚜렷하게 발견되지 않는다는 것이다. 이것은 아마도 '공물 바치기'가 지닌 본질적 의미가 민간의 공동체가 거행하는 행사의 목적과 그다지 부합되지 않았기 때문으로 풀이된다. 중앙 정권으로부터 멀리 떨어진 시골 촌락의 공동체로서는 자신들의 직접적인 소원이나 희망과는 거리가 있는 '공물 바치기'를 굳이 연행해야 할 필요성을 느끼지 못했을 것이다.

2) '공물 바치기'의 의미

중국에서 양나라 이래로 청나라 때까지 외국인의 공물 바치기 가면희가 왜 끊임없이 지속됐는지를 이해하기 위해서는 중국인 중에서도 특히 위정자들에게 이것이 어떤 의미를 지니는지부터 살필 필요가 있다. 결론부터 말하면, 외국인이 찾아와서 공물을 바치는 행위의 의미는 무엇보다 당금 황제의 치세를 태평으로 분식하기 위한 용도라는 데서 찾을 수 있다. 이런 인식의 뿌리는 선진시대 천하관에서 이미 찾아볼 수 있지만, 본고의 주제가 그런 인식의 내력을 세밀하게 추적하기 위한 것이 아니므로 이하에서는 가면희의 전승과 관련될 만한 부분만 들여다보기로 한다. 명대를 대표하는 극작가 탕현조(湯顯祖: 1550-1616)의 《환혼기(還魂記)》(1598) 중에 호인헌보(胡人獻寶)의 바탕에 흐르는 의식을 보여주는 대목이 있어서 인용한다.

> (노단이 주지승으로 분장하고 등장한다.)
>
> 주지: …… 소승은 광주부 향산오의 다보사 주지입니다. 이 절은 본래 번귀(番鬼)들이 세웠는데 보물을 사러 오는 관원들을 영접하기 위해서였습니다. 이번에 흠차대신 묘 나리께서 임기가 끝나게 되어 다보여래와 보살께 보물을 바치러 오시니 영접하지 않을 수 없습니다.
>
> (정이 묘순빈, 말이 통역사, 외와 첩이 이졸, 축이 번귀로 각각 분장하고 등장한다.)
>
> ……
>
> 묘순빈: …… 나는 흠차식보사신 묘순빈이다. 삼 년 임기가 끝나서 관례에 따라 다보여래와 보살께 재를 올리고자 한다. 통역사는 어디 있느냐?
>
> (통역사가 인사한다. 번귀가 인사한다.)

번귀: 자랄라.

(주지가 인사한다.)

묘순빈: 통역사를 시켜 번회(番回)에게 보물을 바치라고 일러라.

통역사: 모두 이미 진열해 놓았습니다.

묘순빈(보물을 본다.): 기이한 보물이로다. 참으로 웅장한 산천이요 빛나는 일월이로다. 명불허전 다보사로구나. 재를 올리자. (안에서 종이 울리고 묘순빈이 절을 올린다.)

……

(묘순빈이 유몽매를 인도하여 보물을 보여준다.)

유몽매: 명주(明珠)와 미옥(美玉)은 소생이 보고 알겠습니다. 그 사이에 있는 몇 가지는 이름이 무엇인지요? 노대인께서 하나하나 가르쳐 주십시오.

묘순빈: 【주운비】 이건 성한사(星漢砂), 이건 자해금단(煮海金丹)과 철수화(鐵樹花). 빛을 발하는 묘안석(猫眼石)과 색이 탁한 모록(母碌)도 어찌 없겠는가. 아, 이건 말갈(靺鞨)의 류금아(柳金芽), 이건 온량옥가(温凉玉斝), 이건 달을 빨아들이는 두꺼비, 그리고 양수(陽燧)와 빙반(冰盤).

유몽매: 우리 광동 남쪽에는 명월주(明月珠)와 산호수(珊瑚樹)가 있습니다.

묘순빈: 지름이 한 치나 되는 명주(明珠)도 줘 버리고, 몇 자나 되는 산호도 부숴 버리지.

유몽매: 소생이 이 큰 행사에 놀러오지 않았다면 어찌 이런 구경을 하겠습니까?

【전강】 천지의 정화인 보물들이 번회(番回)에게서 나와 조정으로 가는구나. 노대인께 여쭙습니다. 이 보물들은 얼마나 먼 길을 왔습니까?

묘순빈: 멀리는 삼만 리, 가까워도 일만 리가 넘는다네.

유몽매: 이렇게나 멀다니, 날아온 것입니까 아니면 달려온 것입니까?

묘순빈: (웃는다) 어찌 날아오거나 달려올 리가 있겠는가. 모두 조정에서

값을 후하게 쳐주기 때문에 스스로 가져와 바치는 것이지.[175]

위 단락은 다보사를 배경으로 펼쳐지는데 그 절을 세운 사람이 번귀(番鬼)들이고, 그 절을 세운 목적이 보물을 사러 오는 관원들을 영접하기 위해서라고 밝히고 있다. 이어서 번회(番回)들이 보물을 바치고, 그 다음 유몽매의 질문을 받아 묘순빈이 성한사(星漢砂)부터 빙반(冰盤)에 이르기까지 세상에 보기 드문 보물 이름을 줄줄 읊는다. 이 대화는 명대 당시 사람들이 해상 무역을 통해서 들어온 서방의 보물을 어떻게 인식하고 있었고, 무역상으로 유명했던 호인들에 대한 역사적 인식이 어떠했는지를 엿볼 수 있게 해준다. 예를 들면 묘순빈이 읊은 보물들 중에서 성한사와 자해금단(煮海金丹)의 산지는 서역이고 모록(母碌)과 양수(陽燧)는 아라비아, 그리고 유금아(柳金芽)는 말갈족이 사는 곳에서 난다.[176] 나머지 보물들도 정확한 산지를 알기 어렵지만 대체로 중국에서 접하기 어려운 것들이다. 그래서 묘순빈의 대답을 들은 유몽매가 천지의 정화라고 할 만한 보물들이 번회에게서 나온다고 노래한 것이다. 즉 두 사람의 대화는 고대부터 한족들에게 각인된 호인의 이미지가 세상에서 보기 드문 진귀한 보물을 가져오는 상인에 다름 아니었다는 것을 알려주고 있는 것이다. 그러기에 유몽매가 우리 광동 남쪽에도 명월주(明月珠)와 산호수(珊瑚樹)가 난다고 하면서 중국산 보물을 내세워보지만 묘순빈은 그 말을 단번에 이렇게 받아친다. "지름이 한 치나 되는 명주도 줘 버리고, 몇 자나 되는 산호도 부숴 버리지."라고. 여기서 "직경이 한 치 되는 명주도 줘 버리고"와 "몇 자 길이의 산호도 부숴 버리지."라는 구절은 각각 관련된 고사가 전해지고 있어서 좀 더 세부적으로 살펴본다.

먼저 직경이 한 치나 되는 명주를 줘 버리는 것과 관련된 고사는 당나라 대부(戴孚)의 《광이기(廣異記)》에서 찾아볼 수 있다.[177] 이야기의 요지는 대략 이렇다. 페르시아 호인이 부풍(扶風)의 여관에 왔다가

문 밖에 있는 네모난 돌을 보고는 며칠 동안 근처를 서성거린다. 주인이 그 까닭을 묻자 호인이 이천 냥을 주면서 다듬이질할 돌이 필요하니 팔라고 한다. 돈을 받은 주인은 기뻐하면서 돌을 호인에게 줘 버린다. 호인은 돌을 밖으로 가지고 나와서 여러 사람들이 보는 앞에서 쪼개어 그 안에서 지름이 한 치나 되는 옥구슬 하나를 얻는다. 호인은 구슬을 겨드랑이 속에 간직한 다음에 배를 타고 본국으로 돌아간다. 십여 일이 지나 배가 침몰 위기에 처하자 뱃사람들은 해신이 보물을 요구한다고 생각하고, 이리저리 찾아보지만 끝내 찾지 못하자 호인을 제물로 삼고자 한다. 이에 호인은 하는 수 없이 겨드랑이에 감추었던 구슬을 꺼내어 건네준다. 뱃사람들이 구슬을 바치면서 기도하자 해신이 손을 뻗어 구슬을 받아간다. 이 이야기는 얼핏 보면 다소 황당하다는 느낌을 주기도 하지만 페르시아 출신 호인들이 값비싼 보석을 한눈에 알아보는 놀라운 감식안을 가졌다는 사실은 분명하게 전달되고 있다.

다음으로 몇 자 길이의 산호수를 부숴 버린 고사는 진(晉)나라 왕개(王愷)와 석숭(石崇)의 다툼에 그 유래를 두고 있다. 《진서(晉書)》 권33에 전해지는 고사의 요지는 왕개가 황제에게서 하사받은 세 자 남짓한 산호수를 꺼내어 자랑하자 그것을 본 석숭이 부숴 버린 다음에 자신이 가지고 있던 서너 자 높이의 산호수 6, 7개를 가져와 보상했다는 것이다.[178] 여기서 석숭이 왕개가 하사받은 산호수를 부순 의도는 자신이 더 부유하다는 점을 과시하려는 데 있다. 그러므로 이 고사는 산호수가 진나라 때 이미 부를 상징하는 보물 중의 하나로 자리 잡았음을 알려 주고 있으며, 아울러 앞에서 본 명대 회화 속에서 호인들이 왜 산호수를 들고 나오는지도 이 고사를 통해서 자연스럽게 이해된다.

이뿐만 아니라 명대 당시의 지식인들이 호인들의 보물 바치기를 어떻게 이해하고 있었는지에 대한 해명도 찾아볼 수 있다. 인용문 마지막 부분에서 유몽매가 "천지의 정화인 보물들이 번회에게서 나와 조정으로 가는구나."라고 내뱉은 대사는 호인들의 보물 바치기에 당위성을 부여하고 있다. 여기에는 보물이 천지의 정화이므로 설사 번회에게서 나왔을지라도 명나라 조정으로 가는 것이 당연하다는 논리가 깔려 있다. 이어서 유몽매가 호인들의 보물이 먼 길을 어떻게 왔느냐고 묻자 묘순빈은 이렇게 대답한다. "어찌 날아오거나 달려올 리가 있겠는가. 모두 조정에서 값을 후하게 쳐주기 때문에 스스로 가져와 바치는 것이지." 이 대사를 음미해 보면 중국 지식인들이 호인의 보물 바치기를 어떤 방식으로 이해했는지 명확히 드러난다. 페르시아인의 보물 바치기를 의미하는 파사진보는 표면적으로만 보면 마치 호인이 중국 황제의 성덕에 감복하여 스스로 보물을 갖다 바친다는 의미로 다가오지만 실상은 그렇지 않다. 탕현조는 그 논리를 중국의 조정에서 값을 후하게 쳐주기 때문에 당연히 그럴 수밖에 없다는 말로 쉽게 설명하고 있다. 그런데 곰곰이 생각해보면 이 말은 좀 더 심층적인 의미를 지닌다. 중국의 조정에서 외국 상인들이 가져온 보물을 후한 값으로 사주고, 그 소문을 들은 외국 상인들이 각자 알아서 진귀한 보물을 가지고 중국으로 오는 것이 관행으로 자리 잡기 위해서는 중국의 국력이 강하고 조정의 재정이 오랫동안 튼튼하다는 것이 전제되어야 한다. 그러므로 이 말은 뒤집어보면 당금 황제의 치세 아래 있는 중국이 태평성세를 누리고 있다는 의미로 해석된다.

이런 관점에서 보면 호인가면희로서의 '공물 바치기'가 왜 역대 왕조에서 끊임없이 공연되었는지에 대한 의문이 해결된다. 외국인이 공물을 바치는 행위 자체가 무엇보다 자국의 국세가 사해에 위명을 떨친다는 사실을 가장 간명하게 보여주므로 '공물 바치기'는 일찍이 만국내조의 태평성세를 분식하는 가장 효과적인 공연물로서의 위상을 확보할 수 있었던 것이다. 이를 실증적으로 보여주는 그림이 청나라 고종(乾隆帝: 1736-1795 재위) 때의 〈여환회경도책(臚歡薈慶圖冊)〉에 포함된 〈만국내조도〉이다. 황제를 만나기 위해 좌우 양측에서 대기하고 있는 다수의

외국인 가운데 좌측에 코끼리 두 마리, 우측에 산호수를 맞든 외국인 두 명이 포함되어 있다.[179]

3. '공물 바치기'와 관련된 한국의 호인가면희

1) 한국의 호인가면희

필자의 조사에 따르면 한국에서 외국인가면희가 직접 언급된 사례는 고려시대에 집중되어 있다. 신라 말 최치원(崔致遠)이 남긴 시 〈향악잡영(鄕樂雜詠)〉을 통해서도 외국인가면희의 자취를 찾아볼 수 있지만 호인이나 한인(漢人)과 같은 외국인이 직접 언급된 공연물의 사례는 고려시대에 비로소 나타난다. 이 시대 외국인가면희의 대표적인 사례는《고려사》제129권의 〈최충헌전(崔忠獻傳)〉에서 찾아볼 수 있다.

> 4년(1208) 희종이 최이의 집으로 이어(移御)했을 때 최충헌은 왕의 행차를 마중하여 활동 자택에서 왕을 위하여 축수의 연회를 베풀었다. 여러 종친들과 재추들이 모두 참석했으며 연회는 이튿날에야 끝났다. 비단으로 채붕(綵棚)을 만들고 호한잡희(胡漢雜戲)를 펼쳤는데 지극히 사치스럽고 괴이했다.[180]

이 공연은 희종 4년(1208)에 펼쳐진 것인데, 비단으로 엮은 채붕 위에서 공연된 호한잡희(胡漢雜戲)는 호인이나 한인이 주연을 맡았기 때문에 그렇게 칭한 것이다. 이색(1328-1396)의 시 〈제장입성(諸將入城)〉이 고려시대에 성행했던 이런 호한잡희의 실상을 좀 더 구체적으로 보여주기에 아래 인용한다.

장수들이 전공을 세우고 개선하니,
순군부가 산대를 세우고 잡극을 펼치네.
당인(唐人)은 혀가 짧아 말이 매우 급하고,
호객(胡客)은 긴 허리에 춤 소매 휘돌리네.[181]

개선군을 맞이하기 위해 순군부(巡軍府)에서 산대를 세우고 잡극 공연을 벌였다고 한 다음 거기서 공연된 대표적인 레퍼토리가 혀 짧은 말을 포인트로 내세운 당인희(唐人戲)와 소매춤이 뛰어난 호객무(胡客舞)라고 하고 있다. 당인희와 호객무를 합치면 자연스럽게 호한잡희가 되는데,[182] 이것의 존재는 이색의 또 다른 시 〈구나행〉에서도 발견된다. 해당되는 구절 제21구에서 제26구까지를 예시하면 다음과 같다.

강남의 장사치 이상한 말 지껄이는데,
진퇴의 민첩함 바람속의 반딧불 같네.
신라의 처용 칠보 둘렀는데,
머리 위 꽃가지 향기 흩뿌리네.
낮게 휘돌리는 긴소매는 태평무인데,
붉게 취한 얼굴 아직도 술이 덜깼네.[183]

제21구에 언급된 강남은 문맥상 중국의 강남 지역을 의미하므로 제21, 22 두 구절에 묘사된 재주는 자연스럽게 한인(漢人)의 잡희에 해당한다. 제23구에 언급된 신라의 처용은 그 정체가 원래 호인이고 또 제25, 26구에 묘사된 장수무(長袖舞)와 취검(醉臉)은 중국의 사례에서 보았던 호등무와 〈호음주〉를 연상시킨다. 따라서 제23-26구까지는 호인잡희로 귀속된다. 요컨대 13세기 초부터 14세기 후기까지 고려사회에서 호한잡희가 성행했던 사실이 상기한 자료들에 의해 뒷받침되었다고 할 수 있다.

문제는 이런 호한잡희가 과연 가면희 형식이었는가 하는 점인데 이와 관련해서도 입증할 증거를 찾아볼 수 있다. 현재 처용무와 관련해서는《악학궤범(樂學軌範)》에 전해지는 조선 궁중의 향악정재로서의 오방처용무가 유명하지만 고려시대에는 이것과 다른 성격의 처용무가 존재했다. 다음은《고려사》제136권 우왕 12년(1386)조에 기록된 우왕과 이인임(李仁任)이 노는 장면인데 처용가면을 쓰고 놀았다고 밝히고 있다.

> 병인 12년(1386년) 정월에 신우(神禑)가 이인임의 집에 있었는데 이인임의 처가 큰 잔을 올리며 말하기를 "오늘은 삼원(三元)인즉 삼가 축수합니다."라고 하였다. 신우가 잔을 드리면서 "나는 한편으로 따지면 손자가 되고 또 한편으로 보면 비부(婢夫)도 되는데 이제 이렇게 마주 앉아서 술 마시는 것이 실례가 아닐까?"라고 농담을 하면서 이어 처용(處容) 가면을 쓰고 놀이를 하며 웃고 즐겼다.[184]

신우와 이인임이 직접 가면을 쓰고 놀았는데 웃고 즐겼다는 것으로 보아 조선 전기의 오방처용무와는 성격이 전혀 다른 가면희였음을 알 수 있다. 이 사례로 볼 때 〈구나행〉에 묘사된 처용희 또한 가면희 형식임이 분명하고 따라서 호객희와 당인희도 가면희로 보는 것이 가장 합리적인 해석이라 할 수 있다. 이 밖에《고려사》제23권 고종 31년(1244) 2월 정해일의 기록에 나오는 '가면인잡희(假面人雜戲)'라는 말 또한 호한잡희가 가면희라는 점을 뒷받침하는 강력한 증거가 된다.

> 정해일에 왕이 간소한 연회를 배설하였다. 이날 최이가 가면인잡희(假面人雜戲)를 바쳤다. 왕이 그들에게 은병(銀甁) 한 개씩 주고 또 기생들에게는 능직을 각각 두 필씩 주었다.[185]

1244년 고려 고종에게 가면인잡희를 바친 사람은 최이(崔怡: ?-1249)인데 그는 바로 최충헌(1149-1219)의 아들로서 고종 6년(1219)에 아비가 죽자 그 뒤를 이어 집권했던 인물이다. 고종이 가면인잡희를 바친 예인들에게 은병을 한 개씩 하사한 것으로 보아 그들의 수준이 범상치 않았음을 짐작할 수 있는데, 이것은 곧 가면인잡희를 담당했던 예인들이 최이의 후원 아래 양성되던 전업배우였을 가능성을 제기한다. 여기서 앞에 인용했던 《고려사》 〈최충헌전〉의 기록을 상기해 보자. 1208년 최충헌이 희종의 축수연을 위해 비단 채붕을 만들고 호한잡희를 올릴 때 희종이 이어(移御)했던 곳이 다름 아닌 최이의 집이었다. 그렇다면 이때 공연의 주최자에는 최충헌뿐만 아니라 최이도 자연스럽게 포함된다. 이런 맥락에서 1208년의 호한잡희와 1244년의 가면인잡희는 상호 별개의 것이 아니라 모두 외국인가면희로 수렴될 수밖에 없다.

공연무대라는 관점에서 보면 1208년의 호한잡희는 채붕에서 공연됐고 이색의 〈제장입성〉시에 묘사된 호한잡극은 산대에서 공연됐다. 최근에 필자는 무대로 사용된 채붕이 곧 산대임을 논증한 바 있는데,[186] 이에 근거하면 앞의 두 사례는 모두 외국인가면희이면서 동시에 산대가면희가 된다. 이것을 형상으로 뒷받침해주는 물증이 프랑스 파리 동양어학교도서관에 소장되어 있는 채색본 〈낙성연도〉이기에 함께 제시한다.[187]

2) '공물 바치기'의 사례와 성격

마지막으로 한국의 외국인가면희 중에서 '공물 바치기'와 관련된 사례를 살펴보자. 필자의 조사에 의하면 한국의 '공물 바치기'는 고려 의종 19년(1165)에 공연된 사례가 유일하다.

> (4월) 갑신일에 좌우번의 내시들이 저마다 앞을 다투어 왕에게 진기한 물품을 바쳤다. 당시에 우번에 속한 인원은 부호(富豪)의 자제가 많았

〈도12〉〈낙성연도(落成宴圖)〉 일부

> 다. …… 또 채붕을 엮은 다음 그 위에다 잡희 예인들을 태워서 이국인(異國人)이 공물을 바치는 놀이를 펼치고 또 청색과 홍색 두 가지 일산(日傘)과 준마 두 필을 바쳤다.[188]

위 기록에 의하면 외국인의 '공물 바치기'는 잡희 예인이라는 전문 배우에 의해 공연됐다. 공물을 바치는 주체가 외국인이고 공연 장소가 채붕이므로, 이 사례 또한 앞에서 본 호한잡희들과 마찬가지로 산대가면희의 일종으로 이해된다.

그러면 여기 언급된 외국인의 '공물 바치기'가 구체적으로 어떤 내용이었을까? 아쉽게도《고려사》에 더 이상의 설명이 없어서 세밀하게 알기는 어렵다. 그렇지만 고려시대 외국인이 조하했던 사례를 살펴보면 대략적인 짐작은 가능하다.《고려사》를 검색해 보면 관련 사례는 정종 원년(1035)의 팔관회 때부터 시작해 정종 2년(1036), 문종 27년(1073),

숙종 5년(1100), 숙종 6년(1101), 인종 1년(1122)에 이르기까지 여러 차례 발견된다.[189] 이 가운데 정종 원년(1035)의 11월조에 다음과 같은 기록이 전해진다.

> 11월 경자일에 왕이 위봉루에 나가서 팔관회를 열고 …… 송나라 상인들과 동서 여진과 탐라국에서도 토산물을 바쳤다. 그들에게 좌석을 주어 의식에 참가케 하였다. 그 후부터 이것이 상례로 되었다.[190]

위 기록에 의해 외국인들이 공물을 바치고 공식적으로 팔관회에 참석하기 시작한 것이 정종 원년부터임을 알 수 있다. 다시 문종 27년(1073)에 열린 팔관회 때의 모습을 보자.

> 11월 신해일에 팔관회를 열고 왕이 신봉루에 나가서 음악을 구경했다. 이튿날 연등대회에서 송(宋), 흑수(黑水), 탐라(耽羅), 일본(日本) 등 여러 나라 사람들이 제각기 예물과 명마를 바쳤다.[191]

연등대회 때 송, 흑수, 탐라, 일본 등지에서 온 사람들이 제각기 예물과 명마를 바쳤다고 기록되어 있다. 이런 기록들이 11세기 전기부터 12세기 전기까지 대략 한 세기에 걸쳐 기술되어 있다는 사실은 이 기간에 외국인이 고려 조정에 조하하면서 공물을 바치는 일이 관행적으로 거행됐음을 알려주고 있다.

따라서 의종 19년(1165)에 잡희 예인이 공연했던 외국인의 '공물 바치기'는 실제 발생했던 사건에서 제재를 취하여 만든 가면희임이 분명하다. 또 중국의 사례를 참고할 때 고려의 '공물 바치기' 또한 일회성으로 그치지 않고 반복적인 공연이 얼마든지 가능한 가면희였다고 판단된다.

4. 소결

이제 한중 양국의 '공물 바치기'와 관련된 호인가면희의 양상을 요약하고 양자의 접점이 갖는 연희사적 의미를 짚어보는 것으로 글을 맺고자 한다.

중국의 외국인가면희는 늦어도 양나라 때부터 시작해 청나라 때까지 지속적으로 공연됐으며 그중 일부는 민간의 나희를 통해 지금까지도 전승되고 있다. 중국의 외국인가면희는 그 주체가 주로 회회나 페르시아 등지에서 온 호인이었으며, 초기 레퍼토리로는 호무, 음주, 사자무, 축수, 공물 바치기 등이 있었다. 이것과 비교할 때, 대략 12세기부터 14세기까지 지속된 한국의 외국인가면희는 유행 시기가 상대적으로 짧고 그 주체 또한 호인 외에 한인이 있었다. 그렇지만 주요 레퍼토리는 중국과 마찬가지로 호무, 사자무, 공물 바치기 등이었다.

'공물 바치기'만을 놓고 본다면 한국에서는 1165년의 사례가 유일한 데 반해 중국에서는 당대 이래로 송, 명, 청의 궁정이나 관방에서 끊임없이 공연됐다. 그동안 한국 연구자들이 고려시대의 사례가 지닌 연희사적 의미를 제대로 평가할 수 없었던 주된 요인은 한국의 자료만 보았기 때문으로 해석된다. 그러나 필자처럼 한중의 상황을 함께 살피면 다른 각도에서 그 의미를 읽어낼 수 있다. 첫째, 호인이 주체가 된 호무나 사자무가 중국과 한국 모두에서 유행한 것으로 보아 고려의 '공물 바치기'도 호류의 영향으로 성립됐을 가능성이 큰 것으로 추정된다. 둘째, '공물 바치기'의 의미는 본질적으로 통치자의 치세를 분식하기 위한 것이란 데서 찾을 수 있고 그런 각도에서 볼 때 중국과 한국의 '공물 바치기'는 동일한 성격의 가면희였을 것으로 판단된다. 셋째, 따라서 한국의 '공물 바치기'도 결코 일회성으로 끝나지 않고 국세를 과시하려던 고려 전기를 배경으로 여러 차례 반복적으로 공연됐을 것으로 생각된다. 다만 원나라의 간섭을 받았던 고려 후기와 명과 청 두 왕조의 견제를 줄

곧 받았던 조선시대에는 내내 '공물 바치기'의 공연이 사실상 어려웠고 그래서 자연스럽게 실전됐을 것이다. 넷째, 고려시대 외국인의 '공물 바치기'와 명대 호인의 '보물 바치기'는 각각 산대와 오산을 배경으로 하고 있다는 점에서 상호 긴밀히 연계되어 있고 그런 점에서 향후 동아시아 가면희의 역사를 그려내는 데 중요한 키워드가 되리라 생각된다. 다섯째, 고려의 '공물 바치기'는 채붕형 산대 위에서 공연된 가면희이므로 산대가면희로 간주되는 것이 마땅하며 그래서 필자는 이것을 현재까지 문헌으로 입증된 가장 빠른 사례라고 생각한다. 현재 한국학 연구자들은 대부분 산대가면극의 성립 시기를 18세기 무렵으로 인식하고 있기 때문에 필자의 이런 견해는 향후 새로운 논의를 촉발시킬 수 있을 것으로 예상된다.[192]

제5장

중국의 라리련囉哩嗹과 한국의 아리랑

1. 서언

이 장에서는 한국과 중국에 각각 나타나고 있는 구음 아리랑과 라리련(囉哩嗹)의 양상을 비교하여 양자 사이에 존재하는 유사성을 밝히고 아울러 그런 현상이 호류의 유전(流傳)과 긴밀히 연계되어 있음을 부각시켜 보고자 한다.

중국에서 구음 라리련의 용례는 민요에서부터 설창(說唱), 희극(戲劇)에 이르기까지 공연예술의 여러 분야에서 폭넓게 발견되고 있다. 희극 분야만 하더라도 남희(南戲), 북극(北劇), 전기(傳奇), 지방희(地方戲) 그리고 현재 전승되는 인형극에 이르기까지 줄기차게 사용되고 있어 그것이 오랜 역사를 지녔음을 알게 한다. 이에 비해 한국의 구음 아리랑은 주로 민요 분야에 한정되어 용례의 폭이 상대적으로 협소하다. 또 그 역사적 내력에 대해서도 문헌적 기록이 빈약하다. 그렇지만 양자는 외형적으로 긴밀한 유사성을 드러낸다. 필자는 바로 이 점, 양자 사이에 긴밀한 유사성이 있음에도 아직 학계에서 그다지 주목받지 못하고 있다는 사실에 착안해 본 고찰을 시도하고자 한다. 라리련과 관련된 자료를 최

대한 망라하여 정리·제시하고, 아리랑 자료와의 비교를 통하여 양자 사이의 유사성을 밝히고 그런 현상의 바탕에 호류의 유전이 있었음을 드러내 보이려는 것이다.

라리련과 아리랑에 대한 기왕의 연구성과를 살펴보면, 각기 자국의 상황에 국한시켜 진행한 성과는 발견되지만 양자를 함께 놓고 살핀 사례는 아직 발견되지 않았다. 그런 배경에는 두 가지 요인이 크게 작용한 것으로 보인다. 하나는 연구자들의 관심 분야가 상이했던 탓이 아닌가 생각된다. 중국의 라리련이 주로 희극학(戲劇學) 분야에서 논란 거리였던 반면, 한국의 아리랑은 민요학 분야에서 논란의 대상이었다. 양자에 대한 관심의 강도가 현격하게 달랐던 점도 한 요인이었을 것이다. 사실 한국에서 아리랑은 그 대표성 때문에 지대한 관심의 대상이 되었지만, 중국에서 라리련은 극소수의 학자들만 관심을 가졌을 뿐이다. 중국 학계에서 라리련 현상에 관심을 보인 학자는 현재까지 요종이(饒宗頤), 심계생(沈繼生), 강보성(康保成) 등 몇몇 학자에 불과하며 축적된 양도 아직 많다고 할 수 없다. 그러나 이들 세 사람의 성과만으로도 개략적인 상황을 파악할 수 있다.

라리련 연구의 선구는 1967년 〈중국문학에 대한 범문 4유모음 ṚṜḶḸ의 영향〉[193]이라는 글을 발표한 요종이라 할 수 있다. 거기서 그는 육조(六朝) 이래 중국의 불교 전적 속에서 범문의 유모음(流母音) ṛṝḷḹ(魯流盧樓)의 음역(音譯)이 여러 가지 형태로 나타나고 있는 데 주목하고, 그것이 중국문학에 미친 영향을 간략하게 논하였다.[194] 또 후세의 라리련이 이와 관련됐을 것이란 설도 함께 제기했다. 이후 그는 〈남희의 희신주(戲神咒) 라리련의 수수께끼〉[195]라는 글에서 만당(晩唐)부터 명대(明代)까지의 라리련과 관련된 용례를 추가로 제시하면서, 이 자료들을 근거로 후대의 남희에서 주문으로 사용하던 라리련이 당나라 말기의 선승들이 불렀던 라리(哩囉)에서 비롯됐을 것이라는 견해를 구체화했다.

이에 대해 심계생은 라리련이 남희의 희신주(戱神咒)에만 국한된 것이 아니라 천주(泉州)에서는 괴뢰희의 예인들이 무대를 정화하는 주문 곧 정대주(淨臺咒)로도 사용하고 있다는 사실을 추가했다.[196]

강보성은 선행 연구의 토대 위에 라리련과 관련된 자료를 통시적, 공시적으로 검토한 뒤 〈라리련과 중국 희곡의 전파〉라는 글을 썼다.[197] 거기서 그는 라리련의 내원을 불교 선종에서 부르던 라리보다 시기적으로 앞서는 범곡(梵曲) 라리라(羅犁羅)로 보아야 한다고 주장했다. 불곡(佛曲) 중의 산화악(散花樂)이나 선종 및 전진교(全眞教)의 라리는 그 뒤를 이어 유행했다는 것이다. 그는 라리련이 송원(宋元)시대를 거치면서 빠른 속도로 희곡 속으로 수용되었고 그 결과 남희, 잡극, 전기, 지방희 등 여러 극종 속에 자취를 남기게 되었다고 보았으며, 아울러 남방 여러 민족의 민가 속에서 광범위하게 운용되고 있음도 함께 확인하였다. 라리련 소리의 용도와 관련해서는 네 가지 가능성을 제시했다. 현재까지 알려진 자료를 귀납해 보면 신에게 제사 지내는 종교적 의미의 소리, 혼인·애정과 관련된 경사 때 부르는 소리, 거지들이 부르는 연화락(蓮花落), 친자(襯字)나 방강(幇腔)[198]에 사용되는 소리 등 네 가지 용도로 압축된다는 것이다. 그는 또 범곡 라리라의 연원을 페르시아 지역에 거주하던 라리인(囉哩人, Luri 또는 Lori)까지로 확대시켰다. 즉 원래 라리인들의 음악이 인도로 들어와 범곡 라리라를 형성했고, 그것이 다시 중국의 라리련에까지 영향을 미쳤다는 설명이다. 나아가 라리인의 일부가 직접 중국으로 들어오기도 했으니, 이른바 송원시대의 유랑예인 집단으로 알려진 노기(路岐)의 일부가 그들이라는 설까지 제기했다.

라리인과 노기의 관계에 대해서는 향후 좀 더 구체적인 물증이 보강되어야 하겠으나, 유랑예인 집단이라는 전파자의 존재와 역할을 구체화했다는 점에 대해서는 필자 또한 적극 동감하는 바이다. 이에 대한 자세한 견해는 뒤에서 다시 밝힐 것이다.

아리랑에 대한 한국학계의 연구성과는 적지 않게 축적되었다고 할 수 있으나, 본 연구의 의도는 중국에 나타나고 있는 라리련과의 비교이므로 이와 관련될 만한 내용만 제한적으로 검토하기로 한다.

아리랑과 관련된 일차자료는 19세기 이전 것은 매우 드물고 20세기 이후의 것들이 대부분이며, 본격적인 연구 또한 1940년대 이후에나 비로소 이루어졌다고 할 수 있다. 일차자료가 지닌 시대적 제약 때문인지는 모르겠으나 필자가 조사한 바에 따르면 아리랑의 기원과 어의에 대해서는 아직까지 이렇다 할 정설이 없는 것으로 파악된다. 정동화는 1979년에 발표한 글에서 선행 학설을 열네 가지로 정리했는데, 이 중 열두 가지는 아리랑을 뜻이 있는 낱말로 이해한 것이고, 두 가지는 뜻이 없는 여음으로 본 것이다. 뜻이 있는 낱말로 본 견해는 다시 한자음을 어원으로 본 것 여섯 가지, 고유어에서 어원을 찾은 것 다섯 가지 그리고 고유어와 한자의 혼합설로 본 것 한 가지로 세분된다.[199] 정동화는 이들 선행 학설에 대해 신뢰도가 높지 못함을 다음과 같이 지적하였다.

> ① 후렴(後斂) 설(說), ② 아린 설, ③ 알랑(卵郞) 설, ④ 아리다 설, ⑤ 아라 설, ⑥ 아리령(嶺) 설 등만이 고시가(古詩歌)나 지명 혹은 역사적인 사실로써 그 유래를 찾으려 했다. 그러나 이들 중 ⑦, ⑧, ⑨, ⑩, ⑪ 및 ⑫, ⑬, ⑭는 입증이 불가능한 추론에 불과하여 신빙하기 어렵고, ①, ②, ③, ④, ⑤, ⑥의 설이 단편적인 근거나마 제시하면서 비교적 학적인 고증을 시도했으나 역시 빈약한 자료와 관점의 차이에 기인한 단편적 고찰로 일면적 특성을 지적한 외에는 신빙성을 잃고 말았다.[200]

박민일의 조사에 따르면 아리랑의 어원설은 이 밖에도 십여 가지가 추가로 제시되고 있다.[201] 그러나 추가로 제시된 설들 또한 근거가 미약하기는 앞의 것들과 다를 바 없다.

정동화는 임동권과 이능화 등이 제기한 뜻이 없는 여음(餘音)이라는 주장에 동의하면서 나름대로의 음운 분석을 토대로 이론적 심화를 꾀했다. 선행연구와 달리 체계적 고찰을 통하여 이론을 정립하고자 했다는 점에서 그런 시도 자체는 매우 긍정적으로 평가된다. 그렇지만 자신의 주장을 뒷받침할 만한 일차자료를 확보하지 못한 까닭에 유래를 밝힌다거나 구체적인 시대 소원(溯源)에서 원천적인 한계를 피할 수 없었다.

본 연구는 선행연구에 나타난 이와 같은 한계들을 극복하고 발상의 전환을 통하여 새로운 연구의 장이 펼쳐지는 데 보탬이 되고자 하는 의도도 담고 있다.

2. 라리련과 아리랑의 구음 자료

라리련과 관련된 자료는 중국에서도 별도로 출판된 예가 없고 국내에도 소개된 바 없으므로 필자가 수집하여 정리한 것들을 먼저 제시한다.

역사적으로 라리련 현상이 발견되는 자료는 크게 두 부류로 나뉜다. 한 부류는 종교인들이 읊었던 노래인데, 이것은 가창자의 신분에 따라 다시 불교의 승령들이 부른 것, 전진교(全眞教)의 도사들이 부른 것 그리고 민간의 무격(巫覡)들이 부른 것 등으로 세분된다.

첫째, 불교의 승려들이 부른 사례를 살펴보면 다음과 같다.

송(宋)나라 재량(才良) 등이 편한《법연선사어록(法演禪師語錄)》상권에 라라리(囉囉哩)가 언급된 대목이 보인다.

> 당에 올라 말했다. "다음 날 단신으로 나라를 위해 출전하여 승리를 거두고 돌아오니 온 길에서 노래하였다." 대중이 물었다. "무슨 노래였습니까?" 대답했다. "라라리, 라라리, 또 누가 화답할 수 있는가?"[202]

송나라 색장주(賾藏主)가 편집(編集)한 《고존숙어록(古尊宿語錄)》 제29권 〈서주용문불안화상어록(舒州龍門佛眼和尚語錄)〉의 한 대목에서는 라라리와 함께 리리라(哩哩囉)도 언급되고 있다.

> 당에 올라 (말하길) "해를 맞이하여 문을 나서니 벌써 안개에 휩싸임을 느끼겠고, 달밤에 산으로 돌아오니 겹겹한 이슬에 승복이 축축해지네. 마음 불안하고 발걸음 느리니, 피리 없지만 재삼 불어보네. 리리라, 라라리……"[203]

송나라 보제(普濟)가 쓴 《오등회원(五燈會元)》 제13권에 의하면 문수선사가 라라리리(囉囉哩哩)를 노래했다고 한다.

> 풍주 흠산의 문수선사는 복주인이다. …… 당에 올라 대중들을 돌아보며 말했다. "있는가? 있는가? 없다면 흠산은 〈보살만〉을 부르며 가리라, 라라리리" 그러고는 자리로 내려왔다.[204]

보제의 같은 책 제6권에서는 백운단 화상이 읊었던 소리로 라리라(囉哩囉)를 기록하고 있다.

> 백운단 화상이 찬을 읊었다. "백척간두에서 거듭 한걸음 더 나아가고, 시내의 다리를 한 번 밟으니 산하가 사라지네. 이곳을 좇아 차천을 나서지 않고, 읊조리는 건 모두 라리라로세."[205]

둘째, 전진교(全眞教)의 도사들이 부른 사례를 살펴보면 다음과 같다. 《도장·태평부·왕중양전진집(道藏·太平部·王重陽全眞集)》[206] 제7권의 〈도련자(擣練子)〉에 리라릉(哩囉唛)이 언급되고 있다.

원숭이 말을 타며 어리석음을 드러내네. 붙잡기도 어려운데 어찌 놓아줄 것인가? 리라릉! 리라릉![207]

《도장·태평부·수운집(道藏·太平部·水雲集)》에 수록된 담처단(譚處端: 1123-1185)의 〈도련자〉에도 라리릉(囉哩唛)과 리릉라(哩唛囉)가 언급되고 있다.

명주 다듬이질 어떠한가? 선배님들 좇으니 죄업이 사라지네. 라리릉, 리릉라.[208]

셋째, 민간의 무격(巫覡)이 부른 사례를 살펴보면 다음과 같다.

송나라 홍매(洪邁)가 쓴《이견을지(夷堅乙志)》제13권 '구화천선(九華天仙)'조에 다음과 같은 기록이 보인다.

소흥 9년(1139)에 시랑 장연도 집안은 무석 남선사에 살고 있었다. 그 딸이 대선(大仙)을 청하는데 홀연 종이 위에 "구화천선이 강림하네"라는 구절이 나타났다. 그래서 구화천선이 누구냐고 묻자 딸이 "세상 사람들이 말하는 무산신녀입니다."라고 대답했다. 딸이 〈석노교(惜奴嬌)〉라는 대곡 한 편을 지으니 모두 9결이었다. "(제1결) …… (제9결 귀) 나 돌아가련다. 선궁을 떠나온 지 오래되었더니 동민들 보살필 사람 없어 오로지 나 돌아오기만 기다리는구나, …… 리라리."라고 했다.[209]

현재 중국의 강소성 태호(太湖) 일대에 전해지는 신가(神歌) 〈접락래(接樂来)〉에 대해서는 다음과 같은 설명이 전해진다.

오 지역의 방언으로 무당이 노래하는, 7자구를 기초로 하며 곡조는 호가와 선권조 사이에 끼여 있는 초기 오가의 일종이다. 매 절을 노래할 때마다 향민들이 '락아락락래, 락아리리리락아락리락래'를 받아 부르기에 접락래라 부른다. 가볍고 경쾌한 분위기를 조성하여 신을 즐겁게 하려는 것이다.[210]

무석을 낀 호수가 태호이므로 현재까지 전해지는 〈접락래〉는 송나라 홍매가 언급했던 리라리의 전통을 계승했을 가능성이 높다 하겠다.

라리련 소리의 또 다른 부류는 다양한 문학예술 장르 속에서 찾아볼 수 있다. 당대(唐代)부터 현대에 이르기까지 사(詞), 소령(小令), 금곡(琴曲), 민가(民歌)뿐만 아니라 남희, 잡극, 전기, 지방희, 나희(儺戲), 괴뢰희(傀儡戲) 등 다양한 장르 속에서 여러 가지 유형의 라리련 소리를 발견할 수 있다.

• 청나라 오교(吳喬: 1611-1695)의 《위로시화(圍爐詩話)》 제1권

당나라 이원(梨園)의 노래 중에 라리련이 있는데, (가사는) 5·7언의 정구(整句)로 구성되며 친자(襯字)를 더해야만 부를 수 있다.[211]

• 송나라 곽응상(郭應祥: 1158-?)의 사(詞) 《어가오·정묘생일자작(漁家傲·丁卯生日自作)》

황감을 돌려 쪼개다 추만 헛되이 떨어뜨렸네, 리륜라(哩喻囉), 그것을 좇아가노라니 마치 빙글빙글 도는 듯 어지럽구나.[212]

• 남희(南戲) 《장협장원(張協狀元)》 제12출(出)

【주노아】 내 방금 묘 앞까지 지고 오다 보니 웬 놈이 입으로 리련라라련(囄嗹囉囉嗹)을 부르면서 그녀에게 치근덕거리더군.[213]

• 남희 《장협장원》 第32출

(말이 소리친다) 상공, 상공, 승화낭자가 깨어났습니다! (축) 깨어났다고? 리리련(离哩連). (말) 기쁘게도 노래하는군.[214]

• 금나라 동해원(董解元)의 《서상기(西厢记)》 第5권

【교합생(喬合笙)】 괜한 일 쓸데없이 마음에 담아 괴로워하지 마오. (화답하여) 리리라(哩哩囉), 리리라(哩哩囉), 리리래(哩哩來)야.[215]

• 원나라 무명씨(無名氏)의 소령(小令) 〈취태평(醉太平)·탄자제(嘆子弟)〉

연화락은 배우기 쉽고, 도리자는 가르치기 어렵다. 장타령처럼 라라련(囉囉連) 소리는 따라할 수 있지만, 괘를 놓고 점치는 것을 배우지 못하면 개를 끌고 다니며 길거리에서 소리치며 구걸이나 해야지 …… 이것이 자제들의 말로라네.[216]

• 명나라 선덕(宣德: 1426-1435 재위) 연간의 사본 《유희필금채기(劉希必金釵記)》 第32출

【안아무(雁兒舞)】 (다함께 춤춘다) 리련라련(哩嗹囉嗹) 리련련(哩嗹嗹), 래라리라(唻囉哩囉) 라리련(囉哩嗹) 라리련(囉哩嗹), 라련리련(囉嗹哩嗹) 라리래라(囉哩唻囉) 라리련(囉哩嗹) 라리련(囉哩嗹).[217]

• 명나라 선덕 연간의 사본 《유희필금채기》 第40출

【안아무】 (다함께 춤춘다) 리련라련 리련련, 래라리라 라리련 라리련, 라련리련 련라리련, 라라리련 라리련.[218]

• 명나라 성화(成化: 1465-1487 재위) 연간의 《유지원환향백토기(劉知遠還鄉白兎記)》 第1출

【홍작약(紅芍藥)】 리라 련라 라리련, 리련 리라 리련리. 련라 련리 련라리, 라련 라리 련리련, ……[219]

• 명나라 가정(嘉靖: 1522-1566) 연간의 《여경기(荔鏡記)》 제26출 〈오낭자수(五娘刺繡绣〉

【망오향(望吾鄕)】 (안에서 노래한다) 량련량, 류련련, 가류련량, 련류련류, 련량, 련류련.[220]

• 명나라 가정 연간의 《려경기(荔鏡記)》 제48출 〈억정자탄(憶情自嘆)〉

【사조원(四朝元)】 (안에서 노래한다) 련류량 량류련, 련아 류련 량류련, 량류련아 류류량련.[221]

• 명나라 때의 《향낭기(香囊记)》 제10출 〈경림(瓊林)〉

【곡기파(哭歧婆)】 (합창한다) 련리 리라 라리련, 련리 리라 라리련.[222]

• 청나라 건륭(乾隆: 1736-1795) 연간의 《철백구(缀白裘)》제6책 《화고(花鼓)》

(합창한다) 우리 합창하네, 이 마을 저 고을 떠도느라 두 다리는 베틀의 북처럼 쉴 새 없네. …… (첩) …… (정이 앉으며 첩을 돌아본다) 아이 참 (첩) 리라련, 한 곡 불러보세, 련리라 리라련, 련리라 한 곡 불러보세. 이 대목은 부부가 鳳陽花鼓를 합창하는 장면이다.[223]

• 중국 광서성(廣西省) 장사극(壯師劇) 속의 랄랄리(辣辣哩)

랄리랄랄리료, (선창) 오늘 성대한 잔치를 축하하네 (합창) 랄리 (선창) 삼가의 스승께 깊이 감사드립니다. (합창) (랄랄리료.) ……[224]

• 중국 안휘성(安徽省)의 나희 《맹강녀심부(孟姜女尋夫)》 제2장 〈진방습창(陳放習唱)〉

장성을 쌓으니 당신을 놓아주네, 귀가하는 부부 리련라를 노래하네.[225]

• 중국 복건성(福建省) 천주(泉州)의 인형극 《목련구모(目連救母)》 속의 〈동선가(洞仙歌)〉

련(아) 리로련 련(아) 리련로 로로련, 련(아) 리로련 련(아) 리련로 련리련 로리련, 로(아) 리로련 로련로 리(아) 리로 리리련, 련(아) 리로련 련(아) 리로련 리련로 리련로 (아)리로련.[226]

• 중국 요족(傜族)의 노래 〈교지가(交阯歌)〉

나라리(那羅離). 좋은 벼가 가네, 첫 해엔 벼를 심고 이듬해엔 저장하지, 모두 교지국으로 몰려오네, 백미를 슬퍼 말자 나라리(那羅離).[227]

• 중국 이족(彝族)의 민가 〈자고조(鷓鴣調)〉

라리라 라리라 라리라라 라리라 라리라리, 라리라 라리라 라리리라 라리라라 라리라라.[228]

아리랑과 관련된 기초 자료로는 임동권의 《한국민요집》이 1961-1980년 사이 집문당에서 5권까지 출판되었고, 한국정신문화연구원에서는 1980-1988년 사이에 《한국구비문학대계》의 일부로 출판한 바 있다. 이 밖에 1986년 현대문예사에서 출판한 김연갑의 《아리랑》 등 다수의 출판물을 쉽게 찾아볼 수 있다. 이들 자료를 일일이 예거하는 것은 이 책의 취지에 벗어나므로 아래에는 라리련과의 비교를 위하여 음절 유형별로 간추린 관용구만을 예시한다.

아리랑 아라리요

아리야 아라리요

어랑어랑 어허야

어황어황 어허어

아랑아랑 아랑이야

아렁아렁 아라리요

아령아령 아라리야

아룽아룽 아라리야

아르아르 아라리요

아리아리 아라리요

아라리야 아라리요

아렁아리렁 아라리요

아리아리랑 아라리오

아라리 아라리 아라리오

아라랑 아라랑 아라리요

아르랑 아르랑 아라리오

아르랑 아르랑 알알이오

아르랑 아르랑 아라리야

아리랑 아리랑 아라리오

아리랑 아리랑 아라리요

아리령 아리령 아라리오

아리랑 아리랑 아리랑이요

아리랑 아리랑 아라리가났네

아리랑 아리랑 아라리로고나

아르릉 아르릉-아르릉 앓지마라

아리아리 아리 아라리요

아리아리 얼수 아라리요
아리아리 아리아리 아라리오
아리아리 아리아리 아라리야
아리아리 쓰리쓰리 아라리요
아리아리 쓰리쓰리 아랄리요
아라리오 아라리오 아라리가났네
아리아리랑 아리아리랑 아라리요
아리아리랑 쓰리쓰리랑 아라리요
아리아리랑 아리아리랑 아리랑이났네
아리아리랑 아리아리랑 아라리가났네
아리아리랑 시리시리랑 아라리가났네[229]

3. 라리련과 아리랑의 구음 비교

이제 앞에서 제시한 자료를 근거로 아리랑과 라리련이 과연 어느 정도의 연관성을 지니고 있는지를 따져볼 차례이다. 이를 위해 필자는 음운과 조어(造語), 관용구, 노랫말 속의 위치 그리고 어휘 자체의 의미 등 네 가지의 비교 기준을 마련하였다. 이것은 아리랑 어원에 대한 정동화의 연구를 참고한 것이지만, 기왕에 아리랑에 대한 기준이 라리련에게도 동일하게 유효하다면 양자 간의 긴밀성이 자연스럽게 뒷받침되리라 생각한다.

1) 음운과 조어(造語)

필자는 우선 아리랑과 라리련이 음운과 조어적 측면에서 매우 유사하다는 사실에 주목한다. 아리랑의 음운은 상기한 관용구를 근거로 할 때 다

〈표1〉 아리랑 음운의 변화

대표음	아	라	리	랑
음변의 폭	아, 어	라	리, 르	랑, 렁, 령, 룽, 릉

음과 같은 변화의 폭을 지닌다. 모음의 경우, 관용구의 첫머리에 나오는 '아'의 위치에서는 'ㅏ'와 'ㅓ'가 사용되었고, L과 모음 하나만 결합한 '라'와 '리'의 위치에서는 각각 'ㅏ', 'ㅣ, ㅡ'가 사용되어서 변폭이 비교적 작게 나타난다. 이에 비해 L과 모음 그리고 ㅇ(ŋ)이 결합한 '랑'의 위치에서는 'ㅏ, ㅓ, ㅕ, ㅜ, ㅡ' 등으로 변폭이 비교적 크게 나타나고 있다. 이를 정리하면 〈표1〉과 같다.

라리련의 음운을 위와 같은 방식으로 정리하면 변화의 폭은 다음과 같다. 첫째 '라'에 해당하는 음은 라(囉) 외에 라(羅), 랄(辣), 락(樂), 로(嘮), 류(柳) 등으로 표기되고 있다. 이들의 고대 음을 추정하기 위해 운서(韻書)를 찾아보면 라(囉)와 라(羅)는 로하절(盧何切), 랄(辣)은 랑달절(郎達切), 락(樂)은 로각절(魯各切), 로(嘮)는 랑도절(郎刀切), 류(柳)는 력구절(力久切)로 풀이되어 있다. 현재 중국어의 발음은 차례로 luo, la, lə, lao, liu로 표기된다. 한국 한자음의 발음도 옛 음을 추정하는 데 도움이 되므로 차례로 표기해 보면 라, 랄, 락, 로, 류가 된다. 이것을 정리하면 〈표2〉와 같다.

둘째 '리'에 해당하는 음은 리(哩) 외에 리(𠽾), 리(離)가 사용되고 있으며, 모두 li로 수렴되고 있다. 이를 정리하면 〈표3〉과 같다.

셋째 '련'에 해당하는 음은 련(嗹), 련(連), 륜(崙), 릉(唛), 량(哴) 등으로 표기되고 있고, 각각의 음을 위와 같은 방식으로 정리하면 〈표4〉와 같다.

〈표2〉 라리련 음운의 변화

사용된 한자	고대 음	반절에 의한 추정치		현대 중국 어음	현대 한국 한자음
	운서상의 표기	현대 중국 한자음에 근거했을 때	현대 한국 한자음에 근거했을 때		
囉, 羅	盧何切	lə	라	luo	라
辣	郎達切	la	랄	la	랄
樂	魯各切	lə	락	lə	락
嘮	郎刀切	lao	로	lao	로
柳	力久切	liu	류	liu	류

〈표3〉 라리련의 '리' 음운 변화

사용된 한자	고대 음	반절에 의한 추정치		현대 중국 어음	현대 한국 한자음
	운서상의 표기	현대 중국 한자음에 근거했을 때	현대 한국 한자음에 근거했을 때		
哩	力忌切	li	리	li	리
囈	力之切	l(i)	리	li	리
離	呂支切	l(i)	리	li	리

〈표4〉 라리련의 '련' 음운 변화

사용된 한자	고대 음	반절에 의한 추정치		현대 중국 어음	현대 한국 한자음
	운서상의 표기	현대 중국 한자음에 근거했을 때	현대 한국 한자음에 근거했을 때		
嗹	落賢切	lien	련	lien	련
漣	力延切	lien	련	lien	련
啽	–	–	–	lun	–
唛	音陵 *陵:力膺切	ling	릉	ling	릉
哴	力讓切	lang	량	liang	량

〈표5〉 아리랑과 라리련의 모음 변화의 폭

구분	아리랑	라리련
변화의 폭	ㅏ, ㅓ, ㅕ, ㅜ, ㅡ, ㅣ	ㅏ, ㅝ, ㅓ, ㅕ, ㅖ, ㅏㅗ, ㅗ, ㅜ, ㅠ, ㅡ, ㅣ

이렇게 아리랑과 라리련의 모음에 나타나는 음변을 살펴보면 후자가 전자보다 넓게 나타나며 전자에 나타난 변화의 폭을 모두 포괄하고 있다(〈표5〉).

한편, 아리랑과 라리련은 성모는 'ㄹ'이 공통적으로 사용되고 있고, 운모는 'ㅇ'이 공통적으로 사용되고 있다. 물론 라리련에서는 운모로 'ㄴ'이 추가로 사용되고 있다.

이상을 종합하면 아리랑과 라리련 소리는 음운적 측면에서 공히 자음 'ㄹ, ㅇ'과 모음 'ㅏ, ㅣ'를 대표음으로 하는 조합이 본질을 이루고 있다고 할 수 있다.

정동화의 분석에 의하면 'ㅏ(a)'는 모음 중 개구도(開口度)가 가장 크고 울림도(Sonority)도 가장 높아서 음악성[響性]이 가장 강한 강음인데다가 동시에 가장 긴 장음으로 음감(音感)도 밝고 순수한 영상을 불러일으키는 속성을 지니고 있다. 'ㅣ(i)'는 이와 반대로 개구도가 가장 작고 울림도도 가장 낮아서 음악성이 가장 약한 약음(弱音)인데다가 아주 짧은 단음으로 음감은 경쾌성과 변화성을 불러 일으키는 음운이다. 이것들의 교차적 배합 'ㅏ(a)+ㅣ(i)+ㅏ(a)'는 음악의 특질은 강약강과 장단장의 리듬을 이룬다. 이같은 모음의 배합은 율동적인 감각을 형성하여 음악성이 강한 운율을 이룬다. 한편 자음 ㄹ(l, r)음은 유성음으로 유음이 의미하듯 유동성, 연속성, 명랑성, 해학성, 경쾌성, 변화성 등을 방출하여 우리 자음 중 가장 운율성이 강한 소리이다. 따라서 아리랑은 'ㅏ(a)+ㅣ(i)+ㅏ(a)'라는 대응관계 모음의 교차적 배합으로 강약강과 장단장의 기본 리듬을 이룬 위에 유동적이고 해학적인 ㄹ(l, r)이 첨가됨으로써 더욱 유려한 운율을 이루게 된다는 것이다.

이 같은 견해가 옳다면 고대 중국에서 라라리(囉囉哩)나 라리련(囉哩嗹)이 왜 그렇게 폭넓게 불렸는지도 자연스럽게 설명된다.

추가로 지적해 두고 싶은 사항은 라라리(囉囉哩)의 '아라리'로의 변천 가능성이다. 즉 아리랑 소리에서 첫머리인 두음으로 사용될 때만 '라'가 아닌 '아'가 사용되고 있는데, 이것은 첫 번째 라(囉)의 'ㄹ'이 탈락되어 '라→아'로 바뀌었을 가능성이 없지 않기 때문이다. 이것은 도치, 반복, 중첩에 의한 관용구의 실제에 근거할 때 라와 리가 변화의 핵심을 이루고 있다는 점에서도 방증의 근거를 찾을 수 있다. 아리랑의 아를 라로 치환하면 아라리는 라라리로 변화되어 라리련에 나타나는 라라리와 음운적으로 완벽하게 일치된다. 이와는 다소 다르지만 앞에서 제시한 요족(傜族)의 노래 〈교지가(交阯歌)〉에 나오는 나라리(那羅離)에서는 '라→나'로의 변화를 확인할 수 있다. 따라서 '라라리→아라리'로의 음변 가능성은 열어두는 것이 합리적일 것이다. 다만 두음법칙의 역사적 적용범위 및 예외 사항에 대해서는 추가 검토가 필요하며 여기서는 이 정도의 가능성만을 제기해 두기로 한다.

ㅇ(ɦ)이 '아리랑 아리랑 아라리요'라는 여음 중에서 휴식 전음절의 위치에 많이 구사되고 있고, 이와 같은 것은 고시가 및 민요에서도 많이 관용되어 오고 있는 현상이라고 지적한 점에 대해서는 주목할 만한 중국측 자료가 있어 소개한다. 송나라의 사(詞) 작가였던 장염(張炎: 1248-1320)은 사에 대한 연구서 《사원(詞源)》을 쓴 다음 구가지요(謳歌旨要) 8수를 덧붙였는데, 그중 제7수에서 다음과 같은 규칙을 제시해 놓고 있다.

> 리(哩)자는 탁음을 이끌고, 라(囉)자는 청음을 이끈다. 마칠 때는 리(哩)나 라(囉)를 쓰고, 잠시 멈출 때는 릉(唛)이나 륜(喻)을 쓴다.[230]

마칠 때는 리나 라를 사용하고 잠시 멈출 때는 릉이나 륜 곧 'ㅇ'이나 'ㄴ' 운을 사용한다는 규정이 700여 년 전 송나라 때 이미 적용되고 있었던 것이다. 우연의 일치라고 간과하기에는 아리랑과 라리련의 연계성이 긴밀하다 하지 않을 수 없다.

2) 관용구

아리랑의 관용구는 아리랑과 함께 변화적 반복률의 관용구로써 구사되고 있는데 이 같은 현상은 라리련의 관용구에서도 동일하게 발견된다.

먼저 아리랑 관용구에서 가장 많이 등장하는 2, 3, 4음절을 대상으로 유형을 분석해 보자.

첫째, 2음절 관용구로는 아르, 아리, 아랑, 아렁, 아령, 아룽, 아릉, 어랑 등이 사용되고 있다. 여기서 아·어를 a1·a2로, 르·리를 b1·b2, 랑·렁·령·룽·릉을 각각 c1·c2·c3·c4·c5로 치환하면 이들 조합은 크게 a+b1과 a+b2의 조합을 대표하는 AB형 그리고 a1+c1, a1+c2, a1+c3, a1+c4, a1+c5, a2+c1의 조합을 포괄하는 AC형으로 대분된다.

둘째, 3음절 관용구는 마지막 음절이 'ㅇ'으로 끝나느냐 여부에 따라 두 부류로 나뉜다. 즉 아라리, 알알이 등이 한 부류를 이루고 아라랑, 아르랑, 아르릉, 아리랑, 아리령 등이 또 한 부류를 이룬다. 아라리와 알알이는 표기상으로는 다르지만 듣는 사람에게는 동일한 음가로 들린다. 따라서 아를 a1, 라를 d1, 리를 b1으로 치환하면 ADB형으로 포괄된다. 아라랑, 아르랑, 아르릉, 아리랑, 아리령에 대해서도 아를 a1, 라를 d1, 르·리를 b1·b2, 랑·릉·령을 c1,·c2·c3로 치환하면 a1+d1+c1과 a1+b1+c1, a1+b1+c2, a1+b2+c1, a1+b2+c3의 조합형이 된다. 다시 'ㄹ'이 없는 것을 A, 'ㄹ과 ㅡ 또는 ㅣ'의 조합을 B, 'ㄹ과 ㅏ'의 조합을 D, 'ㄹ과 ㅇ'의 조합을 C로 치환하여 정리하면 ADC, ABC형으로 포괄된다. 결국 3음절 관용구에서는 ADB, ADC, ABC의 세 유형을 얻을 수 있다.

셋째, 4음절 관용구로는 아리아리, 아랑아랑, 어랑어랑 또는 아라리야, 알알이오, 아라리요, 아랄리요, 아라리오 등으로 나타난다. 이것을 다시 분류하면 아리아리나 아랑아랑처럼 2음절 관용구를 중첩한 것이 한 부류를 이루고, 아라리야나 아라리오처럼 '3음절+야 또는 오 또는 요'의 유형이 또 다른 부류를 이루고 있다. 야·오·요를 각각 e1·e2·e3로 치환하면 후자는 3음절 조합형에다 E가 더해진 'ADBE'형으로 대부분 수렴된다.

라리련의 관용구에 대해서도 마찬가지 기준을 적용해 분석해 보면 다음과 같은 결과를 얻을 수 있다.

첫째, 2음절 조합인 라리(囉哩), 라련(囉嗹), 리라(哩囉), 리련(哩嗹), 련라(嗹囉), 련리(嗹哩)에 대해 라(囉)는 a, 리(哩)는 b, 련(嗹)은 c를 대입하면 ab, ac, ba, bc, ca, cb형으로 정리된다.

둘째, 3음절 조합은 다음과 같은 네 부류로 나뉜다.

① 라라리(囉囉哩), 라라련(囉囉嗹), 리리련(哩哩嗹)은 각각 aab, aac, bba형으로 치환되며, 이것은 다시 XXY형으로 포괄된다.
② 리련련(哩嗹嗹), 련리리(嗹哩哩)는 bcc, cbb형으로 치환되며, 이것은 다시 XYY형으로 포괄된다.
③ 라리라(囉哩囉)와 리라리(哩囉哩)는 각각 aba, bab형으로 치환되며, 이것은 다시 XYX형으로 포괄된다.
④ 라리련(囉哩嗹), 리라련(哩囉嗹), 리련라(哩嗹囉), 련리라(嗹哩囉)는 각각 abc, bac, bca, cba형으로 치환되며, 이것은 다시 XYZ형으로 포괄된다.

셋째, 4음절 조합은 2음절 관용어의 중첩이거나 '3음절 관용어+어조사'의 조합형으로 나뉜다.

① 라라리리(囉囉哩哩)나 련련리리(嗹嗹哩哩)는 각각 aabb와 ccbb형으로 치환되고 이것은 다시 XXYY형으로 포괄된다.

② 리리래야(哩哩來也)와 랄랄리료(辣辣哩了)는 래(來)=a2, 랄(辣)=a3, 야(也)=e1, 료(了)=e2로 간주하면 각각 bba2e1과 a3a3be2형으로 치환되고 이것은 다시 XXYM형으로 포괄된다.

이상에서 살펴본 조합형의 패턴을 음절별로 정리하면 〈표6〉과 같다. 이 표에 나타난 것처럼 아리랑과 라리련의 기본적인 조합형은 2음절, 3음절, 4음절 유형을 막론하고 기본적으로 일치하고 있다. 특히 아리랑이나

〈표6〉 아리랑과 라리련의 조합형 패턴

구분	아리랑의 관용구		라리련의 관용구
2음절	XY(AB, AC)		XY(AB, AC, BA, BC, CA, CB)
3음절	– – – XYZ(ADB, ADC, ABC)	XXY(AAB, AAC) – – XYZ(ABC)	XXY(AAB, AAC, BBA) XYY(BCC, CBB) XYX(ABA와 BAB) XYZ(ABC, BAC, BCA, CBA)
4음절	XYXY(ABAB, ACAC) XYZM(ADBE)	– XXYM(AABE)	XXYY(AABB, CCBB) XXYM(AABE, BBAE)
비주	A=아 ; B=리 ; C=랑 D=라 ; E=야, 오, 요	A=아, 라 ; B=리 C=랑 ; E=야, 오, 요	A=라(囉) ; B=리(哩) C=련(嗹) ; E=야(也), 요(了)
		아와 라를 동일 음가로 취급한 경우	위 결론은 대표음 라리련(囉哩嗹)만을 대상으로 분석한 것임.
	X=첫 음절 ; Y='X 다음 음절이 X와 다른 경우' ; Z='Y 다음 음절이 X나 Y와 다른 경우' ; M='Z 다음 음절이 X, Y, Z와 다른 경우'		

아라리에서 아와 라를 동일 음가로 취급했을 때의 일치도가 더욱 높음을 알 수 있다. 아리랑과 라리련 소리는 결국 A, B, C에 해당하는 세 가지 음의 조합 방식에 따라 다양하게 변주되는 특성을 공통적으로 드러내고 있는 것이다. 세부적으로 들여다보면 라리련의 조합 유형이 아리랑에 비해서 상대적으로 다양하게 나타나고 있는데, 이것은 라리련과 관련된 자료의 시대적 범위가 아리랑에 비해 훨씬 길기 때문에 오히려 자연스러운 현상으로 받아들일 수 있다. 결국 위에서 도출된 조합 유형의 결과는 라리련에서 발견되는 유모음(流母音) 조합 중의 하나가 아리랑 소리의 유래였을 가능성을 제기하고 있는 것으로 해석된다.

3) 노랫말 속의 위치

노랫말 속에 나타나고 있는 구음 아리랑의 위치는 다음 세 가지로 정리된다.

① 가사의 앞 초렴(初斂)의 1·2구로 구사되는 경우: 아리랑타령(영동지방), 공주아리랑
② 가사의 끝에서 후렴으로 구사되는 경우: 진도아리랑, 서산아리랑
③ 가사의 일부로 중간에 구사되는 경우: 해주(海州)아리랑, 태평아리랑

그런데 위 세 가지 방식은 라리련에서도 동일하게 발견할 수 있다. 위치만을 확인하는 것이므로 역문은 따로 덧붙이지 않는다.

① 초렴으로 구사되는 경우: 《법연선사어록(法演禪師語錄)》 상권의 "라라리, 라라리, ……."
② 후렴으로 구사되는 경우: 《서상기(西廂記)》 권5의 "【교합생(喬合笙)】 …… 리리라, 리리라, 리리래야."

③ 가사의 중간에 구사되는 경우: 〈어가오·정묘생일자작(漁家傲·丁卯生日自作)〉의 "……, 리륜(倫)라, ……."

4) 어휘 자체의 의미

아리랑이라는 어휘 자체의 의미에 대해서는 뜻이 없는 여음이라는 기존의 견해를 수용하면서 한편으로 다음과 같은 가설을 제기해 보고자 한다.

아리랑에 해당하는 노래들을 문화적으로 보면 그 부류는 여럿으로, 향토민요, 통속민요, 대중가요, 북한가요 등으로 구분할 수 있다. 이 중에 가장 저층이면서 핵심을 이루는 것이 향토민요와 통속민요의 두 부류라 할 수 있는데, 강등학은 여기에 속하는 아리랑 노래의 주제와 영역별 비중에 대해 고찰한 바 있다. 그의 통계에 따르면 아리랑 노래는 통속민요건 향토민요건 가장 큰 비중을 지닌 주제범주가 이성 문제로 파악된다.[231]

필자는 이에 근거해 아리랑이라는 어휘 자체가 애초에 남녀의 애정과 관련된 모종의 의미를 지녔을 수 있으리란 가능성을 제기해 두려는 것이다.

다음으로 아리랑의 관용구 중에는 '노다가세', '넘어간다', '넘겨주소' 등이 사용되는 빈도가 매우 높다. 여기서 이들 어휘의 공통 요소를 추출해 보면, '간다' 또는 '넘다'라는 동사에서 보듯이 이동(移動)에 초점이 맞추어져 있음을 알 수 있다. 이런 아리랑의 가사가 노래를 처음 불렀던 가창자 본인들의 신세를 반영한 것이라면 '노다가세'나 '넘어간다' 등의 가사는 최초의 가창자들이 운명적으로 끊임없이 이동할 수밖에 없는 신세였음을 직설적으로 표현했다고 볼 수 있다.

이런 관점에서 아리랑이라는 어휘의 의미를 추론할 수 있는 키워드는 남녀의 애정 그리고 유랑이라는 두 가지로 요약된다. 그런데 놀랍게도 라리련이라는 어휘의 의미 또한 이와 대단히 유사한 것으로 파악된다.

앞에서 언급했다시피 강보성은 라리련의 용도를 네 가지로 귀납했는데 그중 신에게 제사 지내는 종교적 용도와 여음을 제외한 나머지 두 가지가 아리랑과 일치한다. 즉 혼인이나 애정과 관련된 경사(慶事) 때 라리련 소리를 불렀다는 사실은 이성 간의 애정 문제와 상통하고 있고, 라리련이 거지들이 부른 연화락(蓮花落)을 지칭했다 함은 이동 또는 유랑이라는 키워드에 부합하고 있다.

4. 소결

필자는 라리련과 아리랑 양자 간에 긴밀한 외형적 유사성이 있음에도 불구하고 학계에서 아직 주목하지 않고 있다는 점에 착안하여 본 연구에 착수하였다.

먼저 아리랑과 라리련에 대한 한중 학계의 연구 성과를 검토하면서 본 연구의 지향점을 분명히 하였고, 이어서 라리련과 관련된 문헌자료를 유형별·시대별로 정리하여 제시했다. 그런 다음 아리랑 노래에 사용되는 관용구들에 대한 분석을 덧붙임으로써 본격적인 비교 고찰의 근거를 마련하였다.

아리랑과 라리련 소리에 대한 비교 고찰은 음운과 조어, 관용구, 노랫말 속의 위치 그리고 어휘 자체의 의미 등 네 가지 기준을 가지고 진행하였다. 음운과 조어적 측면에서 아리랑과 라리련은 매우 근접해 있는 것으로 확인되었다. 양자는 자음 'ㄹ'의 연속적인 배열을 기본으로 하되 'ㅏ, ㅣ'를 대표로 하는 일군의 모음군을 교차 사용하는 방식으로 변화를 가하고 있으며, 휴식 전음절에서는 운모 'ㅇ'과 조합되는 패턴이 공통적으로 나타나고 있다. 관용구에서는 2, 3, 4음절의 용례를 분석하였는데 그 결과 양자의 음절 조합 유형은 기본적으로 일치하고 있었다.

특히 아리랑의 관용구에서 아와 라를 동일 음가로 처리했을 때 라리련과의 일치도는 더욱 높았다. 노랫말 속의 위치에서도 양자는 공히 후렴뿐만 아니라 전렴이나 가사의 중간에서 사용되기도 했다. 어휘 자체의 의미에서는 양자가 모두 이성 간의 애정문제 및 유랑과 밀접한 관련이 있는 것으로 파악되었다.

현재 국내 학계에 제기되어 있는 아리랑의 자생설이나 근대 이후 성립설은 노랫말에 수반되는 구음의 관용구가 '아·라·리·랑'으로만 조합되며 동일한 배열원리에 의해 몇 개 패턴으로 유형화되어 있는 이유에 대해서 어떤 해명도 하지 못하고 있다. 아리랑 구음 자체의 어원이나 패턴 조합의 선행모델은 여전히 미결로 남아 있는 것이다. 또 향토민요 아리랑이 왜 여타의 향토민요와 달리 전국적 분포를 보이고 있는지에 대해서도 납득할 만한 해명이 제시되지 않고 있다. 그러나 필자의 가설에 의하면 이런 의문들이 자연스럽게 설명된다.

끝으로 본고의 주장에 대해 제기될 수 있는 몇 가지 의문에 대해 보충 논의를 덧붙이면서 글을 맺고자 한다. 먼저 구음에 나타나는 양성모음(a, o)이나 유성자음(l, r, n)의 존재가 세계적으로 나타나는 보편적 현상이기 때문에 라리련과 아리랑의 친연(親緣)관계에 회의를 품을 수 있겠다. 그러나 이런 생각은 얼핏 보기에는 그럴 듯하지만 엄밀히 따져보면 대단히 비학문적인 태도에 기초하고 있다. 왜냐하면 현상적으로 나타나는 보편화가 전파에 의해 초래된 보편화인지 아니면 지역별로 독립적인 발생에 의한 보편화인지를 따지지 않고 있기 때문이다. 즉 그런 회의를 품기 전에 세계적으로 나타나는 용례 모두를 연구 대상으로 삼아야 하고, 그 결과 개별 후렴 간에 정말로 아무런 관련성이 없다는 결론을 얻는 것이 선행되어야 한다는 말이다. 하지만 현재까지 다른 나라는 고사하고 한국 학계에서도 이런 연구는 진행된 바 없다. 필자는 바로 그 점을 인식하고 있기에 본 고찰을 시도한 것이다. 이 장에서 아리랑과 라리련의 동질성을 주장한 것은 단순히 양성모음과 유성자음이 사용되었다는 사실에 근거한 것이 아니라, 최소한 4가지 항목(음운과 조어, 관용구, 노랫말 속의 위치 그리고 어휘 자체의 의미)을 동시에 만족시키고 있기 때문이다. 양자는 음운의 본질적 구성요소인 'ㄹ과 대표 모음 ㅏ, ㅣ 그리고 운모 ㅇ'을 공유하면서 동시에 동일한 배열원리에 의해 구성되고 있다. 아리랑과 관련해 이 정도로 동질성이 확인된 외부 사례는 라리련 외에 아직 학계에 보고된 바 없다. 그러므로 그 중요성이 간과되어서는 안 된다고 주장하는 것이다.

둘째, 아리랑을 근대 이후에 만들어진 것으로 보는 주장에 동의하는 이라면 이 장에서 제기하고 있는 아리랑과 라리련의 관련성을 선뜻 인정하기 어려울 수도 있겠다. 그러나 곰곰이 따져 보면 이 두 가지 견해는 상호 모순적 관계가 아닌 병립적 관계라고 보아야 올바른 판단이다. 왜냐하면 이미 밝힌 바대로 아리랑과 관련된 국내 자료는 대부분 근대 이후의 것이고, 그런 자료를 바탕으로 아리랑이 근대 이후 성립되었다고 주장한다고 해서 그 자체가 무리한 주장은 아니나, 문제는 아무리 그런 주장을 펼친다 하더라도 '아·리·랑' 세 음절로 구성되는 구음이 도대체 어디서 유래했는지는 여전히 미제로 남아 있기 때문이다. 요컨대 라리련이라는 새로운 자료를 바탕으로 아리랑 구음 자체의 역사 소원(溯源)을 시도한 본 연구는 '민요' 아리랑이 근대 이후 만들어졌다는 주장과 별개로 당위성과 타당성을 지닌다는 것이다.

셋째, 아리랑이 한국인의 것이기에 당연히 한국이란 범위 안에서만 연구되어야 하고 그래서 아리랑의 어원을 우리말 속에서 애써 찾고자 하는 입장이라면 아리랑과 라리련의 관련성을 인정하기 어려울 것이다. 이런 반응은 사실 학계에서 어렵지 않게 접할 수 있다. 그러나 필자는 역사적으로 여러 민족이 한반도로 이주해 정착했고, 그들이 오랜 기간 동안 어울려 살아왔기 때문에 그들 민족의 다양한 말들이 어떤 형태로

든 어우러져 현재의 우리말을 이루었다고 보는 입장이다. 그래서 우리말의 다양한 어휘나 소리의 뿌리는 단선적인 형태라기보다는 다양한 내원을 지녔다고 가정하고 있다. 그런 시각의 연장선상에서 라리련과 아리랑의 연관 고리를 확인한 다음 아리랑의 역사적 판도를 아시아적 범위로 확대시키고자 한 것이다. 한반도에 국한된 한국학과 세계 속의 한국학, 과연 어느 것이 우리가 나아갈 올바른 길일까?

현재의 아리랑이 우리 민족을 대표하는 노래임은 분명하지만 처음부터 폐쇄적으로 형성되었다거나 100% 우리 고유의 음악이라고 고집하기는 누구도 힘들 것이다. 물론 이 장의 연구만으로 라리련이 아리랑의 연원과 직접적인 관련이 있다고 주장하기에는 아직 풀어야 할 문제가 많이 남아 있다. 그렇다 하더라도 아리랑의 기원 연구 혹은 비교연구와 관련해서 라리련 자료가 지닌 가치는 충분히 긍정되어야만 한다. 우리는 이제부터라도 아시아의 광범위한 권역에서 유행했던 유모음(流母音) ṚṜḶḸ의 희합(戲合) 현상을 직시하고 하나하나 따져 보아야 할 것이다.

앞의 고찰에 의해 구음 라리련과 아리랑은 상호 대단히 긴밀한 유사성을 지니고 있음이 확인되었지만 동시에 양자는 역사적 전개 양상에 있어서 적지 않은 차이도 드러내고 있다. 중국에서 라리련은 당송시대를 거치면서 광범위한 지역으로 전파되었을 뿐만 아니라 다양한 예술 장르로 흡수되었지만, 아리랑은 역사적 기원도 불분명할 뿐만 아니라 사회적 표출 또한 20세기에 들어서야 비로소 본격화되었다 해도 과언이 아니다. 관용구의 음절별 분석결과가 말해주듯 구음 아리랑은 매우 오래된 고형(古型)으로 추정됨에도 불구하고 왜 이런 현상이 발생한 것인가? 다시 말해서, '언제 어디로부터 기원했으며 어떤 연유에서 근대에 이르러서야 비로소 전국적인 성격을 띠게 되었는가'라는 의문을 갖지 않을 수 없다. 필자는 이런 의문에 대한 해답을 호류의 유전에서 찾을 수 있다고 생각한다. 앞에서 살핀 것처럼 라리련 현상은 특정 지역에 국한되지 않고, 오랜 시간 동안 중국의 도처에서 광범위하게 나타나고 있다. 여기에 페르시아와 인도를 포함하고, 다시 한국의 아리랑까지 더하면 실로 아시아 대륙의 대부분을 포괄하게 된다. 따라서 'Luri·Lori - 囉哩(嗹)-아리(랑)'의 내재적 연관성을 'ṚṜḶḸ'이라는 유모음의 희합에서 찾을 수 있다면, 이런 현상의 광범위한 지역적 산재(散在)를 초래한 전파자 혹은 중개자의 설정은 자연스러운 논리적 귀결이 아닐 수 없을 것이다. 호족계통 예인의 중국과 한국으로의 유입과 토착화에 대해서는 결론에서 자세하게 논할 예정이다.[232]

제6장

한중 두 나라의 외목발가면희와 무동춤

1. 서언

명나라 사람 동월(董越)은 공주부(贛州府)의 영도(寧都) 출신으로 성화(成化) 5년(1469)에 진사가 됐고 관직은 남경공부상서(南京工部尙書)까지 올랐던 인물이다.[233] 1487년 헌종(憲宗)이 죽고 효종(孝宗)이 즉위하게 되자 이 사실을 알리기 위해 명나라 조정에서는 여러 나라에 사신을 파견했는데, 이듬해인 1488년(조선 성종 19년)에 조선에 사신으로 온 이가 정사 동월과 부사 왕창(王敞)이었다. 〈조선부(朝鮮賦)〉는 정사로 왔던 동월이 조선에서 보고 들은 것을 바탕으로 1490년에 완성한 것으로 그 내용은 정치, 경제, 건축, 의생활, 식생활, 주거양상, 언어, 민속, 예의, 지리, 제도 등 한국학 전반에 걸쳐 있다. 부체(賦體)로 기술하고 있기에 전체적인 단락의 구분도 운(韻)에 따라 총 33단으로 나눌 수 있다. 광화문 앞에서 펼쳐졌던 산대잡희를 묘사한 대목은 총 18구로 이루어진 제11단에 나오며[234] 개별 기예의 공연 장면을 직접 묘사한 구절은 한 구당 하나씩 총 여덟 구에 걸쳐 있다. 그 가운데 이 장에서 문제 삼고자 하는 연희 종목은 외목발가면희와 무동춤 두 가지이며, 한중관계에 대한 고찰을 통해서 이 두 가지 기예가 곧 호류의 물증일 수 있음을 제기해 보고자 한다.

2. 한중 두 나라의 외목발가면희

중국에서는 외목발을 타는 기예가 전승되고 있으나 한국 학계에서는 현재까지 이 기예의 존재가 알려져 있지 않기 때문에 동등 비교는 현실적으로 어렵다. 그러나 필자가 보기에 〈조선부〉의 '섭독교경견도량산귀(躡獨趫驚見跳梁山鬼)'라는 구절은 외목발 기예를 묘사하고 있는 것이 분명하므로, 이 구절에 대한 논증을 통해서 한중 두 나라에 외목발가면희가 존재했음을 입증하고 그 기예의 전개가 호류로 말미암았음을 제기해 보고자 한다.

선행 연구 성과를 훑어 보면 〈조선부〉에 묘사된 산대잡희만을 전문적으로 논한 논문은 찾아보기 어렵지만 일반 연극사 저서에서는 많고 적음의 차이는 있을지언정 관련된 언급을 찾아볼 수 있다. 필자가 검토해 본 결과 김일출,[235] 이두현,[236] 장한기,[237] 전경욱[238] 등이 제시한 견해가 대표적이라 할 수 있으므로 이들의 성과부터 먼저 검토하여 어떤 시각차나 변화 또는 미비점이 있는지 확인하기로 한다. 윤호진은 〈조선부〉 전체를 번역하면서 주해(註解)를 병행했으므로 필요한 경우 참고용으로 함께 제시한다.[239] 우선 김일출은 '섭독교(躡獨趫)'를 목발이라 하고, '경견도량산귀(驚見跳梁山鬼)'를 봉산의 〈팔목춤〉과 같이 기괴한 탈을 쓰고 춤추는 탈춤을 가리킨다고 했다. 이두현은 '섭독교'를 죽광대(竹廣大)로 이해하면서, '경견도량산귀'에 대해서는 그로테스크한 가면을 쓴 오늘의 황해도 탈춤의 목중춤 같은 것의 묘사로도 생각된다고 했다. 두 사람이 이 구절을 목발과 팔목춤 또는 죽광대와 목중춤이라는 두 가지로 이해한 것과 달리 장한기와 전경욱은 각각 죽광대와 솟대타기라는 한 가지로만 이해했다. 참고로 윤호진의 번역문도 함께 제시한다.

> 외나무 타는 광대놀이는 다리를 뛰어 넘는 귀신을 보는 듯 놀랍다(장한기).
> 외나무 솟대를 타는 모습에 날뛰는 산귀신인가 놀라며 본다(전경욱).
> 외나무다리를 밟으매 날뛰는 산 귀신인가 놀라며 본다(윤호진).

장한기는 '섭독교'를 이두현과 마찬가지로 죽광대로 보았고, '경견도량산귀'에 대해서는 설명을 생략하고 있다. 전경욱은 '섭독교'를 솟대타기로 이해하면서 '교(趫)'가 솟대가 되는 근거를 〈서경부(西京賦)〉에서 찾았다.

> 섭(躡)은 "밟다 또는 오르다"라는 뜻이고, 교(趫)는 "행동이 민첩하여 나무 위에 올라가기를 잘한다"는 뜻이다. 또한 교는 "나무에 잘 올라가는 사람"을 의미하기도 한다. 그러므로 섭독교는 외나무 장대 위에 올라가서 재주를 부리는 솟대타기를 의미하는 것이다. 장형의 〈서경부〉에 "날렵하게 높은 곳에 잘 올라가는 도로 사람들이 아니라면, 그 누가 저렇게 높이 올라갈 수 있겠는가(非都盧之輕趫孰能超而究升)?"라는 구절이 있는데, 여기서도 솟대타기로서의 '교'의 용례를 볼 수 있다. 서역의 도로국 사람들이 솟대타기를 잘했으므로, 중국에서는 솟대타기를 도로심장이라고 불렀다.

'섭독교'에 이어지는 '경견도량산귀'에 대해서는 전경욱도 설명을 생략하고 있다. 즉 장한기와 전경욱은 김일출이나 이두현이 말한 기괴한 탈을 쓰고 춤추는 탈춤의 목중춤과 같은 것이라는 견해를 암묵적으로 부정하고 있는 것으로 보인다. 한편, 참고로 덧붙인 윤호진의 번역을 보면 '외나무다리를 밟으매'라고 한 것으로 보아 김일출처럼 목발로 이해했음을 알 수 있다. 다만 양산귀(梁山鬼)에 대해서는 '양산백(梁山伯)이 죽어서 나비가 되었다는 양산백이라는 나비를 가리키는 말'이라고 주(註)를 제시했지만, 소개하고 있는 주의 내용을 검토해 보면 양산백과 축영대의 애정고사에 대한 것이어서 양산귀와 양산백 사이의 직접적인 연결고리를 찾을 수 없는 한계가 있다.[240]

흔히 대광대로 알려진 죽광대는 일반적으로 조선 말기 낙동강 연안의 초계(草溪)[241]에서 형성된 직업적인 재인 광대를 지칭하며 주로 죽방울받기와 솟대타기 등의 곡예와 탈놀이를 공연한 것으로 알려져 있다.[242] 따라서 이두현과 장한기가 말한 죽광대를 솟대타기로 이해한다면 상기한 다섯 명의 견해는 크게 '목발이냐 솟대타기냐'와 '탈춤을 놀았느냐 아니냐'의 두 가지로 구분된다. 즉 김일출은 목발과 탈춤, 이두현은 솟대타기와 탈춤, 장한기와 전경욱은 솟대타기, 윤호진은 목발로 이해했다고 정리할 수 있다.

이상에서 소개한 선행 연구에 나타나 있는 관점은 크게 두 가지로 요약할 수 있다. 하나는 섭독교의 '교'를 목발타기로 볼 것인가 아니면 솟대타기로 볼 것인가 하는 점이고 또 하나는 '섭독교'와 '경견도량산귀'를 서로 구분되는 두 가지 놀이로 볼 것인가 아니면 합쳐진 하나의 놀이로 볼 것인가 하는 점이다. 이제 이 두 가지 관점에 대한 필자의 견해를 밝혀보고자 한다.

우선 섭독교의 '교'부터 살펴보자. 중국 문헌을 살펴보면 교는 '나무타기'나 '나무를 잘 타는 사람'이라는 뜻 외에 목발의 의미도 지니고 있다. 예를 들면 청나라의 섭덕휘(葉德輝)는 《설문독약고(說文讀若攷)》에서 "교는 높은 목발타기 놀이로, 발을 나무막대 위쪽에 묶은 다음 그것을 밟고 돌아다니는 것이다."[243]라고 풀이했고 또 《청조야사대관(淸朝野史大觀)》에서는 "한 사람이 높은 목발을 밟고 가짜 말을 탔다."[244]라고

〈도13〉 고소쿠(高足), 〈쓰쿠모가미에마키(付喪神繪卷)〉 일부

기록하고 있다. 이것으로 '독교'를 고교(高蹺)의 일종인 목발타기로 볼 근거가 확인되었다고 할 수 있다.

그런데 일반적으로 쓰이는 고교 대신 '독교'라고 한 것은 무엇 때문인가? 독(獨) 자의 뜻에서 알 수 있듯이 두 개의 목발을 사용하는 고교와 달리 하나의 목발만을 탔기 때문에 독교라 했던 것이다. 필자가 처음 이 부분에 대한 해석을 시도할 때는 외목발에 대한 확신이 없었기에 외목발이라는 표현을 주저할 수밖에 없었는데, 이후 일본측 자료를 조사하면서 외목발과 관련된 그림을 접할 수 있었고 또 그런 기예가 현대 중국에서도 전승되고 있음을 확인할 수 있었기에 이를 근거로 논란을 마무리하고자 한다. 동월이 언급한 독교는 나라(奈良: 710-781) 시대 중국에서 전래된 산악잡희의 일종인 고소쿠(高足)라고 불리는 기예와 일치하는 놀이 장면이 〈쓰쿠모가미에마키(付喪神繪卷)〉라는 두루마리 그림을 통해 전해 오고 있기에 〈도13〉을 예시한다.[245]

일본에서 전승되는 외목발 기예는 다시 발판의 높이에 따라 고소쿠와 잇소쿠(一足)로 나뉜다. 위의 그림 좌측에서 보듯이 고소쿠는 '✝'형으로 생긴 나무의 발판 위에 두 다리를 올려놓고 뛰어다니는 기예이며,

그림 우측에 보이는 잇소쿠는 외목발을 사용한다는 점에서 고소쿠와 같지만 발판을 목발의 아래쪽에 설치했다는 점에서 구별된다. 잇소쿠는 달리 렌토비(蓮飛 또는 連飛)라고도 불린다.[246] 이들과 함께 일본에서는 니소쿠(二足)라는 기예도 전승됐는데 이것이 두 개의 목발을 사용하는 중국의 고교에 해당한다.

일본의 오에노 마사후사(大江匡房)[247]가 남긴 〈라쿠요우덴가쿠기(洛陽田樂記)〉에 의하면 1096년 교토에서 공연된 덴가쿠 상연목록의 하나로 고소쿠와 함께 잇소쿠가 거론되고 있다. 영장(永長) 원년(1096) 여름에 라쿠요우(洛陽) 곧 지금의 교토에서 덴가쿠가 크게 유행했는데 그 기원은 알 수 없지만 민간에서 시작된 것이 공경귀족들에게까지 미치게 되었다고 한 다음 고소쿠, 잇소쿠, 요우코(腰鼓), 후리쓰즈미(振鼓) 등과 같은 종목들이 밤낮없이 공연됐다고 전하고 있다.[248] 가와타게 시게토시(河竹繁俊)에 의하면 이런 고소쿠의 유행은 더 이른 시기로 소급된다. 그는《일본연극사》에서 다음과 같이 기술하고 있다.

> 산가쿠(散樂)가 폐지된 것은 782년의 일이다. 이에 따라 예능인들은 민간에 떠도는 유랑예능인이 되어 잇소쿠·고소쿠·도교쿠(刀玉) 등의 곡예, 가루와자(輕業) 연기, 우스꽝스러운 곳게이가이이(滑稽解頤) 연기 등을 해가며 생활을 영위했다.[249]
>
> (잇소쿠와 고소쿠에 대해) 이것은 당나라 산가쿠 계통의 곡예로서 잇소쿠, 고소쿠 또는 히토쓰아시, 다카아시라고 읽는다. …… 가스가와카미야마쓰리(春日若宮祭) 1316년 9월조에는, 고소쿠를 연기하다 기량이 미숙해 봉에서 떨어진 네 명의 꾸지람을 들었다는 기록이 있다. 덴가쿠의 대표적 예능이다.[250]

이런 설명에 의하면 일본의 덴가쿠에서 공연되던 고소쿠라는 기예는 결국 당나라 때 중국 대륙에서 유래된 것이며 그 시기는 늦어도 782년 이전이 된다. 그런데 늦어도 8세기 혹은 그 이전에 중국에서 일본으로 전래됐다면 당시의 교통 사정으로 보아 한반도를 거쳤을 가능성이 매우 높다. 그러므로 한반도에도 같거나 유사한 기예가 전승되었으리라는 가설이 가능할 것이다. 물론 이 가설이 당나라 산악(散樂)의 직접적인 한반도 전래를 단정하는 것은 아님을 밝혀 둔다. 왜냐하면 중국의 고교(高蹺)에 해당하는 목발타기 재주가 고구려 팔청리 고분벽화 속에 이미 담겨져 있기 때문이다. 주지하다시피 외목발도 목발타기 재주의 일종이며, 팔청리 고분벽화는 5세기 전반의 것으로 추정되고 있으므로 한반도에는 당나라의 산악 이전에 이미 북방 호족들에 의해 이런 기예가 유행했었다고 할 수 있다. 그러므로 여기서는 늦어도 8세기 무렵에 중국, 한국, 일본에서 모두 외목발을 타는 재주가 유행했을 가능성만 지적해 두려는 것이다.

다행스럽게 현대 중국에서도 고소쿠와 같은 기예를 두 지역에서 발견할 수 있다. 하나는 하남성(河南省) 등봉현(登封縣) 대금점(大金店)과 군소(君召) 등지에서 전승되고 있는 독교(獨蹺)이다.[251] 이 독교(獨蹺)의 '교(蹺)'는 '교(趫)'와 통용자이므로 독교(獨蹺)는 곧 독교(獨趫)가 되며 그래서 명칭을 통해서도 섭독교를 외목발타기로 옮겨야 타당하다는 점이 입증된다. 설부터 정월대보름 사이 기간에 공연되는 이 지역의 독교는 얼굴에 검보(臉譜)를 그리고 늙은이로 분장한 연기자 한 명이 지상에서 발판까지의 높이가 30센티미터 정도 되는 목발 하나를 타고 쉴 새 없이 뛰면서 각종 연기를 펼치는 방식으로 진행된다(관련 형상은 〈도14〉를 참조).

〈도14〉에서 보듯이 두 발만으로도 목발을 자유롭게 제어하며 두 팔을 자유롭게 움직인다. 왼손으로 긴 담뱃대를 쥐고 오른 손바닥을 눈썹 위에 갖다 대고 먼 곳을 바라보는 동작을 하거나(상단의 맨오른쪽), 또

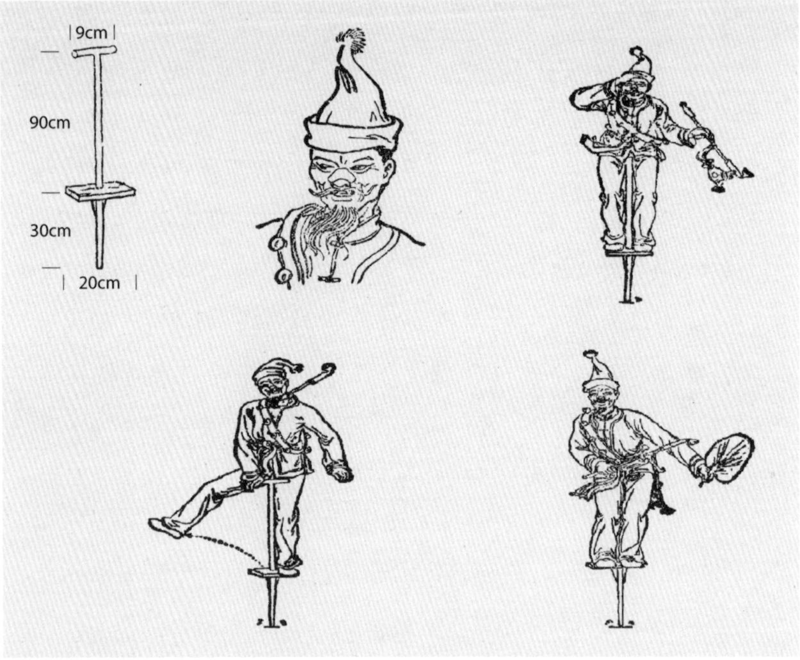

〈도14〉 독교(獨蹺) 스케치: 목발과 그것을 타는 몇몇 장면

는 오른발을 발판에서 떼어 들어 올린다거나(하단의 왼쪽), 또는 오른손에 담뱃대를 쥔 채 왼손으로 파초선(芭蕉扇)을 꺼내어 천천히 부치기도 한다(하단의 오른쪽). 전체적으로 볼 때 연기는 자유롭고 경쾌하면서도 유머스러운 형상을 표현하는 데 주안점을 두고 있다.

산동성(山東省) 신태시(新泰市) 양류진(羊流鎭) 대와촌(大洼村) 등지에서도 독각교(獨脚蹺)라는 이름의 무용이 전승되고 있는데, 이것은 단순한 기예성 춤에서 한걸음 더 나아가 외목발을 탄 채 연기를 통해 이야기를 엮어 낸다.[252] 대와촌의 독각교가 연출하는 이야기는 유해(劉海)와 금두꺼비의 싸움을 그린 《유해희금섬(劉海戱金蟾)》이다. 유해는 전체 높이가 180센티미터이고 발판의 높이가 9센티미터인 외목발을 타고, 금

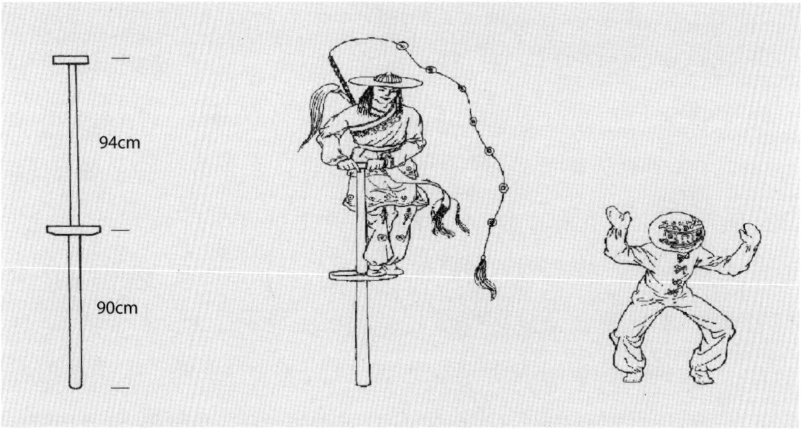

〈도15〉 독각교(獨脚蹺) 스케치: 목발과 주요 등장인물의 모습

두꺼비는 가면을 쓰고 등장한다. 목발과 목발을 탄 유해 및 금두꺼비의 형상은 〈도15〉에서 보는 바와 같다. 음력 정월 10일부터 연출되는 독각교는 길놀이와 판놀음의 두 가지 형식으로 나뉜다. 길놀이에서는 고사대(故事隊) 행렬의 맨 끝에서 춤을 추며 따라가고, 판놀음에서도 마지막 프로그램인 압축희(壓軸戲)로 공연되며 공연시간과 리듬은 유해에 의해 결정된다. 정월 보름이 지나면 초청이 있을 경우 다른 마을로 가서 공연하기도 한다.

이상에서 제시한 일본과 중국의 사례를 참조할 때 15세기 조선의 섭독교는 외목발타기로 해석해야 옳고 그것의 연출 수준도 이미 가면을 쓰고 이야기를 엮어 내는 데 아무런 어려움이 없었을 것으로 판단된다.

다음은 '경견도량산귀'에 대해 살펴보자. 당초 필자는 '양산귀'를 하나의 어휘로 보아 '도량산귀(跳梁山鬼)'를 도(跳)와 양산귀(梁山鬼)의 결합이 아닌지 의심했는데 이는 잘못된 판단이었다. 윤호진도 이 구절을 "외나무다리를 밟으매 날뛰는 산 귀신인가 놀라며 본다"로 옮긴 다음 양산귀에 대하여 '양산백(梁山伯)이 죽어서 되었다는 나비를 가리키는 말'이라는 주를 달고 있는데 이 또한 동일한 오류에 해당한다.[253] 여기서 도량(跳梁)은 도량(跳踉)이라고도 표기되는 동사로 도약(跳躍)과 같은 의미를 지닌다. 따라서 '도량산귀'는 펄쩍펄쩍 뛰어다니는 산귀신을 묘사한 것으로 해석해야 옳다. 도량은 '뛰어올랐다가 다시 내려오는' 일종의 상하운동을 반복하는 행위를 의미하는 어휘이므로 솟대타기처럼 긴 장대를 계속 타고 오르는 행위를 지시하는 동사로 보기는 어렵다. 또 산귀와 경견을 함께 미루어 생각할 때 이 구절은 둘 이상의 인물을 형용하고 있으며 그 인물들은 누가 봐도 귀신과 같은 기괴한 형상이었으리란 추정이 가능하다.

이제 '섭독교'와 '경견도량산귀'를 둘로 보느냐 아니면 하나로 보느냐의 문제를 살펴보자. 김일출과 이두현은 둘로 보았고, 전경욱은 하나로 보았다. 문제는 두 가지 해석 중에서 어떤 것이 전체적인 맥락상 더 적절하냐가 될 텐데, 본문의 구성상 '섭독교'와 '경견도량산귀'는 한 구절로 보는 것이 타당하다. 〈조선부〉는 전체가 율부 형태여서 각 단은 대구의 형식을 취하고 있다. 개별 기예를 묘사한 부분은 총 10구로 구성되어 있는데 그중 제1-2구는 7자, 3-4구는 8자, 5-6과 7-8구는 9자 그리고 9-10구는 10자로 각각 대구를 이루고 있다. 따라서 제8구에 해당하는 '섭독교경견도량산귀'는 제7구의 '연백삭경약능파선자(沿百索輕若淩波仙子)'와 대구를 이루고 있으며, 내용으로 보아도 제7구에서 줄타기를 묘사하고 있듯이 제8구에서는 목발타기를 묘사하고 있는 것으로 이해해야 옳다. 결국 '섭독교경견도량산귀'는 산귀신 모습으로 꾸민 한 무리의 인물들이 외목발을 타고 등장하여 껑충껑충 뛰어다니니 그런 모습에 놀라서 쳐다본다고 해석해야 자연스럽다.

마지막으로 남는 것이 산귀신의 분장을 가면으로 볼 것이냐 아니면 도면(塗面)과 같은 식의 화장으로 볼 것이냐 하는 문제인데, 한자로 귀검(鬼臉)이라는 어휘가 전통적으로 가면의 의미로 사용됐다는 점, 한국에서 도면의 전통을 찾아보기 어렵다는 점, 같은 시기 명나라에서 대두화상(大頭和尙) 가면을 착용하고 목발을 타고 가는 놀이가 유행했었다는 점, 그리고 18세기 아극돈(阿克敦)이 남긴 〈봉사도(奉使圖)〉에 가면희가 등장하고 있다는 점 등을 두루 고려했을 때 가면을 착용한 것으로 해석하는 것이 가장 합리적이라고 생각된다.

3. 한중 두 나라의 무동춤

무동춤의 관점에서 문제가 되는 〈조선부〉의 구절은 '원포자음무산협수(猿抱子飮巫山峽水)'이다. 본 절에서는 이 구절에 대한 논증을 통해서 한중 두 나라에 유사한 성격의 무동춤이 존재했음을 입증하고 그 기예의 전개가 호류로 말미암았음을 제기해 보고자 한다.

선행 연구 성과를 살펴보면 '원포자음무산협수'에 대해서 김일출은 무동과 원숭이놀음을 지적했으며 이두현, 장한기, 전경욱 등은 모두 무동으로만 이해했다. 여기서 김일출이 언급한 원숭이놀음에 대해 장한기는 '원포자음무산협수'라고 하는, 사람의 어깨 위에 서서 추는 무등춤이라 했고, 전경욱도 "원숭이는 아들을 안고 무산협 물을 마신다"는 구절에 대해 "어린아이가 어른의 어깨 위에 올라가서 추는 무동춤을 표현한 것"이라는 설명을 덧붙이고 있다.

기존의 연구에서는 무동만 지적했을 뿐 동월이 왜 무동을 '원숭이의 모자관계'로 묘사했는지에 대해서는 관심을 기울이지 않았다. 그러나 필자는 여기에도 무언가 이유가 있을 것으로 생각하여 꾸준히 관심을 쏟다가 그 이유의 일단으로 추정되는 사례를 중국 강서성(江西城) 대여현(大餘縣)에 전승되는 민간무용 〈나한무(羅漢舞)〉에서 발견하였기에

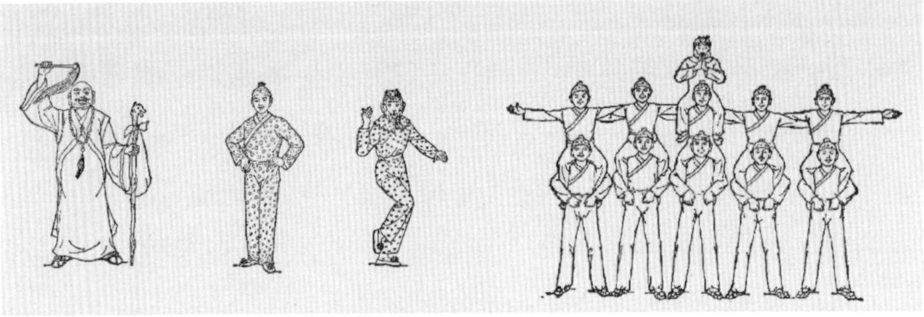

〈도16〉 나한무 스케치 : 주요 등장인물과 춤동작

이를 제시한다. 이곳의 〈나한무〉는 나한신(羅漢神)에게 기원하여 자손을 번식시킨다는 내용을 춤으로 표현한 것이다. 좀 더 구체적으로 말하면 남편인 대나한이 아내인 원숭이와 관계를 가진 다음에 사람의 씨를 담은 주머니인 인종대(人種袋)를 털어서 새끼들을 퍼뜨리고, 그 결과 소나한이 인간세상 도처에 있게 된다는 내용이다. 여기서 필자의 관심을 끄는 부분은 대략 네 가지로 요약된다. 첫째, 나한이 신이기 때문에 영신의식이 끝난 뒤 펼쳐지는 무대(舞隊) 중에서 나한무가 맨 먼저 추어진다. 둘째, 나한의 자식들인 소나한이 모두 원숭이와 같은 복장을 하고 있는데 이것은 외형으로 보았을 때 원숭이와 모자 관계에 있음을 표현한 것이다. 셋째, 춤을 출수록 소나한들의 숫자가 늘어나는데 이를 통해 대대손손 자손이 번성함을 표현하고 있다. 넷째, 무동타기의 이동고리와 삼동고리에 해당하는 동작이 소나한들이 추는 무용에서도 기본적인 동작으로 표현되고 있다. 참고로 〈나한무〉의 주요 등장인물과 춤동작의 하나를 〈도16〉으로 예시한다. 좌에서부터 대나한(大羅漢), 소나한(小羅漢), 원숭이 그리고 소나한과 원숭이가 패방(牌坊)을 쌓은 모습이다.[254]

조선시대 산대잡희의 맨 처음에 무동이 등장한다는 것은 그 놀이 자체가 행렬의 선두를 차지할 만한 이유를 지녔다는 의미일 터이다. 그런데, 놀이의 취지가 중국의 〈나한무〉처럼 신의 점지를 받은 인류의 시조인 원숭이로부터 인류가 대대손손 번성한다는 내용을 표현하는 데 있었다면 무동이 행렬의 선두에 나선 것은 매우 자연스러운 배치라 아니할 수 없다. 이와 관련하여 영남지방에 전승되는 야류가면극과 오광대가면극의 원류로 지목되는 초계 대광대(竹廣大)의 공연이 어떻게 진행되는지 참고해 보자.

> 대광대 일단이 가면과 소도구를 넣은 궤짝을 짊어지고 긴 장대는 손에 들고 와서는 놀이를 하는데, 저녁에 장작불을 피워 놓으면 먼저 악공이 고깔을 쓰고 악기를 쳐 울리면서 놀이마당(무대)을 몇 바퀴 돌고는 일반 관중들을 자리에 안정시켜 놓는다.
>
> 그런 뒤 ① 맨 먼저 무동들이 나와서 어깨 위 다섯 동까지 하여 놀고는 들어가고, ② 다음은 광대 한 사람이 나와서 죽방울받기를 하다가 들어가면, …… ③ 그다음에는 탈놀음을 연출한다. 먼저 오방신장(五方神將) 탈을 쓴 다섯 광대가 나와 춤추고 들어가면 중이 나와 춤춘다.[255]

큰 틀에서 대광대 패의 놀이 구성과 진행 순서는 ① 무동, ② 기예 위주의 놀이가 펼쳐지고 그다음 ③ 가면희로 이어지는데 이것은 〈조선부〉의 그것과 부합하고 있다. 후술하겠지만 〈조선부〉에 묘사된 산대잡희 종목은 모두 7가지인데 그 가운데 뒤의 세 가지는 가면희로 포괄될 수 있다. 위의 인용문에 언급된 무동은 농악대원의 어깨 위에 올라서서 춤을 추거나 곡예적인 놀이를 하는 '무동타기'를 의미하며, 현재 남사당놀이나 농악을 통해 전해지는 '무동타기'는 두 사람이 하는 맛동리 혹은 단동고리, 세 사람이 연행하는 삼동 혹은 삼동고리 그리고 다섯 사람이 연행하는 곡마당·논고리·오동고리 등으로 구분된다. 구체적인 공연은 다음과 같이 진행된다.

맛동리(단동고리)는 농악대원 한 사람이 어린이 무동 한 사람을 어깨 위로 올리거나, 머리 위로 올리며, 또 한 무동을 몸 앞으로 한 바퀴 돌려 내렸다가 다시 어깨 위로 올리는 등 곡예적인 연기를 부리며 춤추기도 하고 흥이 나면 '삼동'을 만들기 위하여 상대방의 '맛동리'에 무동을 힘차게 던지는 아슬아슬한 놀이도 한다. 삼동(삼동고리)은 농악대원 한 사람이 어른 무동 한 사람을 어깨 위로 올리고, 그 위에 어린이 무동을 올려서 3층탑을 만들어 제자리에서 돈다. 곡마당은 삼동을 만들고 나서 밑에 있는 농악대원과 어른 무동은 어린이 무동 두 사람을 양쪽 옆으로 올려 바깥 손과 바깥 발을 벌리게 하고, 안쪽 손과 발을 잡아 주어서 공중에 뜨게 한다. 이러한 자세로 제자리에서 천천히 돌아가면서 놀이를 한다. 논고리는 삼동을 만들고 두 어린이 무동을 밑에 있는 농악대원의 양쪽 어깨 위로 올리고 천천히 제자리에서 도는 놀이이다.[256]

인용문에서 보듯이 무동타기는 '맛동리 또는 단동고리(농악대원1+어린이 무동1)→삼동 또는 삼동고리(농악대원1+어른 무동1+어린이 무동1)→곡마당 또는 논고리(농악대원1+어른 무동1+어린이 무동3)'의 순서로 전개된다.

남사당놀이 맛동리와 평택농악의 삼동고리와 관련된 형상 자료는 심우성의 《남사당놀이》나 정병호의 《농악》 등에서 이미 소개하고 있으므로 생략한다.[257]

정병호에 의하면, 농악에서 무동타기로 춤을 추는 경우는 '신동의 춤(來訪農神)'이라는 의미를 지니며 세 쌍의 무동타기 형식으로 진행되는 남원 괴양농악의 삼동놀이 경우에는 어린이의 출산과장(出産科場), 성장과장(成長科場) 그리고 입신출세과장(立身出世科場)이 차례로 이어진다.[258]

무동이 신격의 의미를 지닌다든지, 탄생에서 입신출세까지 사람의 일생을 표현한다는 점에서 그 취지가 중국의 〈나한무〉와 은연중에 부합하고 있음을 볼 수 있다. 다만 숫자가 늘어나는 점에 대한 해설로는 다소 부족함이 느껴진다. 무동타기를 춤으로 보건 아니면 놀이로 보건 간에 그 숫자가 '2→3→5'로 계속 늘어나는 것은 대대손손 자손의 번성을 보여주는 것에 다름 아니기 때문이다. '농악대원1+어린이 무동1'의 단동고리로 부모세대와 자식세대를 표현한 것으로 보면 '농악대원1+어른 무동1+어린이 무동1'의 삼동고리는 다시 한 대가 늘어난 3대를 표현한 것이 되고, '농악대원1+어른 무동1+어린이 무동3'의 논고리는 결국 대대손손 자손이 번성함을 표현한 것이 된다. 농업경제를 기반으로 한 사회에서 자손의 숫자 특히 남성의 숫자가 무엇보다 중요한 사안이었음을 고려할 때, 무동타기의 인원이 놀이의 전개와 함께 점차 증가하는 것은 신의 힘을 빌려 자손번창에 대한 소망을 직설적이면서도 간명하게 표현한 것으로 이해하는 것이 적절할 것이다.

그러므로 무동타기의 주지는 나한이라는 신의 씨를 받아서 어미 원숭이를 통해서 소나한 곧 자손들이 번창했다는 〈나한무〉와 기본적으로 일치한다. 그뿐만 아니라 그런 주지를 표현하기 위해 사용한 춤동작과 그것의 전개방식 또한 본질적으로 부합하고 있다. 따라서 동월이 산대잡희의 무동을 원숭이 모자관계로 표현한 것은 그가 놀이의 의미와 역사적 유래를 이런 맥락에서 이해하고 있었음을 뒷받침하는 것으로 이해된다.

4. 소결

앞의 제2, 3절에서 필자는 형식상 〈조선부〉의 두 개 구절을 논증하는 데 주안점을 두었는데 그것은 한국 측 역사기록이 부족하기 때문에 불가피한 면이 있었다. 그렇지만 논증 과정에서 자연스럽게 중국의 사례를 가져와 비교 고찰했기에 애초의 의도는 달성했다고 생각한다.

제2절에서 〈조선부〉의 '섭독교경견도량산귀(躡獨趫驚見跳梁山鬼)'라는 구절을 논증했는데, 그 과정에서 중국뿐만 아니라 한국에서도 한동안 외목발가면희가 유행했던 사실이 입증되었다고 생각한다. 중국의 경우에는 현재 전승 형태는 검보를 사용하고 있지만 시기를 당대(唐代)로 소급하면 가면희의 형식으로 보아야 합리적이며, 외목발이라는 기예의 뿌리가 중국에서 자생한 것이 아니므로 한중 두 나라에서 그것이 전개된 것은 호류(胡流)로 말미암은 것으로 보아야 마땅할 것이다.

제3절에서 인용한 중국 나한무에서 나한은 본래 불교의 신격을 가리키는 명칭이다. 그러므로 명칭으로 볼 때 나한무는 중국에서 자생한 기예라고 보기 힘들다. 이 밖에 중국 학계에서는 송나라 때 등장하는 육괴뢰(肉傀儡)를 무동춤 형식으로 이해하기도 하는데, 이런 견해에 의하면 그 유래가 외래적인 것이었음이 더욱 분명해진다. 한국에서도 앞에서 본 것처럼 무동타기 춤을 신동의 춤이라고 한 다음 한자로 '내방농신(來訪農神)'으로 표기하고 있다. 내방신은 그 자체의 의미가 외래적인 것이므로 현지에서 자생한 것이 아님은 분명하다. 특히 한중 두 나라에서 현재 전승되는 사례의 핵심 요소에서 발견되는 유사성을 고려할 때 필자는 한국의 무동춤이나 중국의 나한무도 호류에 의해 전개됐다고 본다.[259]

제7장

한중 두 나라의 천자문사설

1. 서언

이 장에서 사용하는 천자문사설이라는 용어에 낯선 독자가 있을 수 있으므로 미리 설명을 덧붙인다. 천자문사설은 아이들을 가르치기 위한 원래의 목적과 구별되는 다른 의도, 예를 들면 예인 또는 통속문학의 작가들이 관중을 웃기거나 독자를 즐겁게 하려는 의도로 〈천자문(千字文)〉의 구절들을 임의로 활용하여 만든 전혀 새로운 모습의 사설을 지칭한다.

이 장에서는 한국과 중국 두 나라의 희극(戱劇), 설창(說唱), 소설 등에서 발견되는 천자문사설이 호족계통 예인을 매개로 직접 연관되어 있음을 논증하고, 이를 통해서 두 나라의 전통연희가 기존에 알려진 것보다 더 광범위한 영역에서 상호 긴밀히 관련성을 맺고 있을 가능성을 제기하고자 한다.

천자문사설에 대한 연구는 중국과 한국 두 나라에서 모두 이루어졌지만 각각 자국의 것에만 국한하여 진행되었다. 중국에서는 전남양(錢南揚), 전종서(錢鍾書), 강거영(江巨榮), 유효명(劉曉明) 등 몇몇 학자들이 주로 문학이나 예술 작품 속에 활용된 천자문사설 자료를 고증하는 데 힘을 쏟았다. 이에 비해 한국에서는《춘향전》의 사설과 관련하여 간단하게 거론하면서 그 유래를 장타령에서 찾는 정도에 그치고 있을 뿐[260] 어느 누구도 중국과 비교하거나 가면극에서 발견되는 천자뒤풀이를 독립적인 연구대상으로 인식하지 않았다.

그러나 필자는 천자문사설의 유전 과정이 한중 두 나라의 전통연희, 특히 잡극과 원본(院本)으로 대표되는 중국의 소희(小戱)와 한국의 산대도감계통 가면극 사이에 긴밀한 관련성이 있음을 뒷받침하는 귀중한 증거가 될 수 있으며, 이를 통해 중세에 이미 한국에서 산대도감계통 가면극이 성립됐을 가능성이나 같은 시기 동아시아에 보편적 연극양식으로서 가면극이 존재했을 가능성 등과 관련된 문제에 대해서 새로운 논의가 촉발될 수 있으리라 생각한다.

중세 동아시아의 국제 정세로 볼 때 고려는 송나라뿐만 아니라 요, 금, 원나라와도 지속적으로 인적·물적 교류를 진행했다. 그런 과정에서 거란족, 여진족, 몽고족, 회회인 등과 같은 다양한 호족들이 지속적으로 고려로 귀화했으며 그 여진은 조선 초까지 이어졌다. 또 조선시대 가면극을 놀았던 놀이패 중 반인(泮人)의 계보를 따져 보면 고려시대 북방에서 유입된 양수척에까지 소급되고 있다. 이런 사실은 다음과 같은 가능성을 제기한다. 즉, 당송시대에 유행했던 한문본 천자문사설이 요금원시대를 거치면서 한반도로 유입된 호족계통 예인들에 의해서 천자뒤풀이라는 새로운 버전으로 조선에서 유전되었으며, 현재 확인되는 산대도감계통 가면극 속의 취발이가 읊는 천자뒤풀이는 그런 결과의 일단일 수 있다는 가능성이다.

이런 가능성에도 불구하고, 모든 역사적 사실들을 무시한 채 한국의 천자문사설이 외부와 무관하게 순수하게 독자적으로 성립된 것이라고 한다면 그것은 옳은 학문적 태도라고 말하기 어렵다. 중국에서 12세기 무렵부터 연희에 본격 활용되기 시작한 천자문사설이 한국에서만

17, 18세기에 이르러서 비로소 자생적으로 출현했다고 한다면 어떤 연구자도 그런 견해에 선뜻 동의하기 어려울 것이다. 국내 자료만으로는 그 역사적 유래를 밝히는 것이 원천적으로 불가능한 상황이다.

이런 인식을 바탕으로 이 글에서는 면밀한 비교고찰을 통해 중국의 천자문사설과 한국의 천자뒤풀이 사이에서 호족계통 예인들이 매개자 역할을 했음을 논증하고, 그 결과가 연희사적으로 지니는 의의를 짚어보고자 한다.

2. 중국의 천자문사설

중국에서 예인들에 의해 만들어진 천자문사설이 정확하게 언제 시작됐는지는 불분명하다. 하지만 상식적으로 생각할 때 양(梁)나라 주흥사(周興嗣)의 〈천자문〉 이후라고 보는 것이 합리적일 것이다. 대략 7세기 무렵이 되면 〈천자문〉을 골계적 용도로 사용한 사례가 문헌기록에서 발견되기 시작한다. 《구당서(舊唐書)》에 수록된 염립본(閻立本)과 관련된 다음 일화가 그런 예 중의 하나이다.

> (염립본이) 우상이 되어 좌상 강각과 함께 군정(軍政)의 중대사를 처리하게 됐다. 강각은 장군직을 역임하면서 변새에서 공을 세웠지만 염립본은 그림밖에 잘하는 것이 없어서 재상의 그릇이 아니었다. 그래서 당시 사람들이 〈천자문〉으로 "좌상은 사막에서 위엄을 떨쳤고 우상은 그림으로 명예를 드날렸네"라는 우스갯말을 만들어 비꼬았다.[261]

염립본이 우상이 된 것은 당나라 총장(總章) 원년(668)의 일인데, 당시 사람들이 '선위사막(宣威沙漠)'과 '치예단청(馳譽丹靑)'이라는 〈천자문〉의 구절로 염립본의 무능을 풍자한 것이다. 송나라 장작(莊綽)이 남긴 《계륵편(鷄肋編)》에도 이와 유사한 사례가 전해진다.

> 금나라 사람들이 해마다 가을이 깊어지면 튼튼한 활과 살찐 말로 쳐들어와서 노략질하다가 초여름 무렵이 되어야 돌아갔다. 멀리로는 호남성과 절강성에까지 이르렀다. …… 이에 절강 사람들 또한 가을이 되면 산속에 숨었다가 이듬해 봄이 지나고서야 나왔다. 그래서 사람들이 〈천자문〉으로 이런 우스갯말을 지었다. "저들이 추울 때 와서 더울 때 돌아가니, 우리는 가을에 수확한 것을 가지고 겨울에 숨어 지낸다."262

이것은 〈천자문〉의 '한래서왕(寒來暑往)'과 '추수동장(秋收冬藏)'이라는 구절을 이용한 것이다. 그러나 위의 두 가지 사례는 〈천자문〉의 구절을 사용해 인물이나 세태를 풍자한 것은 맞지만 편폭이 너무 짧아서 하나의 독립적인 천자문사설로 간주하기는 어렵다. 이에 비해 《계안록(啓顔錄)》에 수록된 〈천자문어걸사(千字文語乞社)〉는 〈천자문〉 중의 46구 184자를 활용해 만든 한 편의 새로운 문장이라고 할 수 있다. 이해를 돕기 위해 원문의 일단을 인용하면 다음과 같은 식이다.

> 사관과 삼노 등께 삼가 아룁니다. 제가 사사로이 듣건대 "정치는 농업을 근본으로 한다"고 했으니, 마땅히 "농사일에 힘써야 합니다." 만약 오랫동안 "구름이 비를 내리지" 않는다면 어떻게 "익은 곡식과 새로 수확한 작물로 세금을 내고 공물을 바칠 수 있겠습니까?" …… 아무개는 "이마를 땅에 대고 두 번 절하며" "비석을 세우고 이름을 새기기를" 바라지만, 마치 "깊은 물가의 얇게 언 얼음을 밟는 것처럼" 그저 "두려워하고 황송해하고 있습니다."263

예문에서 보듯이 〈천자문〉의 구절들이 시종일관 적절하게 배합되어 한 편의 걸사어(乞社語)가 완성되고 있다. 이것이 후대 천자문사설의 선행 모델이 되었음은 청나라 조익(趙翼)이 이미 지적한 바 있다. 그는 명대의 전기《모란정》제17척에서 석도고(石道姑)가 〈천자문〉의 구절을 이용해 자신의 출신내력을 읊는 장면을 두고 〈천자문어걸사〉를 모방한 것이라고 했다.[264] 이런 인식은 현대 학자인 전남양(錢南揚)에 의해서도 수용되었으니, 그 또한 금원시대의 원본 이래로 희극 속에 등장하는 천자문사설의 단초를 〈천자문어걸사〉로 보고 있다.[265]

그런데《계안록》에는 〈천자문어걸사〉와 다른 방식 곧 헐후격(歇後格)의 수사방식으로 〈천자문〉 구절을 활용한 사례가 〈봉포일(封抱一)〉조와 〈환목비인(患目鼻人)〉조에 각각 전해지고 있다. 이 방식 또한 후대 소설 속에서 재현되고 있으므로 빠트릴 수 없는데, 아쉽게도 전남양 이래로 중국의 희극 연구자들은 희극에만 관심을 가진 탓인지 거론하지 않고 있다. 필자는 당초 〈천자문〉 구절의 골계적 활용으로 시작된 사설화의 기풍이 노래나 설창, 희극뿐만 아니라 소설이라는 양식에까지 뻗어갔다고 생각하기에 이에 대한 설명도 덧붙이다. 우선 〈봉포일〉의 사례를 보자.

> 당나라 봉포일이 역양현위를 하고 있을 때 어떤 손님이 그를 찾아왔다. 손님은 키가 작은 데다 눈병을 앓고 있었고 코막힘 증상까지 있었다. 이에 봉포일은 〈천자문〉의 구절을 가지고 그를 조롱했는데 그 시는 다음과 같았다.
>
> 얼굴이 '천지현'을 만들었는데, 코조차 '안문자'가 있구나. 이미 '좌달승'이 없건만, 걱정스럽게도 '망담피'조차 하구나![266]

시 속에 활용된 '천지현(天地玄)', '안문자(雁門紫)', '좌달승(左達承)', '망담피(罔談彼)'는 모두 〈천자문〉의 구절이지만 네 자 중의 마지막 글자인 황(黃), 새(塞), 명(明) 그리고 단(短)자가 각각 누락되어 있다. 이것은 고의로 누락시킨 글자에 의미를 담는 방식이므로 표면적으로 제시된 '천지현', '안문자', '좌달승', '망담피'를 각각 황, 색, 명, 단으로 치환해야 의미가 제대로 전달된다. 이런 방식으로 옮기면 위 시는 "얼굴이 누런 데다, 코조차 막혔구나. 이미 눈도 잘 안 보이건만, 걱정스럽게도 키조차 작구나!"와 같이 한 편의 조롱글로 바뀐다.

이처럼 의미를 담고 있는 마지막 글자를 빼고 앞의 글자들만 드러내는 수사방식은 당송시대를 거쳐 명청시대까지 전승된다. 청대 소설 《서양기(西洋記)》에서 헐후격 수사방식이 발견되는데, 이것이 당송시대의 전통을 계승한 것임은 전종서가 이미 지적한 바 있다.[267]

현재까지 확보된 자료에 의하면, 예인들이 연행을 목적으로 고쳐 쓴 천자문사설이 수당시대에 본격화되었는지는 아직 불분명하다. 그러나 늦어도 송금시대부터는 각양각색의 천자문사설이 산생되었음이 확인되고 있다. 그 범위 또한 희극, 설창, 소설 등의 양식에 폭넓게 걸쳐 있으므로 차례로 살펴본다.

1) 희극 속의 천자문사설

희극 속의 천자문사설은 금원시대의 원본부터 시작해 이후 유행한 잡극과 전기, 심지어 나희에서까지 발견되고 있다. 도종의(陶宗儀)는 《철경록(輟耕錄)》에다 금원시대에 공연됐던 원본의 명목 713종을 수록해 놓았는데 그중 7종이 '천자문'으로 제목을 표방하고 있다. '전휵염단(拴搐艷段)' 아래에 〈천자문〉 1종 그리고 '제잡원찬(諸雜院爨)' 아래에 〈배고천자문(背鼓千字文)〉, 〈변룡천자문(變龍千字文)〉, 〈솔합천자문(摔盒千字文)〉, 〈착타천자문(錯打千字文)〉, 〈목려천자문(木驢千字文)〉, 〈매두천자문(埋頭千

字文)〉 등 6종이 예거되어 있다. 비록 구체적인 면모는 알 수 없지만 이들 명목을 통해서 금원시대 원본에서 천자문사설이 운용됐던 사실은 분명하게 확인할 수 있다.

선행연구에 의하면 잡극, 전기 및 나희 중에서 천자문사설을 포함한 작품은 현재까지 대략 10종 정도 파악되며, 그 가운데 일정 분량 이상의 편폭을 갖춘 독립적인 사설로 간주할 수 있는 사례는 다음의 6종에서 찾아볼 수 있다.

① 명나라 탕현조(湯顯祖)의 《모란정(牡丹亭)》 제17척: 석도고(石道姑) 역을 맡은 정(淨)이 〈천자문〉 116구를 활용한 사설을 단독으로 읊는다.

② 명나라 이일화(李日華)의 《남조서상기(南調西廂記)》 제14절: 홍낭(紅娘)이 요리사 역을 맡은 축(丑)과 대화하면서 〈천자문〉의 38구를 활용한 사설을 읊는다.

③ 명나라 소복지(蘇復之)의 《금인기(金印記)》 제25척: 〈천자문〉의 34구를 활용한 사설을 주서관선생(周書館先生) 역을 맡은 정(淨)과 정서관선생(鄭書館先生) 역을 맡은 축(丑)이 나누어 읊는다.

④ 명나라 양정(楊珽)의 《용고기(龍膏記)》 제21척: 부마 곽원(郭暖) 역을 맡은 정(淨)이 재학을 과시하는 장면에서 〈천자문〉 32구를 활용한 사설을 읊는다.[268]

⑤ 청나라 이어(李漁)의 《신중루(蜃中樓)》 제21절: 병사인 하(蝦)가 용왕역을 맡은 부정(副淨)과 대화할 때 〈천자문〉 25구를 활용한 사설을 읊는다.[269]

⑥ 청나라 광서(光緒) 연간의 초본(抄本) 《화번기(和番記)》 제3출: 채옥랑(蔡玉郎) 역을 맡은 정(淨)과 박사 추심(鄒心) 역을 맡은 축(丑)이 〈천자문〉 37구를 활용해 만든 사설을 나누어 읊는다.[270]

이 밖에 원나라 시혜(施惠)의 《유규기(幽閨記)》 제9척,[271] 원명교체기 무명씨의 《도연명동리상국(陶淵明東籬賞菊)》 제1절, 명나라 서원(徐元)의 《팔의기(八義記)》 제3척,[272] 명나라 탕현조(湯顯祖)의 《한단기(邯鄲記)》 제23척[273] 등에서도 발견되고 있으나 한두 구절만 짧게 언급되고 말아서 구체적인 면모를 확인하기 어렵다. 그렇지만 이들 사례는 기존에 알려진 것보다 더 광범위하게 천자문사설이 활용됐을 가능성을 시사하고 있다는 점에서 의의를 지닌다.

천자문사설의 구체적인 면모를 알기 위해서는 상기한 사례들을 모두 예시하는 것이 가장 효과적이겠으나, 지면 관계상 여기서는 대표성을 지니는 《모란정》의 천자문사설 일단을 소개하는 것으로 갈음한다.

> (정이 나이 든 도고로 분장하고 등장한다.) …… 빈도는 자양궁의 석도고랍니다. 속가에서는 원래 석씨가 아니었습니다만 천생이 석녀로 태어나 남자에게 버림을 받았기에 석고라고 호를 지었답니다. 생각건대 환속하자면 〈백가성〉에 우리 가문이 적혀 있고, 출신을 논하자면 〈천자문〉에 나에 대한 구절이 있습니다. 하늘이시여, 제가 "옛 선현들의 글에서 진리를 찾아 구하고 마땅한 도리를 찾아 토론"한 것이 아니지만 마침 "사어처럼 정직한 성품을 견지하였습니다." 그런데 저는 어찌하여 "날아가는 새들도 보고 놀랄 만큼 높이 솟은 누대"에 살면서, "부지런하고 겸손하고 언행을 삼가고 조심하는" 수행을 해야 합니까? 수양으로 보자면 마치 "복이 평소 선행을 쌓은 데서 연유하는 것"과 같고, 인과를 논하자면 "화가 평소에 악을 쌓은 데서 연유하는 것"과 같습니다. 무슨 "영광스러운 사업의 기초가 되겠습니까?" ……[274]

2) 설창 속의 천자문사설

천자문사설이 실린 설창 작품으로는 전남양이 〈천자문원본지전후(千字

文院本之前後)〉라는 글에서《양산백축영대부부공서환혼단원기(梁山伯祝英臺夫婦攻書還魂團圓記)》와《왜포천자문(倭袍千字文)》을 찾아서 제시하고 있다. 글에다 전문을 인용하고 있어서 전체적인 면모를 파악할 수 있다.[275] 필자가 추가로 조사한 바에 따르면 고사(鼓詞)《양산백축영대부부공서환혼단원기》의 판본은 중화민국(1912-1949) 시기의 석인본(石印本)이 남아 있으며, 산가(山歌)《왜포천자문》은 민국시기에 찍어낸《신각왜포산가(新刻倭袍山歌)》가 상해도서관에 그리고 석인본(石印本)의《왜포천자문》이 대만의 중앙연구원부사년도서관에 각각 소장되어 있다.

3) 소설 속의 천자문사설

천자문사설이 실린 명청시대 소설로는 다음과 같은 3종이 알려지고 있다.

① 명나라 나무등(羅懋登)의《서양기(西洋記)》 제7-8회: 랄철국왕(剌撤國王)이 위구대왕신(尉仇大王神)에게 기도하자 신이 소동(小童)의 몸에 붙어 말하는데 〈천자문〉의 25구절을 가져와 축각어(縮脚語) 형식으로 활용하고 있다. 전종서는 이것을 〈봉포일〉, 〈환목비인〉, 〈결수관전복죄상(決水灌田伏罪狀)〉 등에 나타난 전통을 계승한 것으로 이해하고 있다.[276]

② 청나라 진삼(陳森)의《품화보감(品花寶鑒)》 제8회: 손사휘(孫嗣徽)가 이원무(李元茂)를 향해 〈천자문〉의 20구절을 가져다 활용한 사설을 읊자, 그 말을 들은 위빙재(魏聘才)와 이원무(李元茂)가 포복절도한다.[277]

③ 청나라 소설《탐환보(貪歡報)》(《환희원가(歡喜寃家)》라고도 한다.) 제9회: 장이관(張二官)이 왕지신(王之臣)의 아내를 탐하여 그녀에게 사설을 써서 건네는데, 활용한 〈천자문〉의 구절이 134구에 달하고 있다. 결과적으로 이 작전이 성공하여 장이관은 왕지신의 아내와 정분을 나누게 된다.[278]

3. 한국의 천자문사설

한국의 천자문사설은 가면극과 소설, 가요 등에서 발견된다.

먼저 가면극부터 보자. 양주별산대놀이, 송파산대놀이, 봉산탈춤 그리고 강령탈춤 등의 취발이놀이에서 취발이가 천자문사설을 읊는 것으로 나온다. 이두현의 《한국가면극선》을 기준으로 구체적인 출처를 제시하면 다음과 같다.[279]

양주별산대놀이 제6과장 노장 제34경 취발이놀이

송파산대놀이 취발이놀이

봉산탈춤 제4과장 노장춤 제3경 취발이춤

강령탈춤 제8과장 노승춤 제2경 취발이춤

상기한 가면극에 등장하는 천자문사설은 대동소이하므로 봉산탈춤 제4과장 노장춤 제3경 취발이춤의 사설만 예로 제시한다.

자시(子時)에 생천(生天)허니 유유피창(悠悠彼蒼) 하늘 천(天)

축시(丑時)에 생지(生地)하다 만물창성(萬物昌盛) 따 – 지(地)

유유비묵(幽玄秘墨) 흑정색(黑正色) 북방현무(北方玄武) 가물 현(玄)

궁강각치우(宮商角徵羽) 동서남북(東西南北) 중앙토색(中央土色) 누를 황(黃)

천지사방(天地四方) 몇 만 리(萬里)냐 거루광활(巨樓廣闊) 집 우(宇)

역대국조(歷代國朝) 흥망성쇠(興亡盛衰) 왕고래금(往古來今)에 집 주(宙)

우치홍수(禹治洪水) 기자추연(箕子推衍) 홍범구주(洪範九疇) 넓을 홍(洪)

전원장무(田園將蕪) 호불귀(胡不歸) 삼경취황(三徑就荒) 거칠 황(荒)

요순성덕(堯舜聖德) 장(壯)하시다 취지여일(就之如日) 날 일(日)

억조창생(億兆蒼生) 격양가(擊壤歌) 강구연월(康衢煙月) 달 월(月)

오거시서(五車詩書) 백가어(百家語) 적안영상(積案盈箱) 찰 영(盈)

밤이 어느 때냐 월만즉측(月滿則昃) 기울 측(昃)

이십팔수(二十八宿) 하도낙서(河圖洛書) 중성공지(衆星拱之) 별 진(辰)

투계소년(鬪鷄少年) 아해들아 창가금침(娼家衾枕) 잘 숙(宿)

절대가인(絶代佳人) 좋은 풍류(風流) 만반진수(滿盤珍羞) 벌 열(列)

야반삼경(夜半三更) 심창리(深窓裡)에 갖은 정담(情談) 베풀 장(張)[280]

이두현은 가면극의 천자문사설을 "대체로 〈춘향가〉(김세종제)의 천자뒤풀이를 따른 것이다."라고 설명하고 있다.[281]

둘째, 소설 속의 천자문사설은 판소리계소설《춘향전》중 10여 종 이상의 판본에서 뒤풀이 형식으로 발견되며, 이들 천자뒤풀이의 유형은 대략 다음과 같은 세 가지로 나뉜다.

A형: 이명선본, 남원고사, 완판30장본, 신학균본, 신재효본 동창, 박기홍조 등에 수용됨.

B형: 장자백창본, 완판33장본, 완판84장본 등에 수용됨.

C형: 이선유창본, 김연수창본, 김여란창본, 조상현창본 등에 수용됨[282]

상기한 천자뒤풀이는 각기 세부적인 내용에서 서로 차이가 나기도 하지만 공통점 또한 지니고 있다. 즉 〈천자문〉의 개별 글자에 대해 순서에 따라 한자어로 수식하면서 풀이한다는 점에서 그렇고 또 법중 려(呂)자를 전후하여 육담 혹은 춘향과 관련된 내용으로 바뀐다는 점에서 서로 일치한다. 그러나 좀 더 넓은 시각에서 보면 차이보다는 동질성에 오히려 무게를 둘 수 있다. 구체적인 사례로는 C형에 속하는 김여란창본의 천자뒤풀이만을 인용한다.

자시(子時)에 생천(生天)허니 유유피창(悠悠彼蒼) 하늘 천(天)

……

절대가인(絶代佳人) 좋은 풍류(風流) 만반진수(滿盤珍羞) 벌 열(列)

야반삼경(夜半三更) 심창리(深窓裡)에 갖은 정담(情談) 베풀 장(張)

부귀공명(富貴功名) 꿈밖이라 포의한사(布衣寒士) 찰 한(寒)

인생이 유수(流水) 같아 세월(歲月)이 절로 올 래(來)

남방천리(南方千里) 불모지지(不毛之地) 춘거하래(春去夏來) 더울 서(暑)

공맹안증(孔孟顔曾) 착한 도덕(道德) 수천만년 갈 왕(往)

금풍(金風)이 소슬(蕭瑟)하여 낙엽오동(落葉梧桐) 가을 추(秋)

백발(白髮)이 장차 오거드면 소년풍도(少年風度)는 걷을 수(收)

낙목한천(落木寒天) 찬 바람에 백설강산(白雪江山) 겨울 동(冬)

오매불망(寤寐不忘) 우리 사랑 규중심처(閨中深處) 감출 장(藏)

부용작약(芙蓉芍藥) 세우중(細雨中)에 허정석기(虛庭石氣) 부를 윤(閏)

이러한 고운 태도 일생 보아도 남을 여(餘)

백년동락(百年同樂) 깊은 맹서(盟誓) 여산약해(如山若海) 이룰 성(成)

우리가 이리저리 노니다 부지세월(不知歲月) 해 세(歲)

조강지처(糟糠之妻) 박대 말아라 대전통편(大典通編)에 법중(法重) 율(律)

분벽사창(粉壁紗窓) 고운 방에 춘향과 둘이서 마주앉아 입을 대고 정담(情談)하면 법중 려(呂)자 되겠구나.[283]

이 밖에 필자가 확인한 바로는 방자가 읊는 천자문사설 또한 여러 판본에서 발견되지만 기왕의 연구에서 간과되었기에 설명을 덧붙인다. 방자의 사설이 주목받지 못한 까닭은 대부분의 판본에서 간단하게 처리된 탓으로 이해된다. 예를 들면 김동욱 소장 낙장51장본, 사재동 소장 87장본, 박순호 소장 151장본 등에서 방자의 사설은 4, 5자 이내로 제한되고 있다.[284] 그렇지만 모두가 그런 것은 아니고 박기홍창본 춘향가에서처럼 한 편의 독립적인 사설로 간주할 수 있을 정도의 편폭을 지닌 사례도 발견된다. 본 사설은 하늘 천부터 해 세까지 도합 28자를 뒤풀이하고 있다.[285] 이해를 돕기 위해 방자가 읊는 천자문사설을 간단하게 예시하면 다음과 같은 식이다.

옥항님 계신 하늘 천
인간 차지 따 지
휘휘친친 감을 현
꾹 눌렀다 누루 황
초가삼간 집 우[286]

방자의 사설과 이도령의 사설 사이에 나타나는 가장 큰 차이는 풀이에 사용된 어휘에 있다. 위의 예문에서 보다시피 이도령의 사설은 한문 어휘를 주로 구사하고 있는 반면, 방자의 사설은 한문 어휘를 가급적 배제하면서 한문을 모르는 사람들이 들어도 이해할 수 있는 쉬운 어휘를 골라 사용하고 있다. 이도령의 사설이 양반용 버전이라면 방자의 사설은 서민용 버전인 셈이다.

셋째, 가요의 형태로는 《천하명작 천자뒤푸리노래》가 알려져 있다. 이 창본의 특징은 〈천자문〉의 250구 1,000자를 모두 활용해서 가사를 완성시켰다는 점에 있는데, 이렇듯 〈천자문〉 전체를 활용해 한 편의 사설을 완성한 작품은 중국에서도 아직 발견되지 않고 있다. 이 창본은 일제강점기 시절인 1943년 서울의 덕흥서림(德興書林)에서 출간되었으며 저자는 김준환으로 표기되어 있다. 이것이 맞다면 《천하명작 천자뒤푸리노래》는 기왕의 사설들과 달리 창작자를 알 수 있는 유일한 사례라 할 수 있다.

4. 한중 천자문사설의 비교

앞에서 살핀 바에 따르면 한중 두 나라의 천자문사설은 외형적으로 뚜렷하게 구별되면서도 동시에 동질적인 특정을 적지 않게 공유하고 있다.

먼저 중국의 천자문사설과 한국의 천자뒤풀이는 유행 시기에서 큰 격차를 보인다. 전자는 늦어도 당나라 때부터 이미 그 기풍이 유행했으며 요송금시대부터는 예인들이 연희나 작품 속에 본격적으로 활용하기 시작한다. 이에 비해 후자는 자료가 부족하여 18세기 이전의 상황을 알기가 매우 어렵다. 현재 확인할 수 있는 자료만 갖고 따지면 대략 1천년 정도의 시차가 존재한다. 또 사설을 구성하는 방식에서도 중국의 천자문사설과 한국의 천자뒤풀이는 서로 큰 차이를 드러내고 있다. 전자는 크게 두 가지 수사방식에서 벗어나지 않고 있다. 4자 1구의 〈천자문〉 구절을 모두 활용하되 말하고자 하는 의도에 맞춰 순서를 뒤섞어 활용하는 방식이거나, 헐후격(歇後格)의 축각어 방식이다. 현재 남아 있는 자료로 보면 축각어 방식이 상대적으로 드물긴 하지만 두 가지 방식 모두 청대까지 전승되고 있다. 한국의 천자뒤풀이는 중국과 달리 개별 구를 활용 단위로 삼지 않고 대신 개별 구를 구성하는 낱글자 하나하나를 활용 단위로 삼아서 사설을 완성시키고 있다. 그래서인지 현재 전해지는 사설들의 풀이는 모두 〈천자문〉 원래의 배열 순서에 따라 전개되고 있다. 이런 차이점들은 결국 매개자를 배제하고 양자의 직접적인 관계를 가정하기 어렵게 만든다.

한편, 양자 간에는 동질적인 성격 또한 적지 않게 파악된다. 양자 모두 가요나 설창, 희극, 소설 등 다양한 양식에서 활용되고 있다는 점도 그렇지만 무엇보다 양자 모두 '골계적', '육담적' 성격이 부각된다는 점에서도 동질적이다.

신세내력을 읊거나 재학을 자랑하거나 요리와 결부시킨 사설들은 표면적으로 서로 관련이 없는 듯하지만 그 바탕에는 모두 '골계적' 성격이 공통분모로 자리잡고 있다. 이런 관점에서 보면 《용고기》의 부마 곽난이나 《금인기》의 주선생과 정선생이 천자문사설을 읊는 장면은 기본적으로 《춘향전》에서 이도령이 천자뒤풀이를 읊는 장면과 상통하고 있다. 재학의 과시를 내세우면서 골계적 효과를 기대하고 있다는 점에서 본질적으로 다를 바 없다.

'육담적' 성격은 중국의 경우 《환희원가》의 사설에서 뚜렷하게 부각되고 있고 한국의 경우에는 《춘향전》에 삽입된 A형과 B형에서 상대적으로 부각되고 있다.

각색의 관점에서도 중국의 천자문사설과 한국의 천자뒤풀이는 유사한 특성을 지닌다. 중국 희극 속에서 사용된 천자문사설의 경우 대부분 그것을 담당한 각색이 정(淨)과 축(丑)으로 수렴되고 있는데, 이것은 송대의 잡극이나 금원시대의 원본에서 공연을 주도했던 각색이 정 또는 축으로 불리던 골계 각색이었음을 고려할 때 천자문사설을 전승한 주체가 누구였는지가 은연중에 반영된 것이라 할 수 있다. 공교롭게도 《춘향전》에 삽입된 방자와 이도령이라는 인물에서도 그런 골계적 각색의 성격을 읽어낼 수 있다. 《용고기》의 부마 곽난과 시종이 짝을 이루어 대사를 주고 받는 장면은 《춘향전》에서 이도령과 방자가 짝을 이루어 대사를 주고 받는 분위기와 흡사하다. 특히 소설 속 방자의 역할이나 성격은 가면극 속의 취발이, 나아가 중국 희극의 축과 상통하고 있다.

천자뒤풀이를 포함하고 있는 《춘향전》의 판본이 모두 판소리계소설임을 상기하면 이는 더욱 의미심장하다. 중국의 동북지방을 근거지로 삼았던 이인전(二人轉) 예인들이 낮에는 희극을 공연하고 밤에는 설창을 연창하는 식으로 양식을 넘나들었는데, 이것은 판소리계 소설에서 천자뒤풀이를 연창하는 한편으로 가면극의 주인공 취발이가 이도령과 동일한 유형의 천자뒤풀이를 읊고 있는 현상과 묘하게도 겹치기 때문이다.

5. 소결

한중 두 나라의 천자문사설 사이에 왜 이렇게 본질적인 동질성이 보이냐고 묻는다면 한마디로 연희의 매개자가 호족계통 예인이기 때문이라고 답할 수 있다. 이하에서 좀 더 구체적인 근거들을 통해서 한중 두 나라의 천자문사설이 외형적 상이함에도 불구하고 실제로는 호족계통 예인을 매개로 출현한 동일 내원의 버전일 수밖에 없는 이유를 따져 보기로 한다.

첫째, 호족계통 예인들은 한국어와 중국어 모두에 익숙했다. 조선의 양성지는 예종 1년(1469) 6월 29일 왕에게 올린 글에서 호족을 뿌리로 하는 백정들이 당시 한국말과 중국말 모두에 능통했음을 이렇게 지적하고 있다.

> 신이 그윽이 생각하건대, …… 양수척(楊水尺)이라는 것은 전조(前朝)의 초기에 있었는데, …… 재인과 백정은 충렬왕 때에 있었는데 …… 그 현가(絃歌)의 풍습과 재살(宰殺)의 일은 지금까지도 고치지 않았으며, 심지어 나라 사람들 가운데 도망하여 요동(遼東)의 심양(瀋陽)으로 들어가서 동녕위(東寧衛)에 속한 자들은 관(官)에서는 중국말을 하고 집에서는 우리나라 말을 하는데, 그 풍속이 바뀌지 않은 것이 이와 같습니다.

관(官)에서는 중국말을 하고 집에서는 한국말을 한다고 기록될 정도로 호족계통 예인들이 중국말과 한국말 모두에 능통했다는 사실에 주목해야 하는 이유는 이런 언어구사 능력이야말로 중국어로 된 천자문사설과 한국어로 된 천자뒤풀이 모두를 가능케 하는 필요조건이기 때문이다.

둘째, 거란족 예인들의 언어적 특성은 천자뒤풀이의 출현을 가능케 하는 기본 요건을 갖추고 있었다. 송나라 사람 홍매(洪邁)가 지은《이견

병지(夷堅丙志)》의 다음 기록을 보자.

> 거란족 아이들은 처음 글을 배우기 시작할 때 먼저 자신들의 말로 원문의 어구를 뒤바꿔 놓고 익혔으며 그래서 원문의 한 자가 두 자나 세 자로 늘어나게 되었다. 예전에 내가 어명을 받들어 금나라에 사신으로 갔을 때 비서소감 왕보라는 사람이 나를 배동하는 부사로 있었는데, 늘 내게 이런 우스개를 들려주었다. 예를 들면 '조숙지변수, 승고월하문'이라는 두 구절을 거란 사람들은 "달이 밝은데 중이 문을 두드리고, 물 밑의 나무 위에 까마귀 앉아 있네"라고 읽는다는 것이다. 대개가 이러했다. 왕보는 금주사람이며 또한 거란인이다.[287]

여기서 특히 주목되는 해설은 "자신들의 말로 원문의 어구를 뒤바꿔 놓고 익혔으며 그래서 원문의 한 자가 두 자나 세 자로 늘어나게 되었다"는 대목이다. 예컨대 '천지현황'이란 구절을 '하늘 천, 따 지, 검을 현, 누르 황'으로 읽는 우리의 관습에 갖다 대어보면 원문의 어구를 뒤바꿔 놓고 익혔다는 점과 원문의 한 자가 두 자나 세 자로 늘어나게 된다는 설명에 거의 부합하고 있다. 특히 원문의 어구를 뒤바꿔 놓고 익혔다는 해설은 '동사+목적어'의 순서로 표현된 '고문(敲門)'을 '목적어+동사'의 순서인 '문을 두드리다(門子打)'로 옮긴 데서 읽어낼 수 있듯이 어순을 뒤바꾸는 것까지 포함하고 있다. 그런데 '목적어+동사'의 순서로 표현했다는 것은 곧 한국어 어순에 부합하는 천자뒤풀이의 출현을 가능하게 하는 기본 요건이므로 이 또한 중요하다 하지 않을 수 없다.

셋째, 현재 한국의 산대도감계통 가면극에서 천자문사설을 읊는 극중 인물이 왜 하필 취발이인가 하는 점도 중요한 단서가 된다. 기왕의 연구에 의하면 산대도감계통극 가면극의 여러 인물 중에서도 유독 취발이에 대해서는 그 유래를 외래적인 것으로 보는 견해가 많기 때문이다.

예컨대 이두현은 은율탈춤에서 취발이가 최괄이로 불리는 것에 대해 사설시조 〈관등가(觀燈歌)〉에 보이는 '사자 탄 체괄(體适)이요'의 체괄이 최괄(崔适)로 바뀐 것이 아닌가 생각된다 했고, 또 최괄이 오랑캐의 이름이라는 점을 단서로 여말선초 두만강 연변이나 그 북쪽지방에 살던 여진족, 나아가 북부 만주에서 시베리아 남쪽에 걸친 삼림 속에 살던 수렵민과 연관되어 있을 가능성을 제시했다.[288] 전경욱은 중국의 취호(醉胡)와 같은 뿌리에서 나왔을 가능성이 높은 것으로 보았다.[289] 그리고 소설 《춘향전》에서 천자문사설은 대부분 이도령의 입을 통하지만 실제 청중의 입장에서 본다면 사설의 실질적인 주인공은 판소리를 하던 광대였다. 오랫동안 《춘향전》을 연구했던 김동욱의 설명에 따르면 조선 광대의 내원은 두 가지로 하나는 남방의 화랑(花郞)이고 다른 하나는 북방의 재인이다.[290] 그런데 앞에서 살폈다시피 재인의 내원은 호족계통 특히 거란계 예인으로 소급되고 있다. 그래서 필자는 취발이가 천자뒤풀이를 읊는 것이 결코 우연의 일치일 수 없으며, 오히려 호족계통 예인을 매개자로 적극 가정해야 앞에서 소개한 여러 가지 견해들도 일목요연하게 조리를 갖추게 된다고 생각한다.

넷째, 천자문사설이 판소리와 가면극, 다시 말해 설창과 희극 양식 사이에서 공유되고 있느냐 하는 점 또한 귀중한 단서가 된다. 왜냐하면 이와 유사한 현상이 중국 동북지방의 이인전에서 발견되기 때문이다.

> 초창기 이인전의 공연은 소앙가(小秧歌)라는 명칭으로 대변되듯이 앙가(秧歌)의 공연과 긴밀히 연계되어 있었다. 규모가 큰 앙가가 낮 시간에 공연되고 나면, 소규모의 이인전은 주로 밤 시간을 틈타 연출되곤 했다.[291]

인용문에서 보듯이 동북지방의 이인전 예인들은 양식을 넘나들며 낮에는 희극, 밤에는 설창을 담당했다. 문제는 왜 하필 동북지방에 이런 전통이 계승되고 있느냐 하는 점인데 주지하다시피 동북지방은 바로 호족계통 예인들의 주된 활동무대였다. 그러므로 천자문사설이 왜 판소리와 가면극 사이에 공유되고 있는가에 대한 의문 또한 호족계통 예인들을 매개자로 가정했을 때 비로소 설득력을 얻게 된다.

요컨대 조선의 천자문사설은 중국의 그것과 별개로 독자적으로 생겨나 유전되었다기보다는 오히려 거란계를 위시한 여러 호족계통 예인들의 매개로 인하여 나타난 교섭의 결과물로 보아야 합리적일 것이다.[292]

제8장

한중 두 나라의 수壽노인

1. 서언

동아시아에서 인간의 수명을 관장하는 신으로 널리 알려져 있는 수(壽)노인은 그 명칭이 하나가 아니다. 예로부터 노인성(老人星), 남극노인성(南極老人星), 남극성(南極星), 수성(壽星), 수노인(壽老人) 등 여러 가지 명칭이 혼용되어 왔다. 이 밖에 원대(元代) 잡극《남극등선(南極登仙)》에 보이는 남극선옹(南極仙翁)이나 명대(明代) 소설《서유기(西遊記)》에 보이는 남극수성(南極壽星)도 수성을 지칭하는 말이다.

한중 두 나라에 유포되어 있는 수노인의 형상은 한편으로 매우 긴밀한 공유점을 지니고 있으면서도 다른 한편으로 각자의 특징적 모습 또한 뚜렷하다. 그러면 왜 이런 현상이 나타나고 있는가? 필자는 이 문제에 대해서도 그 배경에 호류가 있기 때문이라고 본다. 이하 구체적인 논증을 통해서 필자의 견해를 입증해 보고자 한다.

2. 중국의 수노인

중국에서 노인성 혹은 남극노인성이라는 명칭은 애초 별자리 이름으로 출현하고 있으며, 《사기》에 의하면 한대(漢代)에 이미 사용되고 있다.

> 낭성 아래쪽 지면과 접한 곳에 있는 큰 별을 남극노인이라 한다. 노인성이 보이면 나라가 평안하고 보이지 않으면 전쟁이 일어난다.[293]

그러나 이 시기의 남극노인성은 인용문에서 보듯이 나라의 평안과는 관련되지만 수명을 주관한다는 의미는 아직 갖고 있지 못하다. 그런데 당나라 장수절(張守節)의 《사기정의(史記正義)》에서는 '군주의 수명을 연장시키는 역할'을 한다고 풀이하고 있다.

> 노인성은 호의 남쪽에 있으며 일명 남극이라고 한다. 군주의 수명을 연장시키는 역할을 한다.[294]

한나라 시대부터 당나라 시대 사이에 노인성의 의미가 수명 연장으로 확대되었음을 알 수 있는 대목이다. 사실 노인성과 장수를 연관시킬 수 있는 단서는 범엽(范曄)의 《후한서(後漢書)》에서 찾아볼 수 있다. 거기에 전국에서 나이 칠십에 이른 자들에게 옥장(玉杖)을 하사하고 미죽(糜粥)을 먹였으며 팔구십대의 노인들에게도 예법에 따라 하사품을 내렸다는 기록과 함께 "그 달에 수도 남교의 노인묘(老人廟)에서 노인성에게 제사 지냈다."[295]라는 구절이 적혀 있다. 하사품으로 내린 옥장은 끝이 비둘기로 장식된 구장(鳩杖)이었는데, 비둘기는 목이 막히지 않는 새이기에 노인들도 비둘기처럼 음식을 잘 삼키라는 의미를 지닌다는 설명도 덧붙어 있다.[296] 이런 기록들을 통해 후한시대부터 위진남북조시대를 거쳐 수당시대에 이르는 동안 노인성이 장수 또는 인간의 수명을 연장시키는 역할을 맡게 되었음을 알 수 있다.

역사적으로 볼 때 수성이라는 명칭의 용례는 천문학에서부터 보인다. 《이아(爾雅)》의 〈석천편(釋天篇)〉에 "수성은 각수(角宿)와 항수(亢宿)다."[297]라는 구절이 나오는데 이것이 현재까지 알려진 최초의 기록이다. 여기서 수성은 28수 중 우두머리인 각수와 항수라는 별자리를 지칭하는 말이며, 현재의 성좌로 보면 처녀자리에 해당한다. 수성은 처음에는 단순히 별자리 명칭으로만 사용되었지만 후대로 가면서 점차 제사의 대상이 되고 복과 장수를 비는 대상이 된다. 그 뚜렷한 변화가 보이는 시기가 당대(唐代)이다. 예를 들면, 두우(杜佑)의 《통전(通典)》에는 8세기 무렵에 노인성과 수성을 함께 제사 지냈다는 기록이 전해지고 있고[298] 비슷한 시기를 살았던 사마정(司馬貞)의 《사기색은(史記索隱)》에도 "수성은 대개 남극노인성을 이른다. 보이면 천하가 평안하므로 거기다 제사를 지내 복과 장수를 빌었다."[299]라는 기록이 적혀 있다. 이런 기록들은 당시 사람들이 남극노인성과 수성을 하나로 인식하기 시작했고 또 수성이란 별자리에다 복과 수명을 기원했던 풍습이 늦어도 8세기 무렵에 이미 성립되어 있었음을 알려주고 있다.

이 밖에 남두성(南斗星)[300]이 인간의 수명을 관장한다는 인식을 보여주는 이야기가 간보(干寶)의 《수신기(搜神記)》에 전해진다. 삼국시대 위나라의 안초(顔超)라는 청년이 자신이 요절하게 된다는 관로의 예언을 듣고 장기를 두고 있는 두 노인을 찾아가 술과 포를 올리자 남쪽에 앉은 노인이 북쪽에 앉은 노인이 가지고 있던 문서를 빌려 거기 씌어 있던 십구라는 숫자를 구십으로 바꿔 주었고, 이에 십구 세에 요절할 운명이었던 안초가 구십 세까지 장수했다는 것이 이야기의 요지이다. 이야기에 의하면 남쪽에 앉은 노인과 북쪽에 앉은 노인이 각각 남두성과 북두성이 의인화된 형상이다.[301] 또 《수서(隋書)》에 의하면 남두성은 육성으로 구성되는데 작위, 녹봉, 군대를 주관한다.

> 북방의 남두육성은 하늘의 묘당이다. 승상 태재의 자리로 현명한 사람을 포상하고 인재를 천거하며 작위와 녹봉 주는 일을 주관하고 또 군대도 주관한다.[302]

이런 인식이 도교의 경전으로 가면 남극장생대제(南極長生大帝) 아래의 남두육사성군(南斗六司星君)으로 변모한다. 그중 제1성은 사람의 운명, 제3성은 수명을 연장시켜 주는 일, 제4성은 수명을 늘려 주는 일을 각각 담당한다.[303]

이제까지 살핀 바를 정리하면, 노인성과 수성 그리고 남두성은 각기 다른 별자리임에도 불구하고 한위진남북조(漢魏晉南北朝)시대를 거치면서 차츰 하나로 합쳐졌고, 또 그런 과정을 거치는 동안 다른 한편으로 국가의 평안이나 군주의 수명뿐만 아니라 민간인의 수명 그리고 복과 녹 등까지 관장하는 등 역할이 확대된다.

그런데 현재 일반적으로 알려져 있는 수노인은 글자 그대로 노인의 모습에다 장두(長頭)와 단신(短身)이라는 특징까지 겸비하고 있다. 이 때문에 애초 별자리로 숭배되던 것이 어떻게 이런 모습으로 형상화되었는가가 중국과 한국의 수노인을 이해하는 데 관건이 된다.

별자리의 의인화·형상화와 관련해서 첫 번째로 주목되는 기록은 앞에서 언급한《수신기(搜神記)》에 나오는 안초의 이야기로 거기서 남두성은 분명 노인의 형상으로 등장한다. 이것은 늦어도 간보가 살았던 진(晉)나라 때 이미 의인화가 진행됐음을 알려주고 있다. 다만 이야기의 기술로 볼 때 노인이라는 점 외에 다른 특징은 아직 갖추지 못한 것으로 판단된다.

그러면 장두(長頭)라는 특징은 언제 갖춰졌는가? 필자가 파악한 바로 장두의 유래에 대해서는 두 가지 설을 찾아볼 수 있다. 하나는 수노인의 긴 두상이 비건국왕(毗騫國王)의 모습에서 유래됐다는 설로 청나라 적호(翟灝: 1712-1788)가 편한 《통속편(通俗編)》에 다음과 같은 기록이 전해진다.

> 세속에서 그린 수성의 상은 머리가 매우 길다. 《남사(南史)·이맥전(夷貊傳)》에 의하면 비건왕(毗騫王)은 키가 1장 2척, 머리 길이가 3척이었으며 자고로 불사하였기에 호를 장경왕(長頸王)이라 했다. 화가의 의도가 혹시 여기에 있는 것인가? 그렇다면 비건왕을 그린 것일 뿐 수성은 아닌 것이다.[304]

문맥으로 보아 위 인용문의 주안점은 세속의 그림 중에서 지나치게 길게 그린 장두가 수노인을 대표하는 것이 아니라 오히려 3척에 달하는 비건왕의 장두를 표현한 것에 불과하다는 것이다. 다시 말해 지나치게 긴 장두가 도리어 수노인의 의미를 제대로 드러내지 못한다는 점을 부각하기 위해 비건왕의 고사를 인용한 것이다. 표면적으로만 보면 비건왕의 이야기와 수노인이 지닌 장두는 큰 관련성이 없어 보인다. 그러나 그 이면을 들여다보면 이미 많은 지식인들이 장두 하면 떠올리는 인물이 비건왕이었다는 사실 또한 파악할 수 있다. 달리 말해서 많은 이들이 장두의 유래를 비건왕에서 찾았던 상황이 은연중에 드러나 있는 것이다. 이 책의 편자인 적호는 18세기 사람이고 이 시기에는 장두와 단신이라는 형상 특징이 이미 널리 유포되어 있던 시기였다. 그러므로 그의 지적은 장두의 비건왕 유래설을 부정하는 것이 아니라 단신에다 장두만 부각시키는 방식이 오히려 미적 아름다움을 해치는 것임을 지적한 것으로 이해된다.

이 밖에 《통전(通典)》에도 비건왕에 대한 기록이 전해진다. 키가 1장

2척에다 머리가 3척이고 예로부터 불사(不死)의 능력을 지녀서 그 나이를 알 수 없으며, 미래의 일을 알 수 있는 신통력을 지니고 있어서 남방에서는 장두왕(長頭王)이라 칭했다고 한다.[305] 흥미롭게도 여기 언급된 불사와 장수, 장두 그리고 예지력 등은 모두 현재 널리 알려져 있는 수노인이 지닌 본질적 능력이나 형상 특징에 부합하고 있다. 또 같은 책에 언급된 비건국(毗騫國)의 위치는 미얀마와 태국 너머 이천 수백 킬로미터 지점의 해역으로 알려지고 있어서 대략 인도 남부의 인도양에 위치한 섬나라였을 것으로 추정된다. 따라서 비건왕의 이야기로부터 수노인의 형상 특징이 영향을 받은 것이라면 해상 실크로드를 통한 호인 또는 불교의 영향을 가정하지 않을 수 없다.

장두와 관련해서 중국에 전해지는 또 다른 이야기는 북송시대를 배경으로 하고 있는데, 줄거리를 소개하면 대략 이렇다. 1063년 11월, 북송의 수도 개봉(開封)에 도사 차림새의 노인 한 명이 나타났는데 무엇보다 그의 기이한 모습 때문에 사람들이 매우 놀랐다. 키가 크지 않은데 머리가 신장의 절반을 차지할 정도로 길었기 때문이다. 이 노인은 엄청난 술고래여서 아무리 마셔도 안색이 그대로였고 취하는 일이 없었다. 이런 기행으로 인해 노인은 차츰 사람들의 이목을 끌게 되었고 마침내 그에 대한 소문이 인종(仁宗: 1010-1063)의 귀에까지 들어갔다. 흥미를 느낀 인종이 노인을 궁전으로 초대해 술을 권하면서 마시고 싶은 만큼 마시라고 하자 노인은 어린애처럼 기뻐하며 무려 일곱 말의 술을 쉬지 않고 마신 다음 궁전을 빠져나갔고, 순식간에 행방이 묘연해졌다. 다음날, 천문을 담당하는 관리가 황급히 달려와 인종에게 수성이 어전(御殿)에 이르더니 갑자기 사라졌음을 보고했다. 이에 인종이 어제 초대했던 그 노인이 수성의 화신임을 깨달았다.[306] 이 이야기 속의 노인은 비건왕와 마찬가지로 장두이지만 그것이 크지 않은 키의 절반에 달한다는 점에서 장두이면서 단신인 후대 수성의 형상에 한 발 더 근접해 있음을 볼 수 있다.

위에 소개한 두 가지 설을 놓고 보면 수노인이 지닌 장두라는 형상 특징의 원초적 유래는 비건국왕일 가능성이 높은 것으로 판단되며, 두 번째 이야기는 중국식으로 포장된 느낌이 강하기에 유래라기보다는 오히려 장두라는 특징을 널리 유포시키는 데 효과가 있었을 것으로 생각된다.

다음은 단신에 대해 살펴보자. 필자의 기본적인 시각은 노인, 장두, 단신의 특징이 각각의 내원을 지녔고 삼자의 조합이 만들어지기까지는 제법 긴 시간이 소요됐으리란 것이다. 현전하는 여러 가지 자료 중에서 키가 작지 않은 수노인의 존재도 이런 추정을 뒷받침하는 한 근거가 될 수 있을 것이다. 예를 들면, 송대보다 늦은 원명시대의 잡극《중군선경상반도회(衆群仙慶賞蟠桃會)》제2절에 등장하는 남극성은 여의연화관(如意蓮花冠)을 쓰고 학창의(鶴氅衣)를 입고 귀고리를 달고 백발에 하얀 수염 그리고 여의(如意)를 든 모습으로 그려지고 있고[307]《축성수금모헌반도(祝聖壽金母獻蟠桃)》에서도 동일한 차림으로 등장한다.[308] 즉 이때까지만 하더라도 흰 머리나 흰 수염을 제외하고 장두나 단신은 수노인의 형상에 특정되지 않았음을 엿볼 수 있다. 또 1358년에 제작된 것으로 알려져 있는 원대의 도관 영락궁(永樂宮) 삼청전(三淸殿) 동쪽 벽화 속의 수노인은 장두(長頭)와 대머리라는 특징을 지녔지만 다른 인물과 비교할 때 결코 단신이라고 하기는 힘들다. 이 사례 또한 14세기까지만 하더라도 장두와 단신의 조합이 아직 완성형이 아니었음을 보여주고 있다. 일본 셋슈도요(雪舟等楊: 1420-1506)의 작품으로 알려진 도쿄국립박물관 소장 〈매화수노인도(梅花壽老人圖)〉와 후쿠오카시립미술관(福岡市立美術館) 소장 〈수노인(壽老人)〉을 참고하면 이런 추정은 더욱 힘을 받는다. 두 작품 속의 수노인도 장두나 단신의 특징과는 무관하기 때문이다. 눈길을 끄는 특징은 수노인의 머리 주변에 그려진 광배라 할 수 있는데,

이런 광배는 오히려 불교와의 연관성을 제기한다.

자료적 측면에서 장두와 단신이 조합을 이룬 특징은 명나라 선종(宣宗: 1426-1435 재위)의 〈수성도(壽星圖)〉나 여기(呂紀)의 〈남극노인도(南極老人圖)〉 즈음에 와서 비로소 뚜렷해진다.[309] 그 이후 완성된 소설《서유기》에서도 수노인의 외형이 '두상이 길고 귀가 크고 키가 작은' 것으로 묘사되어 있다.[310]

요컨대 중국의 수노인은 당초 별자리 숭배로부터 시작되었고, 이후 의인화·형상화 과정을 거치지만 현재 널리 알려진 노인, 장두, 단신이라는 세 가지 특징을 한 몸에 갖추는 데는 많은 시간이 소요되었고 특히 장두라는 특징은 호류의 영향을 크게 받은 것으로 생각된다.

3. 한국의 수노인

한국의 수노인과 관련해 우선 눈에 들어오는 자료는 이색(李穡: 1328-1396)의 시 〈구나행(驅儺行)〉이다. 거기서 남극성을 "그중의 노인네 흰데다 길기도 해, 사람들 모두 남극성이라 경탄하네."라고 소개하고 있다. 그런데 바로 앞에 "서천의 정령으로 '고월'이 있어, 검고 노란 얼굴에 푸른 눈빛 깜박이네."[311]라는 구절이 있기 때문에 남극성을 가리키는 '그중의 노인네'는 곧 서천의 정령이 펼치는 호인의 놀이를 받는다. 이것은 수노인의 유래와 관련하여 중국측 자료만으로는 알기 어려운 정보를 제공한다. 앞에서 살핀 것처럼 장두라는 특징 외에 수노인이 서쪽 호인들로부터 어떤 영향을 받았는지 여부는 알기 어려운 현실인데, 이색의 시는 남극성이 중국이 아닌 더 서쪽 어느 지역에서 왔음을 알려주고 있기에 귀중한 자료적 가치를 지닌다.

이 밖에 수노인과 관련해 주목할 사례는 봉산탈춤에 등장하는 남극노인이다. 극중에서 남극노인은 망자의 영혼을 위로하고 극락세계로 인도하는 역할을 담당하는데, 역할이나 명칭으로 볼 때 중국의 수노인과 유사하다. 그렇지만 이 남극노인의 외형적 특징은 갓을 쓴 흰 수염의 노인이라는 점 외에 특기할 사항이 없다.[312]

수노인의 의인화와 관련해서는 노인 대신 '중'으로 묘사된 자료가 전해지므로 함께 살핀다.

> 정북창(鄭北窓)[313]은 순붕(順朋)의 아들로, 나면서부터 백가술수에 능했다. …… 북창의 친구 한 명이 병으로 생명이 위독하자 그 아버지가 북창이 신이한 인물임을 알고 찾아와서 살려달라고 애원하였다. 북창이 자기 수명 십 년을 줄 테니 다음 날 남산에 올라가 붉은 옷·검은 옷을 입은 중에게 애걸하라고 하였다. 친구의 아버지가 그 말대로 중들을 찾아가 애걸하여 십 년의 수명을 얻어냈으니, 붉은 옷 입은 중은 남두성이고 검은 옷 입은 중은 북두성이었다. 그 후 과연 친구가 십 년을 더 살았으며, 북창이 일찍 죽었다.[314]

중국과 달리 남두성과 북두성을 모두 중으로 묘사하고 있다는 점이 주목되는데, 이런 사례는 1920년대 함흥 지역에서 채록된 설화에서도 동일하게 발견된다.[315]

중이라는 관점에서 또 하나 주목할 자료는 칠성불화이다. 이런 명칭이 붙은 것은 불교 사찰에서 칠성각을 별도로 지어 놓고 치성광여래, 일광여래, 월광여래의 삼존불을 위시해 칠여래와 칠성신[316]을 그림으로 모시기 때문에 그런 것이라 한다. 원래 불교에서 칠성신을 수용한 것은 당(唐)나라 때의 승려 일행(一行)이었지만[317] 불교 사찰 안에 따로 칠성각을 지어 놓고 칠성신을 모시는 풍습은 현재 한국에서만 발견되고 있다. 한국의 칠성불화는 다수의 사찰에서 발견되고 있는데, 그중 1866년

통도사 안양암 북극전의 칠성불화에 그려진 수노인은 정수리 부분이 좁고 길게 솟아 있어 주목된다. 이런 형상 특징은 부처의 10대 제자 중 한 명인 마하가섭(摩訶迦葉)의 도상에서도 찾아볼 수 있다.

요컨대 한국에 전해지는 자료를 보면 형상적으로는 중국의 수노인과 겹치지만 그 유래와 관련해서는 중국 대신 불교와 호인을 가리키고 있다는 점에서 좀 더 폭넓은 조사가 필요하다. 이에 간단하게나마 몽골과 일본의 상황을 살펴서 필자의 견해를 좀 더 보강해 보고자 한다.

수노인과 관련하여 주목해야 할 몽골의 민간신으로는 차강 어브경이 있다. 차강 어브경은 대략 현지어로 '흰 노인'이라는 뜻을 지니며 현실 세계와 천상 세계를 연결하여 망자들을 인도하는 역할을 맡는다. 그의 기본적인 형상 특징은 '흰옷을 입고 용머리 지팡이를 짚고 흰 수염이 난 노인'으로 요약된다.[318] 명칭에서는 차이가 나지만 역할과 형상 특징에서 차강 어브경은 중국의 수노인보다는 한국의 봉산탈춤에 나오는 남극노인과 가깝다. 차강 어브경은 많은 신통력을 지닌 것으로 알려져 있는데 그중에는 수명과 재복을 관장하고 악마와 악귀를 물리치는 벽사의 능력도 포함된다.[319] 수명과 재복을 관장한다는 점에서 보면 차강 어브경은 한국의 남극노인뿐만 아니라 중국의 수노인과도 자연스럽게 연계된다. 차강 어브경과 관련하여 또 하나 주목할 점은 그 기원을 불교의 성립 이전으로 소급할 수도 있다는 점이다. 기도문에 따라 차이는 있지만 차강 어브경이 부처와 대화를 나누거나 본인이 부처로 호칭되기도 하는 등의 장면이 발견되기 때문이다.

일본에서는 한중 두 나라와 마찬가지로 동일한 한자를 사용하는 수노인, 일본 발음으로는 주로우진(寿老人)이 시치후쿠신(七福神)의 일원으로 오래전부터 널리 유전됐다. 시치후쿠신은 대체로 무로마치 시대(1338-1573)를 거치면서 성립된 것으로 알려져 있다. 시치(七)라는 숫자에 대해서도 "칠난즉멸(七難卽滅), 칠복즉생(七福卽生)"이라는 불교의 가르침에서 비롯됐다는 설이 있고 이 밖에 중국의 죽림칠현에서 따왔다는 설도 있다. 그 구성을 살펴보면 유일한 일본 태생의 신 에비스(惠比寿)는 풍어나 사업의 번창을 가져다 준다. 다이코쿠텐(大黑天)은 전쟁과 재복(財福)을 관장하는 불교의 신이다. 비샤몬텐(毘沙門天)은 한자로 다문천(多聞天)으로 옮기는 불교 사천왕의 하나이다. 인도 고대신화에서 재보(財寶)를 관장하는 크베라 신이 이에 해당한다. 벤자이뎅(弁財天)도 인도에서 유래된 신으로 예능, 학예, 지혜를 담당하는 신이면서 유일한 여신이기도 하다. 비파(琵琶)를 안고 있기 때문에 음악이나 기예의 신으로서 숭배되기도 한다. 학문이나 지혜의 신일 경우에는 재(財)자 대신 재(才)를 사용한 벤자이덴(弁才天)으로 표기하기도 한다. 후쿠로쿠주(福禄寿)는 복록과 장수의 신으로 중국의 복록수(福祿壽) 삼성(三星)에서 유래됐다. 쥬로오징은 장수와 생명의 연장을 담당하는 신으로 인도에서 유래한 것으로 알려져 있다. 백발 노인의 모습으로 형상화되어 있다. 여기서 중요한 점은 이 일곱 신의 유래인데, 일본에서 자생한 에비스와 중국에서 수입된 후쿠로쿠쥬를 제외한 다섯 명의 신이 모두 불교나 인도로부터 왔다는 것이 일반적으로 받아들여지는 정설이라 할 수 있다. 일본에서 쥬로오징의 유래를 인도라고 생각하는 것은 기본적인 맥락에서 필자의 호류 영향설과 어긋나지 않는다.

4. 소결

이제까지의 고찰에 의해, 장두와 단신이라는 특징을 구비하지 않고 그저 노인으로만 형상화된 수노인이 위진시대 이래로 중국과 한국 등지에 유전됐고, 몽골에서도 비록 별자리의 의인화는 아니지만 흰 수염의 노인이 신격으로 숭배됐음이 파악됐다. 이것은 수성의 의인화가 현재 중국에서 설명하고 있듯이 오로지 도교의 영향 아래 형성된 것이 아님을 의미한다. 한국의 자료를 꼼꼼히 들여다보면 어떤 측면에서는 불교의 영향이 더 원초적이었음이 드러나고 있고, 이런 판단이 틀리지 않았음은 몽골과 일본의 자료에 의해 뒷받침되었다고 할 수 있다. 수노인의 형상은 한중 두 나라뿐만 아니라 일본에서도 인기 좋은 캐릭터였으나 중국과 달리 한국이나 일본에서는 도교가 아닌 불교 혹은 호인들로부터 유래됐을 가능성을 강하게 제기하고 있다. 이에 필자는 다음과 같은 가설을 제기하면서 글을 맺고자 한다.

애초에 서역으로부터의 영향에 의해 중국에서 별자리 신을 의인화·형상화하기 시작했고, 여전히 불교나 호류의 분위기를 간직한 수노인 형상이 한국과 일본에 유전되었는데, 이후 명대를 거치면서 중국에서는 새로운 한화(漢化)가 시도되어 현재 수노인의 형상은 노인, 장두, 단신이라는 세 가지 특징을 한 몸에 갖춘 완연한 도교의 신으로 변신하게 되었다. 그러나 한국과 일본에서는 애초에 알려진 불교적 색채 혹은 서역의 색채가 널리 자리잡고 있었기에 후대에 도교적 형상이 부분적으로 수용되기는 했지만 다른 한편으로는 여전히 중국과 구별되는 관행이나 설들이 전승될 수 있었다.

물론 이 가설은 향후에 반드시 검증되어야 할 것이다. 그렇지만 적어도 한중 두 나라의 수노인 사이에 나타나 있는 차이가 호류의 물증이 될 수 있음은 의심의 여지가 없어 보인다.[320]

제2부

호류(胡流)의 자취

제9장

〈향악잡영鄕樂雜詠〉 시로 살핀 호류의 자취

1. 서언

9세기 중엽부터 10세기에 걸쳐 살았던 신라 사람 최치원(崔致遠)이 남긴 〈향악잡영(鄕樂雜詠)〉이라는 시는 같은 시기 자료로서는 보기 드물게 매우 완정한 형식의 가면희가 존재했음을 알려주고 있다. 전체가 〈금환(金丸)〉, 〈월전(月顚)〉, 〈대면(大面)〉, 〈속독(束毒)〉, 〈산예(狻猊)〉의 다섯 수로 구성되어서 일명 오기(五伎)라고도 칭해지는 이 시는 일찍부터 한국 가면극을 연구하는 데 귀중한 역사 자료로 인식되어 많은 연구자들이 언급한 바 있다.[321] 그러나 이런 선행연구에도 불구하고 시가 알려주는 많은 부분은 아직까지 제대로 논의되지 않고 있다. 다섯 수를 개별적으로 볼 때보다 뭉쳐진 다섯으로 간주할 때 특히 그렇다. 이두현은 초계 밤마리 오광대의 연출형태에 근거해 "'오기는 개별적인 다섯'이 아니고 뭉쳐진 다섯임을 확신할 수 있다."[322]라고 했지만, 정작 다섯 수의 해석에 이르러서는 이런 점들이 충분하고도 명확하게 설명되지 못하고 있다. 이에 본고에서는 다양한 중국 자료와의 비교를 통해서 《향악잡영》의 다시 읽기를 시도하여 시에 묘사된 다섯 가지의 놀이가 뭉쳐진 것들임을 확인하고자 한다. 이 장의 논의 과정을 통해서 《향악잡영》에 묘사된 놀이들이 배타적으로 자생된 것이 아니라 당시 동아시아를 풍미했던 호류와 긴밀히 연계되어 있음도 함께 부각되리라 기대한다.

2. 〈향악잡영〉 5수로 살핀 호류의 자취

1) 제1수 〈금환〉

필자가 생각하는 〈금환(金丸)〉의 역문부터 제시한다.

> 돌아서며 팔 놀려 금방울 띄우니,
> 달과 별 떠다니듯 눈에 가득하네.
> 의료의 재주인들 이보다 훌륭하리,
> 바다의 파도라도 잠재우고 말리라.[323]

제1구에 의하면 이 시의 내용이 방울받기를 묘사한 것임이 분명하다. 이 점은 조선 사람 이익(李瀷) 이래로 연구자들 사이에서 일치된 견해이기도 하다. 문제는 나머지 네 수와 성격이 다르다고 여겨지는 방울받기가 왜 첫머리에 왔느냐 하는 점이다. 이두현은 밤마리패 오광대의 예를 통해서 방울받기가 탈춤과 함께 공연되었던 사실을 확인한 바 있다.[324] 그러나 이것은 방울받기와 탈춤이 함께 공연되었다는 하나의 사례일 뿐으로, 방울받기가 어째서 첫머리에 왔는가에 대한 의문을 풀어주지는 못하고 있다. 따라서 이 문제는 좀 더 깊이 검토할 필요가 있다. 먼저 의료(宜僚)와 관련된 기록을 다시금 살펴보자.

> 시남자 의료가 구슬받기를 하여 양가의 어려움이 해소되었다.[325]

앞에 인용한《장자(莊子)》의 기록에 의하면 의료의 방울받기는 결과적으로 좋은 결과를 가져왔다. 필자가 주목하는 것은 바로 이 결과이다. 이 점에 주목하면, 놀이꾼의 입장에서 방울받기는 길조의 의미를 지닌다고 할 수 있다. 그렇다면 의료의 이야기를 통해서 방울받기에 납길(納吉)의 의미가 담기게 되었다고 보아도 지나친 억측은 아닐 듯하다.

그런데 작자는 일반적으로 쓰이는 '농환(弄丸)'이나 '도환(跳丸)' 대신에 굳이 금환이라는 제목을 달았다. 왜 그랬을까? '동사+목적어'로 구성된 농환이나 도환이라는 용어는 놀이를 노는 행위까지를 포함하지만, 금환이라고 하면 행위보다는 놀이의 기구인 방울에 초점이 맞추어진다. 방울에 대한 의미를 재고하지 않을 수 없는 대목이다. 기왕에 금환이라고 했으므로 '금'과 '환' 둘로 나누어 생각해 보자.

금이 의미하는 황금색과 제일감으로 연계되는 것은 제3수의 대면탈이다. 이익은 이 대면탈의 황금색이 불상의 그것과 통한다고 했고, 시에 의하면 대면탈을 쓴 이는 귀신을 쫓는 능력을 지녔다. 그렇다면 황금색은 벽사의 색으로 간주할 수 있다. 환이 의미하는 방울 또한 〈대면〉과 연계된다. 거기서 대면탈을 쓴 이는 귀신을 쫓는 도구로 주편(珠鞭)을 사용하는데, 이때 주편의 주는 방울이라는 점에서 환과 통한다. 환 또한 벽사의 기물로 간주할 수 있는 것이다. 결국 금환은 벽사의 기능을 지닌 신물(神物)이라는 결론을 얻을 수 있다. 이러한 결론이 틀리지 않았음은 나타(那吒)가 요마들을 제압하는 불교 이야기를 다룬 명대 잡극《맹렬나타삼변화(猛烈那吒三變化)》[326]가 실례를 제공한다. 이 극 제2절에서 나타는 먼저 수많은 금빛을 발산해 오귀(五鬼)를 제압하고, 그런 다음 제3절에서는 금방울을 흔들어 네 명의 마녀를 제압한다. 신물로서의 금환이 지닌 기능을 뒷받침하는 생생한 사례가 아닐 수 없다.

금환을 신물로 이해하고 나면 〈금환〉이 첫머리에 놓인 이유도 납득할 수 있다. 황금방울이 신격(神格)에 해당하므로 '신계(神界)로의 전환'

을 가능하게 해주기 때문이다. 이렇게 해석하면 〈금환〉은 그 성격상 자연스럽게 나머지 4수와 호응하므로, 전체 5수를 짜임새 있는 하나의 판으로 이해할 수 있는 근거가 마련된다.

〈금환〉에서 묘사하고 있는 방울받기의 의미를 좀 더 따져 보자. 이 놀이는 일반적으로 한 사람이 여러 개의 방울을 지속적으로 돌려서 공중에 떠 있게 하는 행위이다. 그 결과 사람들이 보는 것은 여러 개의 방울로 이루어진 하나의 큰 방울, 그것도 '돌아가는 방울'의 이미지라고 할 수 있다. 필자는 여기서 그러한 방울받기의 이미지가 불교의 '윤회' 사상을 암시하고 있음을 지적해 두고자 한다. 돈황(敦煌)의 유림굴(楡林窟) 제19굴에 전하는 〈육도윤회도(六道輪回圖)〉[327]가 윤회사상을 평면적으로 표현한 하나의 실례라고 한다면, 방울받기에 의해 구현된 금륜의 모습은 그것의 입체적 표현이라 해도 무방하다. 현재 중국의 호남성에서 전승되고 있는 〈목련대희(目連大戲)〉에서도 극 중간에 방울받기가 펼쳐지는데, 주지하다시피 목련희는 윤회사상을 대중들에게 설파하기 위한 대표적인 불교극의 하나로 평가된다. 이 때문에 필자는 이것이 방울받기로 윤회사상을 암시한 좀 더 분명한 사례라고 생각한다.[328]

방울받기의 행위자에 대해서도 생각해 보자. 방울이 불교와 관련된 신물이고 그것의 이미지가 윤회사상을 표현한 것이라면, 그것의 행위자도 불교의 신격과 무관하지 않을 것이다. 이 점에 착안할 때 주목되는 인물이 육도전륜왕(六道轉輪王)[329]이다. 《불학대사전(佛學大辭典)》의 설명에 의하면 전륜왕이라는 명칭은 윤보(輪寶)를 돌려서 사방을 제압했기에 얻어진 것이라고 한다. 방울을 돌리는 행위를 전(轉)으로, 방울 자체를 윤(輪)으로 보면 방울받기는 곧 전륜(轉輪)의 뜻에 부합한다. 실제 방울은 여러 개이지만 관중들이 실제로 보는 것은 여러 개의 방울이 빚어내는 하나의 원이므로 개수는 문제되지 않는다. 전륜왕의 윤보에는 금·은·동·철의 4종류가 있는데, 그 가운데 가장 위력이 강한 것이 금륜이어서, 금륜을 얻은 자는 금륜왕이 되어 동서남북 사대주를 거느린다고 한다.[330] 그렇다면 금환이 만들어내는 윤의 형상은 전륜왕의 윤보 중에서도 가장 위력이 강하다는 금륜에 해당한다고 할 수 있다. 밤하늘을 배경으로 금방울이 돌아가면서 빚어내는 찬란한 원의 이미지는 금륜왕의 윤보를 연상시키기에 부족함이 없는 것으로 판단된다. 방울받기를 전륜의 효과로 이해하면, 제4구 또한 심층적 의미를 지니게 된다. 신기한 기술에 매료되어 숨죽이는 관중의 모습을 표면적 의미라고 한다면, 밤하늘을 배경으로 펼쳐진 금륜만천(金輪滿天)의 효과 곧 밤하늘을 환하게 밝힌 불광(佛光)에 감복하여 숨죽인 구경꾼들의 모습은 이면의 의미가 되는 것이다.

육도전륜왕은 오도전륜왕으로도 알려져 있는데 이와 관련해 하나 덧붙여둘 존재는 돈황의 구나문(驅儺文)에 등장하는 오도장군이다. 이 오도장군은 불교의 신격으로 구나의식에 등장하고 있다는 점도 그렇거니와 판을 시작하는 개로신(開路神)이라는 점에서도 방울받기의 행위자에 상응하고 있기 때문이다.

밤마리 오광대패의 죽방울은 금환과 마찬가지인 방울받기 놀이라는 이유에서 주목을 받았지만, 그 재료인 대나무의 성격에 대한 논의는 찾아보기 힘들다. 왜 하필 대나무인가? 결론부터 말하면 대나무가 불교를 배경으로 한 신물로 간주될 수 있기 때문이다. 대나무가 불교와 관련된 신물로 등장하고, 악무 공연에서 응용된 예들은 어렵지 않게 찾을 수 있다. 《낙양가람기(洛陽伽藍記)》의 '영녕사(永寧寺)'조, '영명사(永明寺)'조, '응원사(凝圓寺)'조 등의 기록에 의하면 대나무는 북조 때부터 이미 절에서 심기 시작했다. 또 남북조시대 이래의 불교회화를 일별하면 대나무는 정토(淨土)를 장식하는 귀중한 식물로 자주 등장한다. 이런 예들은 대나무가 벽사 또는 정화의 신성을 지닌 신물로 인식되었을 개연성을 뒷받침하고 있는 것이다. 후대의 악무 공연에서 대나무가 사용된 사실 또한 대나무의 이런 성격과 무관치 않다. 송대에는 죽간자(竹竿子)[331]가 가무나 잡극의 공연에 곧잘 등장하는데, 남송(南宋)시대 사호(史浩)가 남긴 〈채련무(採蓮舞)〉[332]를 예로 보면 죽간자의 주된 역할 중의 하나가 무용수들을 인도하는 것이다. 한국의 전통 우희(優戲)에 상응하는 잡극의 배우들을 인도할 때에도 죽간자가 사용되었다.[333] 현재까지 발굴된 유물에 의하면 송대의 죽간자는 그 형태가 하나가 아닌 것으로 확인되며, 그중에는 조선의 《악학궤범(樂學軌範)》 권8에 수록된 죽간자도 포함된다. 원대(元代)에 이르면 궁정의 악무 공연에서 죽간자 대신 '희죽(戲竹)'이 사용되기도 한다.[334]

죽간과 죽방울은 비록 형태는 다르지만 개장 때 사용된다는 점에서 기능상 일치하고 있다. 더구나 불자(拂子)는 먼지떨이인 불진(拂塵)이므로 대나무 자체가 지닌 신성과 더불어 정화의 의미를 대변한다고 하겠고, 이것은 앞에서 살핀 금환의 성격과 다를 바 없는 것이다. 이런 관점에서 보면 밤마리 오광대패의 죽방울 놀이가 신라시대 금환의 전통을 잇고 있다고 주장해도 결코 무리라고 할 수 없을 것이다.

이제까지의 고찰을 한 마디로 정리하면, 방울받기는 불교의 영향으로 인해 중세 이래 중국과 한국 모두에서 가면희와 함께 공연됐던 기예라는 것이다.

2) 제2수 〈월전〉

필자가 생각하는 〈월전(月顚)〉의 역문부터 제시한다.

> 들어올린 어깨 움츠린 목 솟구친 머리칼,
> 팔뚝 걷은 유생들 술잔 들어 서로 다투네.
> 노랫소리에 사람들 저마다 껄껄대고,
> 저녁하늘의 깃발은 새벽을 재촉하네.[335]

여기에 등장하는 〈월전〉은 한중 두 나라 연희의 역사에서 유래가 깊은 유희류(儒戱類)의 일종이며, 그 성격상 현전하는 양반과장과 직결될 수 있으리라 생각된다. 이와 같은 판단은 다음 두 가지 자료에 근거한다.

> 월제라는 것은 아마도 옛날에 유로써 놀이를 삼았던 것을 말하는 것 같다. 그래서 가면이 달처럼 둥근 머리를 지닌 것 같다.[336]

위의 언급은 짧지만 몇 가지 중요한 단서들을 제공한다는 점에서 매우 유용하다. 첫째는 〈월전〉을 유희류로 파악한 대목인데, 제2구에서 여러 명의 유생들이 주요 배역으로 등장하여 우스꽝스러운 모습을 연출하고 있는 내용을 고려하면 정확한 견해라고 판단된다. 둘째는 가면극의 형태로 공연되었다는 점이다. 그가 말한 월제(月題)는 곧 달을 뜻하고, '월전'의 '전(顚)'은 이마 '액(額)' 또는 머리 '수(首)'의 의미를 지니므로 "가면이 달처럼 둥근 머리를 지녔다"고 한 지적은 '월전' 자체의 의미에 부합하고 있다. 셋째는 월전 가면이 달의 모습을 취하고 있다는 점이다. 이것은 그 인물의 정체를 평범한 사람이 아닌 신격으로 해석할 수 있는 가능성을 열어주고 있다.

> 조금 있으니 나희배들이 쟁을 치고 북을 두드리며 …… 모두 관아의 마당으로 들어왔다. …… 월전, 대면, 노고우, 그리고 양반창 등 기괴한 형상의 무리들이 번갈아 나와서 서로 희롱하거나, 혹은 시끄럽게 떠들거나 혹은 늘어지게 춤을 추었다.[337]

위의 기록은 오횡묵이 고종 30년(1893) 경남 고성의 부사로 부임한 뒤 관아에서 벌어진 나희를 보고 남긴 것이다. 글에서는 나희라고 표현되어 있지만 현재의 시각으로는 이것을 나례 때 공연된 탈춤을 의미하는 것으로 이해해야 정확하다. 그러므로 여기에 제시된 월전, 대면, 노고우, 양반창 등은 지금의 탈춤에도 모두 등장하는 인물일 가능성이 매우 높다. 의미상 노고우와 양반창이 각각 할미탈과 양반탈을 지칭한다는 사실은 의심의 여지가 없겠으나 월전과 대면이 각각 누구를 지칭하느냐 하는 문제에 대해서는 견해가 다를 수 있다. 그러나 필자는 오횡묵이 언급한 월전과《향악잡영》에 등장하는 월전의 글자가 같다는 점과 〈월전〉의 내용을 유희류로 이해할 수 있다는 점에 비중을 두어 그 인물이 양반과장에 등장하는 말뚝이의 선행모델일 가능성이 있다고 생각한다. 양반과장은 양반에 대한 풍자를 주된 내용으로 하는데, 조선시대의 양반은 크게 보아 유가(儒家)라고도 할 수 있으므로 양반과장 자체를 유희류 전통의 연속선상에 있다고 보아도 무방하기 때문이다.

현재까지 필자가 파악한 한중 두 나라 유희류의 전통은 대단히 오랜 내력을 지녔으며 거기 등장하는 유생들은 일반적으로 긍정적이라기보다는 부정적인 놀이의 대상이 된다. 관련 기록에 의하면 중국에서 유희류의 시초는 공자(孔子)가 활동하던 당시까지 소급된다.《곡량전(谷梁傳)》에는 우시(優施)가 노나라 임금 앞에서 춤을 추었다가 공자에 의해 죽임을 당했다는 기록이 전한다. 후대 민간의 배우집단과 유가집단의 악연은 여기서 비롯되었다고 할 수 있을 만한 사건인 것이다. 물론 이것이 전부는 아니겠으나 후세 배우집단의 공자 및 유가들에 대한 집요한 공격은 이러한 사정을 일정 정도 반영한 것으로 볼 수 있다. 중국의 민간에 유포된 공자와 항탁의 이야기나 당송시대에 빈번하게 공연된 공자 및 유가들에 대한 풍자는 지배층으로서의 유가집단에 대한 사회 저층의 반감을 상당 정도 대변한 것으로 이해해야 옳다. 조선시대 기록에 전해지는 유희류 또한 동일한 맥락에서 이해해야 그 연출에 담긴 이면의 의도를 읽어낼 수 있다. 지금의 양반과장에 사회 저층의 정서가 짙게 배어 있는 것도 이러한 전통의 연속선상에 있기 때문이라고도 할 수 있다.[338] 그러므로 유가집단에 대한 풍자적 연출의 시발점을 유가집단이 사회 저층에 대해 우월적 지위를 확보한 시기, 늦어도 통일신라시대까지로 소급한다고 해도 무리가 되지는 않을 듯하다.

문제는 〈월전〉이 과연 유희류에 속할 수 있는가에 대한 논란이겠는데, 달리 본 견해도 없지 않다. 예컨대 김일출은 월전을 여러 난쟁이들이 술잔을 들고 나와서 서로 다투면서 노래 부르고 춤추고 하여 관중을 웃기는 어릿광대 놀음의 일종으로 이해했기 때문에 최치원의 묘사로만 보아서는 가면을 사용했는지의 여부는 전혀 알 수 없을 뿐만 아니라 월전의 뜻조차도 분명하지 않다고 지적했다. 또 난쟁이들이 희극을 부리는 주유희(侏儒戱)의 일종으로 해석하는 것이 타당하다고 하여 필자가 긍정한 이익과 견해를 달리 하고 있다.[339] 그러나 필자가 보기에 김일출의 견해는 반드시 해결되어야 할 문제점 하나를 지니고 있다.

김일출은 이익이 월전을 유희(儒戱) 곧 선비를 풍자하는 연극으로 해석한 것에 대해 '군유(群儒)'의 유(儒)자에 끌린 추측에 불과한 것이라고 일축하면서 주유희(侏儒戱)일 것이라고 했으나 정작 자신도 '군유의 유'가 '주유의 유'임을 입증하는 근거는 제시하지 못하고 있다. 실제로 《한어대자전(漢語大字典)》과 같은 자전을 뒤져보아도 '유'자를 주유로 풀이한 사례는 발견되지 않지만 역사적으로 주(侏)가 주유(侏儒)의 뜻으로 사용된 사례는 쉽게 찾아볼 수 있다. 예를 들면 송대 왕안석(王安石)이 남긴 〈상국사관희자(相國寺觀戱者)〉라는 시에 '주우희장중(侏優戱場中)'이라는 구절이 등장하는데, 여기서 '주우(侏優)'는 주유와 우령(優伶)을 지칭한다.[340] 유가 일반적으로 유학을 배우는 유생(儒生)의 뜻으로 널리 쓰인다는 사실을 고려하면, 유를 주유로 이해하기 위해서는 유가 선비라는 사실을 입증하기보다는 오히려 유를 주유로 사용한 근거를 제시하는 것이 더 순리적일 것이다. 추측만으로 유를 주유로 이해하는 것은 오히려 유생으로 이해하는 것보다 더 큰 억측이 될 수 있다고 생각된다.

게다가 더욱 중요한 점은 한 발 양보해서 유를 주유로 이해하는 것을 인정한다고 해도 그 때문에 월전을 유희로 이해하는 견해가 부정되지 않는다는 사실이다. 왜냐하면 여러 난쟁이들이 출연하는 어릿광대 놀음이라 하더라도 그 내용이 유가를 풍자한 것이라면 그 놀음은 여전히 유희로 포괄되기 때문이다. 주유가 솟대타기를 했다면 그것을 주유희라고도 할 수 있지만 동시에 솟대타기라고도 할 수 있는 것과 같은 이치인 것이다. 《사기(史記)》의 〈골계열전(滑稽列傳)〉에 등장하는 우전(優旃)은 주유였다고 한다. 그러므로 그가 놀았던 놀이는 언사적 측면에서 보면 우희라고 할 수 있지만, 신체적 특징으로 보면 주유희라고도 할 수 있다. 결국 주유희가 난쟁이라는 신체적 특징을 두고 한 말이라면 유희는 놀이의 제재나 주제가 유가와 관련되었기 때문에 붙여진 명칭이기에 양자는 병립할 수 있는 것이다.

김일출은 또 〈향악잡영〉의 〈월전〉에서 가면을 사용했는지 알 수 없다고 하고 그 뜻도 분명치 않다고 했지만, 이런 견해는 오횡묵의 기록을 함께 고려하면 수용하기 힘들다. 오횡묵이 언급한 월전은 가면을 지칭한 것이 명백하므로, 이익이 〈향악잡영〉의 월전을 유희와 연계시킨 것도 근거가 있었던 것으로 보인다. 시의 제목을 〈월전〉이라고 하여 달모양을 지칭한 점도 가면이 아니라면 납득하기 힘든 대목이다. 이익이 달모양의 가면을 언급한 것은 적어도 당시에 달모양의 탈이 사용되었고, 그것이 월전으로 불렸던 사실을 뒷받침한다고 할 수 있다. 그렇지 않다면 오횡묵에 이르러 월전이 다시 언급될 리 없다.

이상의 논의를 종합할 때 〈월전〉은 선행연구에서 주장하는 주유희라는 해석을 인정한다고 하더라도 내용 측면에서 보면 달 모양의 가면을 쓴 인물이 등장하여 유생들을 희롱하는 유희류였을 가능성이 매우 높다고 판단된다. 또 형식적으로는 구나(驅儺)의 능력을 지닌 월전이라는 신격과 유귀(儒鬼)에 해당하는 유생들이 어우러진 한 판의 가면희로 추정된다. 유희류의 유전 범위는 한중 두 나라를 넘어서서 서역에까지 이르고 있었으니 이 점은 돈황에서 발견된 〈공자항탁상문서(孔子項託相問書)〉가 뒷받침하고 있다.[341] 여러 가지 정황을 종합적으로 고려할 때 〈월전〉은 결국 서역의 영향으로 촉발된 가면희라는 시대적 흐름의 연장선상에 있다고 생각된다.

3) 제3수 〈대면〉

필자가 생각하는 〈대면(大面)〉의 역문부터 제시한다.

> 황금색 탈을 쓴 바로 저 사람,
> 방울채 손에 쥐고 귀신을 쫓네.
> 빨랐다 느려졌다 우아한 춤은,
> 봉황새 춤추는 태평무 같구나.[342]

대면은 글자 그대로 풀면 큰 얼굴이라는 뜻이다. 비슷한 시기의 예를 찾아보면, 큰 얼굴을 뜻하는 대면은 사람이 아닌 귀신의 특징적인 모습으로 인식되고 있다.

> 호부상서 허위심은 아들 셋이 있었는데, 모두 성인이 되지 못하고 죽었다. 매번 아들이 죽을 때면 큰 얼굴 하나가 침상 아래에서 손을 내밀었는데, 눈을 크게 뜨고 입을 벌린 모습이 귀신과 같았다.[343]

> (그는) 황홀한 가운데 늘 의관을 차려입은 대인이 집안의 네 벽에 나타나서 "내가 평양 요평의 사자니라."라고 말하는 것을 보았다. 무당을

청해서 굿을 하였지만 끝내 물리칠 수 없었다. 이에 정사로 피신하였는데, 거기서도 불탑(침상) 아래에서 큰 얼굴이 눈을 둥그렇게 뜨고 그를 주시하고 있는 것을 보았다. 다시 다른 곳으로 도망가려고 문을 나섰는데 다시 귀신의 무리가 골목에서 놀고 있는 것을 보았다.[344]

대면의 큰 얼굴이라는 의미는 시의 제1, 2구 내용과도 일치한다. 제1구에서는 가면이 황금색이라고 하고, 제2구에서는 그 황금색 탈을 쓴 이가 방울채로 귀신을 쫓는다고 했으니, 대면은 벽사의 능력을 지닌 불교의 신격이라 할 수 있다. 따라서 제3, 4구에서 언급되는 춤은 자연스럽게 신무(神舞)로 볼 수 있다. 제3구에 기술된 빨랐다 느려졌다 하는 춤이 이미 정형화된 신무였을 가능성은 다음 기록을 통해 확인할 수 있다.

또 한 참군이 말하길 "네가 하는 것은 매우 쉽다. 나는 사군의 청 앞에서 얼굴을 검게 칠하고 벽삼을 입고 신무 한 곡을 느리게 빠르게 추고 나올 수 있다."[345]

위의 인용문은 중국 연극사에서 흔히 참군희(參軍戲)라고 칭해지는 우희의 한 대목이다. 중국에서는 일찍부터 가면과 도면이 혼용되었으므로, 예문에서 언급된 화장은 탈과 동일한 기능을 수행한다. 그런데 흥미롭게도 예문에서 신무의 특징으로 언급된 느렸다 빨랐다 하는 '만추(慢趨)'는 〈대면〉의 '질보서추(疾步徐趨)'에 부합하고 있다. 제4구의 신무는 봉황이 추는 태평무에 비유되고 있다. 태평무는 일반적으로 태평성세를 경축하는 의미를 지닌다. 그러므로 이 태평무는 대면이라는 인물이 귀신을 쫓는 행위를 끝낸 다음 추었던 신무라고 하겠다.

필자는 이렇게 해석한 〈대면〉이 취발이과장과 관련될 수 있으리라 생각하는데, 그 근거로는 다음과 같은 점들을 제시할 수 있다.

첫째, 대면과 취발이가 모두 '큰 얼굴'이라는 점에서 일치하고 있다. 다음은 취발이과장에서 취발이가 자신이 '큰 얼굴'을 지녔음을 직접 밝히는 대목이다.

> 저 거 코피 나는 건 틀어막는 것이 제일이라더라. 자 그런데 코를 찾을 수가 있어야지. 상판이 조선 반만 해서 어디에 코가 있는지 찾을 수가 있어야지. 그러나 지재차산중이지. 내 상판 가운데 있겠지. 그런즉 이것을 찾으려면 끝에서부터 찾아 들어와야지. (머리 위에서부터 더듬더듬 찾아 내려온다.)[346]

조선의 반만 하다고 하였고 산에도 비유하였다. 게다가 더듬더듬 찾는 연기까지 곁들이고 있다. 자신이 '큰 얼굴'을 지녔음을 실감나게 알려주는 대목이 아닐 수 없다.

둘째, 현전하는 취발이 가면에 여전히 황금색의 자취가 남아 있다는 사실이다. 주로 붉은색을 사용하고 있긴 하지만, 얼굴의 중심 부위에는 황금색이 여전히 강조되고 있다.[347] 황금색이 붉은색 위주로 바뀐 데는 그 나름의 이유가 있겠는데, 필자가 보기에 주된 이유는 극중 공간이 '신계에서 인계로 전환'되는 시대적 변화의 흐름에서 찾을 수 있을 듯하다.

셋째, 대면이 방울채(주편)를 사용하는 것과 마찬가지로 취발이 또한 방울과 채를 귀신을 쫓는 도구로 사용하고 있다. 봉산탈춤에서 취발이는 손에 푸른 버드나무 가지를 들고 한 쪽 무릎에는 큰 방울을 달고 등장하는데, 이것은 시에서 언급된 주편과 일치한다.

넷째, 대면-귀신의 대립구도가 취발이-노장의 대립구도와 일치한다. 더욱 흥미로운 점은 취발이의 대사를 통해 드러나는 노장의 정체가 도깨비, 곧 귀신이라는 사실이다.

> 거저 도깨비란 놈은 방맹이로 휜다더니 이것 들어가서 막 두들겨 봐야겠구나.[348]

다섯째, 황금색으로 대변되는 대면과 승귀로 이해되는 노장을 내치는 취발이를 모두 불교의 신격, 즉 동류로 간주할 수 있다는 사실이다. 그런 까닭에 이익 또한 "대면이란 것은 황금가면으로 불상의 모습과 같은 것이다."[349]라고 했을 것이다.

이상의 몇 가지 근거가 대면과 취발이의 관련성을 입증한다고 할 수 없음은 물론이다. 예컨대 위에서 언급한 취발이는 말뚝이로 대체해도 큰 차이가 없다. 또 대면이 불교적 성격의 탈이라거나 노장을 승귀로 보는 견해도 여전히 증명해야만 할 과제로 남는다. 그렇지만 이런 반론들이 필자의 문제 제기를 부정할 정도의 수준이라고는 생각되지 않는다. 시구에 등장하는 황금색이 서방을 대표하는 색이며 동시에 불상을 대표하는 색이기도 하다는 점은 일반적으로 수용될 수 있는 사실이고, 문헌에서도 '금인(金人)'이 불상을 지칭하는 말로 사용된 예를 쉽게 확인할 수 있다.[350] 이익이 황금가면을 불상으로 이해했던 것도 이러한 범주를 벗어나지 않고 있다. 또 시의 내용상 그 놀이는 '가면무'임이 분명한데, 그렇다면 최소한 가면과 춤이라는 의미에서의 '탈춤'의 선행모델일 수 있고, 이 점에서 지금의 취발이과장과도 맥락이 맞닿는다. 구나에서 행해지는 '이귀타귀(以鬼打鬼)'의 원리로 보아도, 그 행위의 주체인 취발이가 노장을 도깨비로 인식하고 그를 두들겨 팬다는 사실은 노장의 정체를 이해하는 데 관건이 될 수 있다. 취발이와 말뚝이의 변별성 문제도 이런 맥락에서 볼 때, 대면과의 관련 가능성이 있다면 취발이일 확률이 높다는 의미이다.

어쨌든 대면의 가능성이 있는 황금가면과 취발이 모두 호류와 연계되는 캐릭터라는 사실은 주목해 둘 만한 가치를 지닌다.

4) 제4수 〈속독〉

필자가 생각하는 〈속독(束毒)〉의 역문부터 제시한다.

> 쑥대머리 푸른 얼굴 사람이 아닌데,
> 무리 끌고 뜰로 와서 난새 춤 추네.
> 둥둥 하는 북소리 솔솔 부는 바람소리에,
> 남으로 달리고 북으로 뛰길 끝이 없네.[351]

제1구에서는 속독의 외형적 특징으로 쑥대머리와 푸른색 얼굴을 거론하였다. 선행연구에서는 이 형상을 주로 서역계 외국인으로 간주하였는데, 필자는 다른 각도에서 접근하고자 한다. 그것은 문제의 핵심이 서역인이냐 아니냐에 있기보다는 이승의 사람이냐 아니면 저승의 귀신이냐 하는 데 있기 때문이다. 이런 관점에서 속독이 산 사람일 수 없다는 점을 분명히 해 두고자 한다. 상식의 선에서 출발해 보자. 푸른색은 피의 색깔인 붉은 색과 반대되는 색이므로, 핏기 없는 푸른색은 동서양을 막론하고 사자(死者)의 색으로 간주되는 것이 일반적이다. 따라서 푸른색의 얼굴이 살아 움직인다는 것은 이미 인간계를 떠난 존재, 곧 귀신의 격으로 파악해야 타당하다. 이익은 일찍이 이 점을 명확히 지적한 바 있다.

> 속독 또한 가면이 귀신의 모습을 한 것이다.[352]

필자는 이 견해에 동의한다. 아울러 이해의 편의를 위해 푸른색 얼굴이 귀신의 얼굴로 사용된 예를 하나 제시한다.

> 푸른 얼굴 삐죽 나온 푸른 입술,
> 거기다가 연지까지 칠했구나.

뿔도 뾰족한데다,

눈까지 번쩍번쩍.[353]

위의 예문은 청대(淸代) 정방곤(鄭方坤)이 지은 〈귀검(鬼臉)〉이라는 시의 일부인데, 공연 환경이 민간나(民間儺)라는 점에서 〈향악잡영〉과 통하는 면이 많다. 이 시에서는 제목부터 귀신임을 분명히 하고 있어 의문의 여지가 없는데, 여기서 제시된 첫 번째 특징이 푸른색 얼굴이다. 장전불교(藏傳佛敎) 격로파(格魯派)에서 받드는 주요 신 중의 하나인 시륜금강(時輪金剛) 또한 좋은 예가 될 수 있다. 시륜금강은 머리가 넷에 팔이 스물넷인데, 이때 주면(主面)은 푸른색 얼굴(藍面)을 취한다.[354] 따라서 〈속독〉의 '봉두남면'은 귀신으로 이해하고, 이어서 나오는 '이인간(異人間)'은 인간 세상과 다르다는 뜻으로 풀어야 옳다. 시의 전체적인 구성을 고려해도, 속독탈이 사람이 아닌 신격을 상징함은 분명하다.《향악잡영》5수 중에서 제1, 2, 3수에는 신격이, 제5수에서는 신수가 등장하고 있다. 유독 제4수만 산 사람으로 간주할 근거가 박약하다. 제2구부터 제4구까지는 주로 춤판에 대해 언급하고 있다. 제2구에서는 속독탈을 쓴 이가 무리를 이끌고 와서 난새춤을 춘다고 하였다. 난새는 서조(瑞鳥)이므로 그 춤의 성격은 태평무에 해당하고, 무리라 하였으니 그것은 곧 동류에 의한 군무라고 할 수 있다. 제3구와 제4구에서는 각기 울려 퍼지는 음악소리와 흐드러진 춤판을 묘사하였다.

결국 시구의 해석만으로 보면 〈속독〉은 속독탈로 대변되는 신격이 동류의 신격들과 함께 등장하여 벌인 춤판을 묘사한 것이라 할 수 있다.[355]

문제는 속독의 정체가 무엇이냐 하는 것인데, 이에 대해서는 증거가 불충분하므로 후일로 미루기로 하고 여기서는 한 가지 추측을 덧붙여 보고자 한다. 그것은 속독과 처용(處容) 그리고 오방신과의 관련성이다.

속독과 처용을 연계시킬 수 있는 근거로는 그 외형적 특징인 봉두와 남면이라 할 수 있다. 먼저 남면부터 살펴보자. 《삼국유사(三國遺事)》 권2에 수록된 내용에 의하면 처용은 본래 동해용의 아들이니, 그 자신 또한 동해용에 다름 아니다. 오행설에 의하면 동은 청색에 해당하므로, 처용은 곧 청룡의 화신인 것이다. 그렇다면 처용의 본래 얼굴은 지금 전하는 것과 달리 청색, 곧 남면이어야 더 어울릴 것이다. 봉두는 일반적으로 쑥대머리로 해석되는데, 이것은 주로 추악하거나 험상궂은 모습과 어울린다. 처용의 정체가 본래 용이므로, 그 화신은 단정하거나 아름답기보다는 험상궂거나 추악한 얼굴이 제격이 아닐까 싶다. 만약 그렇다면 봉두 또한 처용의 원래 모습에 어울릴 수 있을 것이다. 참고로 처용과 마찬가지로 대표적인 벽사의 신으로 알려진 중국의 종규(鐘馗)도 봉두임을 소개해 둔다.[356] 봉두와 남면이 흉악한 모습이리란 견해는 다음 두 가지 자료에 의해서도 뒷받침된다. 하나는 이두현이 소개하고 있는 도판으로, 거기서의 처용면은 흉악함 그 자체다. 다른 하나는 《세종지리지(世宗地理志)》에 전해지는 다음 기록이다.

> 처용암(處容巖): 군(郡) 남쪽 37리 거리의 개운포(開雲浦) 가운데에 있다. 세상에서 전하기를, "신라 때에 어떤 사람이 그 위에서 나왔는데, 얼굴이 기괴하고 노래와 춤을 좋아하니, 그때 사람들이 처용옹(處容翁)이라고 일렀다."[357]

처용옹의 얼굴이 기괴하고 노래와 춤을 좋아했다고 적고 있다. 따라서 봉두와 남면을 처용의 외형적 특징으로 간주할 수도 있으리라 판단된다.

속독과 처용 그리고 오방신장의 관계는 그것의 방위신적 성격에서 찾을 수 있다. 《삼국유사》 권2의 '처용랑망해사(處容郎望海寺)'조에는 전후반에 걸쳐 춤이 등장하는데, 후반부에 등장하는 인물은 처용과 왕을 비롯해 남산신(南山神), 북악신(北岳神) 그리고 지신(地神)이다. 다섯 명의 등장인물 중에서 세 명의 방위가 명확하므로 그들의 군무는 방위신의 군무적 성격이 짙다. 만약 왕과 지신을 각각 중앙과 서방으로 보면 중앙과 동, 서, 남, 북이 갖추어진 오방신무가 되는 것이다. 오방은 천하를 의미하므로 오방에서 신격이 출현하여 춤을 추었다는 것은 그 자체가 상서로운 현상이며 천하의 태평을 알리는 길조이다. 이런 의미에서 현재 알려져 있는 오방처용무나 오방신장무는 본질적 속성이 다르지 않다. 《향악잡영》의 놀이들이 불교적 색채 외에 나례적 성격까지 지니고 있다는 사실을 고려할 때, 속독과 그 무리들의 군무를 지금의 오방신장무에까지 연계시켜 보는 것도 무의미하지는 않으리라 생각된다.

5) 제5수 〈산예〉

필자가 생각하는 〈산예〉의 역문부터 제시한다.

> 머나먼 사막 건너 만 리 길 오느라,
> 터지고 닳아진 털옷에 먼지 수북해.
> 머리와 꼬리 저으며 인덕에 순종하니,
> 그 웅기 어찌 뭇 짐승 재주에 비하리?[358]

산예는 서역에서 온 맹수로 사자를 가리키는데, 일반적으로 불교의 신수로 인식된다. 시에서는 신수인 산예가 인덕에 감복하는 내용을 묘사하고 있다.

제1구에서는 산예가 저 멀리 서쪽 나라에서 건너왔음을 말하고 있다. 제2구에서는 그 길이 순탄치 않았음을 언급하고 있다. 제3구에서는 신수인 산예가 큰 인덕에 순종하는 모습을 형용하였다. 제4구에서는 산예의 웅기가 뭇 짐승과 다름을 말하고 있다. 기록에 의하면 산예는 한 번에 오백 리를 달릴 수 있고, 호랑이와 표범을 잡아먹는 등의 능력을 지녔다고 한다.[359] 그러나 그보다 더 뛰어난 능력은 인덕에 감복할 수 있는 영성(靈性)을 지녔다는 점일 것이다.

대략 이런 내용의 〈산예〉가 종장에 위치한 이유는 제3구에 명확히 드러나 있다. 흔히 문수보살과 함께 등장하는 사자가 처음부터 그의 말노릇을 한 것은 아니었다. 그렇게 되기까지에는 문수보살이 사자를 제압하고 감화시키는 과정이 있었다. 이 점은 봉산탈춤 사자춤 과장의 대사에 의해서도 뒷받침된다. 그러므로 제3구에서 산예가 꼬리를 내리고 감복한 대상은 구체적으로 그 판이 벌어진 지방의 수령 또는 범위를 확대하더라도 신라의 왕을 벗어나지 않는다. 그런데 시의 제목이《향악잡영》이라는 점을 상기하면, 지방의 수령일 가능성이 더 높다. 최치원이 신라로 귀국한 다음 대산군(大山郡)과 부성군(富城郡)의 태수를 역임했던 사실 또한 이 같은 가능성을 뒷받침한다. 그러므로 〈산예〉라는 판은 해당 지방의 수령이 문수보살과 맞먹는 큰 덕을 지녔음을 칭송하고 있는 것이요, 그런 덕을 지닌 수령을 만나 태평성세가 구가되고 있음을 경축하고 있는 것이다. 결국 〈산예〉는 재앙의 퇴치나 역귀의 구축이 완성된 후의 정화, 납길, 태평 등의 의미를 담고 있기에 종장에 위치한 것이다. 〈산예〉가 극 전체를 마무리하는 역할은 현재 전승되고 있는 통영탈춤과 수영탈춤의 사자춤에서 그 전통을 확인할 수 있다.

3. 소결

이제까지의 고찰을 요약하면 이렇게 정리된다. 제1수 〈금환〉에서는 두 가지를 지적했다. 첫째, 금색 방울의 금색은 바로 불상의 색과 통하며 불교 신의 하나인 나타의 사례로 보면 벽사의 기능을 상징하는 색일 수 있다. 둘째, 방울이 원형이고 방울받기가 빙빙 도는 모습을 보여 주기에 불교에서 말하는 윤회사상을 형상화시키는 연행이라 할 수 있고, 또 그런 관점에서 육도 또는 오도전륜왕의 윤보와도 연결된다. 제2수 〈월전〉에서는 이익의 기술을 근거로 유생들을 희롱거리로 삼는 유희류의 가면극일 것으로 판단했다. 그리고 한중 두 나라에 유행했던 유희류가 서역의 영향으로 촉발된 가면희의 흐름의 연장선상에 있다는 견해를 제시했다. 제3수 〈대면〉에서는 황금색 탈을 쓰고 귀신을 쫓는 인물을 불교의 신격일 것이라고 했다. 또 황금색 탈을 쓴 사람과 귀신이 이루는 대립구도가 현전하는 봉산탈춤의 취발이과장에서 취발이와 노승이 이루는 대립구도와 일치한다고 보았다. 제4수 〈속독〉에서는 쑥대머리와 푸른 얼굴을 가진 등장인물이 인간세상과 다르다는 시구에 주목하여 신격이 추는 춤이 공연의 핵심이라고 이해했다. 그런데 그 춤의 성격이 태평무이므로 쑥대머리에다 푸른 얼굴을 한 등장인물은 아마도 중국의 종규나 한국의 처용 혹은 오방신과 유사한 성격의 신격일 것으로 추정했다. 마지막 수 〈산예〉에서는 산예가 서역에서 온 사자이자 불교의 신수라는 점을 지적하고, 산예의 공연이 마지막에 배치된 것은 그 춤이 역귀를 몰아낸 후의 태평을 경축하는 의미를 지니기 때문이라고 했다.

이상에서 보듯이 〈향악잡영〉 5수가 읊은 다섯 가지 공연물에 공통적으로 확인되는 것은 불교 또는 서역이라는 요소이다. 필자는 이를 근거로 〈향악잡영〉이라는 시가 신라 사회에 풍미했던 호류의 자취를 엿볼 수 있는 훌륭한 통로가 된다고 생각한다.[360]

제10장

〈구나행驅儺行〉 시로 살핀 호류의 자취

1. 서언

고려말 이색(李穡: 1328-1396)이 지은 〈구나행(驅儺行)〉이라는 시는 총 36구로 구성되며 내용은 크게 세 단락으로 나뉜다.[361] 제1-12구에서는 대체로 전통적인 구나(驅儺) 의례에 대해, 제13-28구에서는 전문 배우[優伶]들이 연출한 각종 놀이에 대해, 제29-36구에서는 구나 의례와 놀이를 구경하는 군신의 모습 그리고 그 자리에 참석하지 못한 자신의 심경 등을 각각 묘사하고 있다. 이 가운데 둘째 단락에서 묘사한 배우들의 각종 놀이가 나희(儺戲)[362]라고 간주할 수 있기에 이 장에서 다룰 핵심 내용이 된다. 이에 대한 선행연구로는 이혜구의 〈목은선생(牧隱先生)의 구나행〉이라는 글이 거의 유일하다고 할 수 있는데, 내용을 들여다보면 이혜구의 글은 새롭게 해석할 여지가 많다고 판단된다. 이에 이 글에서는 둘째 단락의 시구에 대해 꼼꼼한 다시 읽기를 시도하고 그를 통해서 새로운 견해를 제시하고 호류의 자취도 함께 드러내 보이고자 한다. 이하 본문에서는 이해의 편의를 위해 이혜구의 견해를 함께 거론하면서 논의를 진행하기로 한다.

2. 〈구나행〉 속의 나희부로 살핀 호류의 자취

1) 제13, 14구

시의 제13, 14구에서는 정식 구나가 끝나고 놀이 곧 나희(儺戱)가 이어지는 것을 말하고 있다. 해당 역문을 원문과 함께 제시하면 다음과 같다.

> 13 충의로 고무된 사내들 병장방을 대신하고(忠義所激代屛障),
> 14 분주한 배우들 괴이한 놀이 죄다 펼쳐내네(畢陳怪詭趨群伶).

이혜구는 제13구에 대해 병장방이 내정에서 궐문으로 역(疫)을 몰아내면 궐문 밖에서 대기하고 있던 사평순위부의 역사들이 교대하여 그것을 성문 밖으로 갖다 버리는 것이라 하고, 제14구에 대해서는 구나가 끝나고 악공들이 잡희를 하려고 입장하는 것이라고 풀이했다. 제13구가 제6구부터 시작된 정식 구나를 끝맺는 구절이 되고, 제14구가 제15구부터 제28구까지 펼쳐지는 일곱 가지 연희를 총괄하는 구절이 된다는 점에서 필자의 생각도 이와 다르지 않다. 다만 한 가지 명확히 해 두고 싶은 점은 제14구를 통해서 이후에 벌어지는 나희가 모두 전문 배우들에 의해 연출된 것임을 알 수 있다는 것이다.

2) 제15, 16구

제15, 16구에는 오방귀(五方鬼)와 백택(白澤)의 춤, 그리고 불 토하기와 칼 삼키기 등이 묘사되어 있다.

> 15 오방귀와 백택이 춤을 추다가(舞五方鬼踊白澤),
> 16 불꽃을 내뿜거나 칼을 삼키네(吐出回祿呑青萍).

이혜구는 제15구를 전도처용무(前度處容舞)와 신수(神獸)의 제무(祭舞)로 보고 제16구는 이와 별개인 칼 삼키기와 불 뿜기로 해석했으나, 필자는 제16구를 제15구와 별개로 해석할 수 없다는 입장이다. 두 구를 따로 해석하면 앞뒤의 문맥이 어그러지기 때문이다. 물론 칼 삼키기와 불 뿜기가 독립적으로 공연될 수 있는 기예이므로 제16구만을 놓고 본다면 틀리지 않을 수도 있으나, 이 대목의 이해에서는 개별 구절의 해석 못지않게 전후 맥락도 고려해야 한다. 북송(北宋) 때의 사적을 담고 있는 맹원로(孟元老)의 《동경몽화록(東京夢華錄)》에 나오는 다음 기록을 보자.

> 연기(煙火)가 크게 일어나자, 가면을 쓰고 머리를 흐트러트린 채 입으로는 이리 이빨과 같은 불꽃(煙火)을 내뿜는 귀신 형상의 인물이 등장했다.[363]

귀신으로 분장한 인물이 불꽃[煙火]을 내뿜는다고 하고 있다. 이 불꽃은 당시에 유행했던 기예의 하나로 화약을 이용해서 일으키는 일종의 특수효과를 말한다. 이런 사정은 남송의 수도 항주(杭州)의 풍정에 대해 기술하고 있는 주밀(周密)의 《무림구사(武林舊事)》를 통해서도 확인된다. 이 책 제3권 '서호유행(西湖遊幸)'조와 제6권 '제색기예인(諸色伎藝人)'조에서도 연화(煙火)가 언급되고 있다.[364] 이들 기록으로 볼 때 연화는 남송(南宋)시대에 이미 전문적인 기예의 하나로 자리 잡았음을 알 수 있다. 당시의 연화는 불꽃 외에 연기의 의미도 지니고 있었다. 위의 예문에 이어지는 한 대목을 보자.

> 다시 폭죽 소리가 나면서 연화(煙火)가 솟아올라 사람의 얼굴을 알아보기 힘들 정도였다. 그 연기 사이로 일곱 명이 나타났는데 모두 머리를 흐트러트리고 문신을 한 모습이었다. ……[365]

연화가 솟아올라 사람 얼굴을 알아보기 힘들다고 한 다음 그 연기 사이로 일곱 명이 나타났다고 기술한 것으로 보아 이 연화는 불꽃 대신 연기가 위주였음이 확실하다. 귀신이 연화를 내뿜는 장면이 같은 책 제8권의 '유월육일최부군생일이십사일신보관신생일(六月六日崔府君生日二十四日神保觀神生日)'조에서도 발견되는 것으로 보아 불꽃을 내뿜는 기예가 귀신의 장기로 자주 활용된 것 같다.[366]

위에 제시한 두 가지 예문은 북송 당시 임금 앞에서 제군(諸軍)이 공연했던 백희(百戲) 종목 중에서도 특히 귀신놀이[367]에 등장하는 대목이다. 거기에는 여러 귀신들이 등장하여 '쫓고 잡고 듣고 보는 모습'이 연출되기도 하며, 또 당시의 구나의례에 등장하던 종규(鐘馗)도 출현한다. 그런 까닭에 그 놀이들은 구나라는 의례와 놀이가 결합된 의미로서의 나희이면서 동시에 구나의 행위를 형상화한 놀이로서의 나희로 간주될 수 있다. 실제로 이들 귀신놀이의 나희적 면모는 남송시대 유당(劉鏜)의 〈관나(觀儺)〉시에 이르러 더욱 분명해진다.[368] 그러므로 위의 예문에서 귀신이 연화를 내뿜었다고 한 것은 〈구나행〉에 등장하는 불꽃 내뿜기의 주체를 백택으로 이해하는 데 있어서 대단히 귀중한 근거를 제공한다. 돈황문건 P.2569에 의하면 백택은 종규와 나란히 귀신들을 통솔하고 있다. 이것은 양자가 동격임을 뒷받침하는 근거라 할 수 있는데, 흥미롭게도 중국에서는 최근까지도 무대 위에 오르는 종규의 장기로 이빨을 놀리거나 불을 토하는 재주가 유명하다.[369] 이것은 북송시대의 전통이 지속된 결과라 아니할 수 없고, 그래서 비슷한 시기의 〈구나행〉에 등장하는 불 토하기나 칼 삼키기의 주체 또한 백택이나 오방귀로 보는 것이 타당하다고 생각한다. 그런 기예를 연출한 의도는 귀신의 위용을 보여주려는 데 있었을 것이다.

오방귀와 백택이 모두 귀신에 속하고 그런 그들이 서로 춤으로 어울린다고 했으므로 제15구의 춤을 신무(神舞)로 본 이혜구의 견해에 대해서는 필자 또한 동의한다. 그러나 오방귀무(五方鬼舞)에 대해서는 좀 더 따져 볼 필요가 있다. 먼저 백택이 왜 맨 처음 등장하는지부터 생각해 보자. 기록에 의하면 백택은 말을 할 줄 알고 만물의 정에 통달한 전설 속의 신수(神獸)로서 벽사의 기능을 지녔을 뿐만 아니라[370] 구나 의례에서는 종규와 함께 신선들을 통솔하는 역할을 맡는다. 앞에서 인용한 돈황문건 P.2569에 이런 기록이 보인다.

> 구나의 예법은 옛날 헌원씨(軒轅氏)로부터 비롯되었다. 종규와 백택이 신선들을 통솔한다.[371]

이 기록에 의하면 백택은 늦어도 송대 이전의 나례에서 종규와 마찬가지로 뭇 정령들을 통솔하는 개로신(開路神)의 역할을 수행했다고 할 수 있다. 〈구나행〉의 백택이 수행하고 있는 역할의 선례를 돈황문건에서 찾을 수 있다는 말이다.

그런데 오방귀무의 성격은 오방귀와 백택의 관계에 따라 달라질 수 있다. 양자의 관계가 적대적일 수도 있고 그렇지 않을 수도 있기 때문이다. 먼저 비적대적인 관계일 때 어떻게 해석되는지 보자. 이혜구가 오방처용(五方處容)이라고 이해한 외에 윤광봉과 전경욱이 각각 오방신장(五方神將)이나 오방귀사(五方鬼使)와 연계시킨 견해가[372] 모두 이런 관점에 해당한다.

이 경우에도 짚고 넘어가야 할 문제가 있으니 바로 오방귀(五方鬼)의 지위에 대한 것이다. 잘 알려진 것처럼 한국의 처용은 벽사의 신이며, 그 지위는 중국의 종규에 상당한다. 〈가산오광대〉의 첫머리에 등장하는 오방신장(五方神將)도 길을 여는 개로신이라는 점에서 돈황문건에 등장하는 종규나 백택과 동급이라 할 수 있다. 그러나 오방귀사의 지위는 다소 다르게 파악된다. 《몽량록(夢粱錄)》 권6 '제야(除夜)'조에 기록된 다음의 순서를 보자.

> 장군(將軍), 부사(符使), 판관(判官), 종규(鐘馗), 육정(六丁), 육갑(六甲), 신병(神兵), 오방귀사(五方鬼使)

신병 다음에 등장하고 있으므로 그 지위는 종규라는 선봉장 휘하의 병졸에 해당한다고 보아야 타당하다. 원명(元明) 간의 잡극(雜劇) 작품 《경풍년오귀뇨종규(慶豊年五鬼鬧鐘馗)》에 등장하는 순서도 오방귀의 지위를 이해하는 데 도움이 된다.

> 오도장군(五道將軍), 판관(判官),[373] 귀왕(鬼王),[374] 오방귀(五方鬼)[375]

상기한 두 가지 예를 참고할 때 〈구나행〉에 등장하는 오방귀는 백택의 수하에 해당하는 다섯 명의 귀졸(鬼卒)로 간주하는 것이 합리적이고, 따라서 제15구는 상하 관계에 있는 백택과 오방귀가 함께 등장하는 것으로 해석된다.

이어서 백택과 오방귀의 관계를 적대적으로 해석할 수 있는지도 살펴보자. 돈황문건 P.2569의 〈아랑위(兒郞偉)〉를 보면, 동서남북 네 곳의 귀(鬼)를 언급한 다음에 "사방에 모두 귀신이 있으니 하나도 남김없이 붙잡아야 한다"고 하고 있다.[376] 이 자료는 구나문(驅儺文)의 일종이므로 글 속에 등장하는 귀는 모두 구나의 대상이 되는 부정적인 귀들이라고 할 수 있다. 오방은 사방에다 중앙을 첨가한 개념이므로 사방귀(四方鬼)가 있다면 오방귀(五方鬼)도 가능하고, 그런 오방귀가 있기에 사람들은 오방신장을 필요로 했을 것이다. 따라서 이 자료는 오방귀를 부정적 의미의 귀로 해석할 수 있는 근거를 제공하고 있는 것이다. 한국의 가면극 〈가산오광대〉 속의 영노과장 또한 이 같은 가능성을 뒷받침하고 있다.

영노과장에서는 오방신장이 영노에게 차례로 잡아먹히는데, 필자는 여기서 오방신장의 정체를 신장이 아닌 귀로 이해하기에 '영노-오방신장'의 관계와 적대적으로 이해한 '백택-오방귀'의 관계와 일치한다고 생각한다. 오방신장을 신장이 아닌 귀로 간주할 수 있는 근거는 무엇보다 영노와 황제장군(黃帝將軍)이 주고받는 대사에서 찾을 수 있다. 이두현의 채록본에 의하면 영노와 마주친 황제장군은 자신이 황제장군임을 결코 밝히지 않는다. 오히려 호랭이, 담보, 양반이라고 말바꾸기를 하다가 마침내 영노에게 잡아먹히고 만다.[377] 이 같은 장면은 영노과장에서의 황제장군이 그 외양과 무관하게 신장의 지위가 아님을 의미한다. 아마도 영노과장에서의 황제장군은 외양, 곧 분장을 바꾸지 않고 대사를 통해 다른 인물로 전환되는 방식을 취했을 것이다. 외양은 황제장군이지만 실제로는 귀의 역할을 수행한 것으로 추정된다. 유사한 예를 중국의 전통극에서 쉽게 발견할 수 있다. 남희(南戲)의 초기 극본인 《장협장원(張協狀元)》의 제33출 및 제39출에서 정(淨)이라는 각색(脚色)은 동일한 장면에서 분장을 바꾸지 않은 채 대사만으로 다른 인물로 전환된다.[378] 이 극은 대략 송원 간에 형성된 것으로 알려지므로, 〈구나행〉과 비교할 때 시대가 다소 앞서거나 혹은 동시대적 상황을 반영한다고 할 수 있다.

설득력을 높이기 위해 중국의 사례를 하나 더 제시한다. 원명(元明) 간의 잡극 《경풍년오귀뇨종규》에 등장하는 종규와 오방귀의 관계가 신과 귀의 대립구도이면서 일방이 다른 일방을 제압하는 구도여서 적대적으로 이해한 백택과 오방귀의 관계와 일치한다. 그뿐만 아니라 이 극에서는 칼을 삼키거나 불꽃을 토하는 볼거리가 모두 오방귀라는 등장인물에 의해 펼쳐진다. 이런 사례들은 제16구를 제15구와 연결해서 이해한 필자의 견해가 옳았음을 뒷받침하고 있다.[379]

흥미로운 점은 위에서 제시한 두 가지 해석이 실은 상반되지 않고 병립할 수 있다는 것이다. 왜냐하면 시에서 묘사하는 장면이 극중 장면이면서 동시에 행렬의 한 장면일 수 있기 때문이다. 만약 행렬이라는 측면에서 본다면 적대적이라기보다는 비적대적 관계로 보는 것이 더 타당할 것이다. 마침《경풍년오귀뇨종규》에도 이와 유사한 장면이 등장한다. 제4절에서 종규가 오방귀를 제압한 다음 그들을 대동하고 삼양각(三陽閣)으로 가는 장면이 나온다.《맹렬나타삼변화》라는 극에서는 신과 귀의 양면적 관계를 더욱 분명하게 발견할 수 있다. 이 극에서 오귀왕(五鬼王)은 나타에게 제압당한 뒤,[380] 오히려 나타의 수하가 되어 네 마녀와 싸우기도 한다.[381] 이런 사례는 신과 귀의 관계가 적대적 대립관계에서 비적대적 상하관계로 바뀔 수 있음을 보여준다. 이 때문에 귀신의 세계에서 적대 혹은 비적대적 관계는 고정불변이라기보다는 가변적이라고 말하는 편이 더 옳을 듯하다. 마치 오행이 상생할 수도 혹은 그 반대로 상극할 수도 있는 것과 유사하다. 따라서 필자는 오방귀가 단지 오행의 형상화일 뿐이며, 그렇기 때문에 자체에 정반(正反)의 양면성을 모두 내포한 것으로 생각한다.

3) 제17, 18구

제17, 18구에서는 흑색, 황색 얼굴에 파란 눈빛의 탈을 쓴 인물을 묘사하고 있다.

> 17 서천의 정령으로 '고월'이 있어(金天之精有古月),
>
> 18 검고 노란 얼굴에 파란 눈 깜박이네(或黑或黃目靑熒).

위의 해석에서 관건은 '고월(古月)'이라 할 수 있다. 고월을 무엇으로 보느냐에 따라 의미가 달라질 수 있기 때문이다. 이혜구는 여기서의 고월을 호(胡)의 파자(破字)로 보아 위의 두 구가 호인희(胡人戲)를 묘사한 것이라고 했다. 일단 이 견해를 긍정하는 입장에서 따져 보자. 해석을 호인희라고 하고 말면 부족한 감이 있다. 놀이의 형태가 제대로 부각되지 않는다. 놀이의 형태를 이해하기 위해서는 제18구를 유념해야 한다. 혹은 검고 혹은 노랗다(或黑或黃)고 했으니 이것은 최소한 분장을 했거나 가면을 쓴 것이다. 이어서 푸른 눈빛을 깜박인다고 했으니 이 또한 일반 사람의 맨눈으로 보기는 어렵고 무언가 특수한 화장을 응용했을 것이다. 그런데 제17구에서 호인으로 일컬어지는 인물을 서천(西天)의 정령이라고 하여, 귀기(鬼氣) 어린 푸른 눈빛을 지닌 인물의 정체를 알려주고 있다. 위의 두 구에 등장하는 인물은 사람이 아닌 신격이며 그 외양은 호인 모습을 한 서천의 정령인 것이다. 그러나 이렇게 이해하더라도 의문은 여전히 남는다. 서천의 정령과 호인이 어떤 관계에 있는지가 뚜렷하지 않다. 일반 사람으로서의 호인이라면 굳이 신성성을 지닌 서천의 정령으로 언급되었을 리 없다. 이에 필자는 고월을 글자 그대로 '옛적의 달'로 해석하고, 그 달을 〈향악잡영〉에 등장하는 월전(月顚)과 연결시킬 수 있다는 견해를 제기해 두고자 한다. 월전과 현전하는 탈춤의 양반과장에 등장하는 말뚝이와의 관계에 대해서는 제9장의 〈월전〉 다시 읽기에서 이미 논한 바 있으므로 생략한다. 어쨌거나 이런 견해가 가능하다면 한국의 가면극에서 달 모양의 가면을 썼거나 혹은 달의 신격으로서의 위상을 지닌 캐릭터는 호류에 의해 촉발됐을 가능성이 높다. 그 구체적인 전개는 신라시대의 월전에서 시작되어 고려시대 나희 속의 고월을 거쳐 현재의 산대도감계통 가면극 속 말뚝이로 이어진다고 할 수 있다.

4) 제19, 20구

제19, 20구에서는 서천의 정령 중에서 남극성의 특징적인 외양과 그것을 본 구경꾼들의 반응을 묘사하고 있다.

19 그중의 노인네 휜 데다 길기도 해(其中老者傴而長),

20 사람들 모두 수성이라 경탄하네(衆共驚嗟南極星).

제19구에서 관건이 되는 문제는 원문에 나오는 구이장(傴而長)의 장(長)을 어떻게 해석하는가이다. 선행 연구를 살펴보면 1955년 이혜구의 글에서부터 2002년 임정기의 역문 그리고 2004년 전경욱의 역문에 이르기까지 다수의 한국학자들은 키가 큰 것으로 이해하거나,[382] 윤광봉처럼 귀가 긴 것으로 해석하고 있다.[383] 필자 또한 역문에서 '휜 데다 길기도 해'라고만 제시하고 있어서 독자들은 신장이 긴 것으로 이해하기 쉽다. 그런데 명청(明淸)시대 중국에 널리 알려져 있던 남극성은 머리가 길고 키가 작은 장두단신(長頭短身)의 노인 형상이다. 그러므로 이 문제에 대해 좀 더 살펴볼 필요가 있는데, 앞의 제8장에서 이미 한중 두 나라의 수노인에 대해 자세하게 살폈기 때문에 여기서는 간단하게 요지만 언급하기로 한다.

원래 남극성은 별자리 이름으로 출발했으나 오랜 역사적 전개 과정에서 인간의 수명을 관장하는 신격으로 의인화되었다. 명청시대에 이르러 장두(長頭)와 단신(短身)의 특징이 결합된 노인 형상이 시각적으로 널리 유포되었고, 그 결과 오늘날에 와서는 긴 두상과 작은 키 그리고 노인이라는 세 가지 요소가 대표적인 형상 특징으로 인식되게 되었다. 명칭 방면에서는 남극성 외에 노인성(老人星), 남극노인성(南極老人星), 남극선옹(南極仙翁), 남극수성(南極壽星), 수성(壽星), 수노인(壽老人) 등이 동의어로 사용됐다. 그런데 필자가 조사한 바에 따르면 긴 두상과 작은 키 그리고 노인이라는 세 가지 요소는 동시에 형성된 것이 아니라 서로 다른 뿌리에서 유래되었으며 시차를 두고 상호 결합되었다. 그래서 세 가지 요소가 모두 조합된 시각적 결과물은 14, 15세기 무렵에 이르러서야 비로소 확인된다.[384] 구체적인 사례를 들어 설명하면, 11세기 북송의 궁정화가 고극명(高克明)이 그린 것으로 알려진 〈수성도(壽星圖)〉 속의 수성은 단신이긴 하지만 장두라고 말하기 어렵고 연배도 노인이라기보다는 오히려 중장년에 가깝다. 또 1358년에 제작된 것으로 추정되는 원대 영락궁(永樂宮) 삼청전(三淸殿) 동쪽 벽화 속의 수성은 대머리와 장두의 특징이 비교적 뚜렷하지만 단신이라고 하기는 어렵다.

장두와 단신이 완전하게 조합을 이룬 노인의 형상은 이보다 약간 뒤인 15세기의 작품, 예를 들면 명나라 선종(宣宗: 1426-1435 재위)의 〈수성도〉나 여기(呂紀)의 〈남극노인도(南極老人圖)〉[385]에서 비로소 뚜렷하게 확인된다.

이색이 언급한 남극성은 시기로 볼 때 대략 원대 영락궁의 수성과 명대 선종이 그린 수성 중간쯤에 위치한다. 이에 필자는 제19구의 장(長)을 두상이 긴 장두(長頭)로 이해하는 것이 옳다고 생각한다. 또 이처럼 과장된 두상을 지닌 남극성이라면 십중팔구 가면을 착용했을 것으로 판단된다.

한편 이색의 시에 등장하는 남극성의 자취는 지금의 산대놀이계통 탈춤에서도 찾아볼 수 있는데, 그 근거로는 다음 두 가지를 제시할 수 있다. 첫째, 이두현의 조사에 의하면 봉산탈춤의 미얄춤과장에 등장하는 남강노인 또는 남극노인은 바로 남극성의 화신이라고 한다.[386] 둘째, 영감할미과장에 등장하는 영감이라는 인물은 남극성의 자취를 지니고 있다. 지금의 은율탈춤에서 영감과 남강노인의 연결고리를 발견할 수 있다. 거기서 영감은 할멈이 죽은 뒤 무당의 공수를 받는데, 이것은 봉산탈춤에서 남강노인이 하는 역할과 동일하다. 다시 말해 남극성에서 영감으로 전환되어 가는 자취가 아직도 남아 있는 것이다. 남극성과 영감의 외형적 특징이 일치하는 점도 주목할 대목이다. 《도교대사전(道教大辭典)》에서 설명하고 있는 남극선옹(南極仙翁)의 모습을 보자.

수성의 형상은 일반적으로 백발노인이며, 이마가 튀어나왔고, 머리가 유난히 길고, 굽은 지팡이 하나를 짚고 다닌다.[387]

백발, 튀어나온 이마 그리고 지팡이는 양주, 송파, 봉산, 강령 등지의 탈춤에 등장하는 영감에게서 모두 확인할 수 있다. 양주나 송파탈춤에서 영감은 신할아비로 불리는데, 이두현의 설명에 의하면 흰할아비, 곧 백발노인에서 유래한 것 같다고 한다.[388] 백발노인의 직접적인 형상은 꼭두각시놀이의 박첨지에 의해서도 뒷받침된다. 탈춤에 등장하는 영감의 난간이마는 튀어나온 이마에 부합한다. 지팡이도 탈춤의 영감에게서 빼놓을 수 없는 도구이다. 이 밖에 봉산탈춤의 대사에 의하면 영감의 키는 석 자 네 치에 지나지 않는데,[389] 이 점도 키가 작다는 남극성의 특징과 일치한다.[390] 이야기의 주제라는 측면에서도 남극성의 이미지는 영감·할미과장과 밀접하다. 장수는 모든 사람들의 공통된 염원이기는 하지만, 특히 나이 든 노인들에게 지대한 관심사임은 인지상정이다.

명청시대에 보편화된 중국의 남극성 형상과 조선시대 전통을 간직한 탈춤 속 영감의 형상이 공통의 특징을 공유하고 있는 현상은 두 나라만 놓고 보면 중국의 영향을 받은 것으로 보일 수 있다. 그러나 좀 더 근본적인 유래를 따지면 중국이 아닌 서역의 영향 다시 말해 호류의 결과물이라고 보는 견해가 더 타당하다고 생각한다. 이를 방증해줄 자료가 일본에 널리 퍼져 있는 시치후쿠신(七福神) 중의 쥬로오징(寿老人)이다. 일반적으로 시치후쿠신은 무로마치(1338-1573) 시대를 거치면서 성립되었으며 그 가운데 장수와 생명의 연장을 담당하는 신 쥬로오징은 인도에서 유래한 것으로 알려져 있다.

5) 제21, 22구

제21, 22구에서는 강남의 장사치를 묘사하고 있다.

21 강남의 장사치 이상한 말 지껄이는데(江南賈客語侏離),

22 진퇴의 민첩함 바람 속의 반딧불 같네(進退輕捷風中螢).

제21구에서는 등장인물의 신분이 강남에서 온 장사치임을 밝히면서 그가 알아듣지 못하는 말을 지껄인다고 하였고 제22구에서는 그런 장사치의 날래고 민첩한 행동을 묘사했다. 이혜구는 강남에서 온 장사치가 외국말을 한다는 점에 근거해 고려 사람이 아니라 당시 고려에 거주하던 화교일 것으로 추정했으며 또 장사치라고 했으므로 전문배우가 아닌 소인(素人)일 것이라고 했다. 제22구의 진퇴경첩(進退輕捷)에 대해서는 근자까지 화교가 인천에서 잘하던 '양걸', '죽광대(竹廣大)', 일본어로 '죽마(竹馬)', 《송사(宋史)》에 나오는 '답교(踏蹻)'를 가리킨다고 했다.[391] 필자가 보기에도 제22구는 시구만으로 어떤 놀이를 묘사했는지 단정하기가 어려우므로 죽마(竹馬)를 포함해 여러 가지 가능성을 열어놓는 것이 합리적일 듯하다. 다만 제13, 14구에서 배우들이 놀이를 펼친다고 했으므로 제21구에 언급된 강남의 장사치는 연출을 위해 설정된 배역임이 분명하고 따라서 그 배역을 맡은 사람도 일반인이 아닌 전문배우로 이해하는 것이 옳다. 또 한눈에 외국인임을 알아볼 수 있는 배역이라면 그 사람 입에서 외국말이 나오는 것은 지극히 자연스러운 현상이다. 그러면 제21, 22구에 묘사된 놀이에 대해 좀 더 살펴보자.

사실 고려시대 산대잡희(山臺雜戲) 중에는 외견상 외국인이 주역을 맡은, 그런 까닭에 연출 형식상 가면을 착용할 수밖에 없는 놀이가 적지 않았다. 예를 들면, 《고려사(高麗史)》 권129 〈최충헌전(崔忠獻傳)〉에 "비단으로 채붕을 만들고 호한잡희(胡漢雜戲)를 펼쳤는데 지극히 사치스럽고 괴이하다."[392]라는 기록이 보이는데, 여기서 말한 호한잡희는 글자 그대로 호인(胡人)이나 한인(漢人)이 주된 역할을 맡았기 때문에 이런 명칭을 얻었을 것이다. 그리고 이런 추론이 정확함은 이색이 남긴 〈제장입성(諸將入城)〉이라는 시를 통해서 입증된다.

> 장수들이 전공을 세우고 개선하니,
> 순군부가 산대 세워 잡극 펼치네.
> 당인의 혀 짧은 말 예리하면서 급하고,
> 호객의 긴 허리에 춤 소매 휘돌아가네.[393]

장수들이 싸움에서 이기고 돌아오는 것을 축하하기 위해서 순군부에서 산대를 세우고 잡극을 펼쳤는데, 이어진 레퍼토리가 당인희(唐人戲)와 호객희(胡客戲)라 했다. 당(唐)은 곧 한(漢)을 의미하므로 이 둘을 합쳐 부르면 호한잡희가 제격이 아닐 수 없다. 또 당인의 혀 짧은 말이 예리하면서 급하다고 했으니 말재주를 위주로 하는 우희류(優戲類)요, 호객희는 춤을 위주로 하고 있으므로 가무류(歌舞類)가 된다. 그런데 호객의 소매춤은 처용무를 참고할 때 가면무임이 분명하니, 당인희 또한 관객들이 한눈에 알아볼 수 있을 정도인 것으로 보아 가면을 착용했을 가능성이 가장 높다.[394]

요컨대 제21구에서 묘사하는 놀이는 강남의 장사치가 말재주를 위주로 펼치는 당인희이자 우희류에 속하는 가면희로 추정된다. 그래서 제22구는 그런 장사치가 대사와 함께 펼친 몸짓연기일 가능성이 높다.

한편, 여기서 언급된 강남의 장사치는 탈춤에 등장하는 신장수와 관련될 수 있음을 제기해 두고자 한다. 그 이유 중 첫째는 양자가 모두 장사치 신분이면서 강남과 밀접한 관련이 있다는 점이다. 양주탈춤에서 신장수는 "진피발막에 꽃당혀 사려—"라고 외치는데, 여기서의 당혜(唐鞋)는 그가 강남에서 왔거나 혹은 그곳과 교역하는 신분임을 암시한다. 봉산탈춤의 신장수는 자신의 가문이 중국과 교역하였음을 직접적으로 밝히고 있다.

과거에 우리 선친께서 중국 사신으로 다닐 적에 기념으로 사다 두었다고 하더니 내가 신짐을 지고 나온다는 것이 원숭이짐을 지고 나왔구나.[395]

'선친께서 중국 사신으로 다닐 적에'라고 말하는 대목은 신장수가 중국과 교역하던 장사꾼의 후손임을 뒷받침한다. 그 가문은 한국인일 수도 있고 귀화인일 수도 있다. 어떤 경우든 외국과의 교역에 종사했다는 점을 이해해야 어주리(語侏離)라는 구절의 의미가 분명해진다. 주리(侏離)는 일반적으로 만이(蠻夷) 곧 외국인의 말소리이거나 또는 알아듣지 못할 이상한 소리를 뜻한다. 그러므로 제21구의 의미는 외국장사치 신분의 등장인물이 하는 외국어, 실제로는 외국어라기보다는 '알아듣지 못할 말소리'가 된다. 여기에는 관중을 즐겁게 하고자 하는 의도가 함축되어 있다. 지금의 탈춤에서 신장수와 원숭이의 대화로부터 이 의미를 간파하기는 쉽지 않으나, 좀 더 깊이 생각해 보면 어려운 것만도 아니다. 원숭이와의 대화라는 측면에서 당초에는 관객이 '알아듣지 못할 이상한 소리'로 주고받았을 가능성이 높다. 그렇지만 관객에게는 외국장사치라는 신분과 중첩되면서 외국어처럼 들렸을 것이다. 이렇게 보면 여기에는 세 겹의 의미가 중첩되어 있다고 할 수 있다. 짐승과 대화하므로 애당초 사람의 언어가 아니었지만, 화자의 신분이 외국인이어서 외국어처럼 들렸던 것이다. 그러나 사실은 관객층이 듣고 웃을 수 있는 배우의 '모방적 대사'라고 해야 옳다. 이런 추론은 원숭이가 등장하지 않더라도 동일하게 적용된다. 배우가 맡은 역이 외국인 장사치이기에 그에 부합하는 언어를 기대하는 것은 관객의 정당한 요구지만, 배우가 진짜로 외국어를 지껄일 필요까지는 없다. 배우는 자신의 목적에 맞도록 관객을 즐겁게 해주면 그뿐이므로 외국어를 모방한 이상한 소리를 사용한 것뿐이다.

둘째, 신장수의 정체 또한 강남 장사치와의 관계를 뒷받침한다. 이 시의 제목이 〈구나행〉이라는 점을 다시 한 번 상기하자. 정식 구나 행위가 끝난 다음에 이어진 배우들의 놀이여서 구나와 무관할 수 없다. 제15구부터 제20구까지의 등장인물이 모두 사귀들을 물리칠 수 있는 신격임은 이미 밝힌 바와 같고, 후술하겠지만 제23구부터 제28구까지의 등장인물 또한 모두 신격이다. 전후 문맥으로 보아 강남의 장사치 또한 신격이어야 제격이다. 신장수가 신격일 가능성은 지금의 탈춤에서 원숭이를 대동한다는 사실에서 엿볼 수 있다. 원숭이는 12지신의 하나이기도 한데, 그런 자취가 강령탈춤의 사자춤에 아직까지도 남아 있다. 거기서 원숭이의 역할은 사자와 동일하다. 사자가 신수(神獸)라면 원숭이도 동격이어야 타당하다. 그렇다면 그런 원숭이를 대동하는 신장수 또한 신격으로 간주해야 옳은 판단일 것이다.

〈구나행〉에 나오는 강남의 장사치, 요(遼)나라 때의 천문도, 탈춤에 등장하는 신장수와 원숭이 그리고 최치원의 시 〈향악잡영(鄕樂雜詠)〉에 언급된 월전(月顚) 사이에 일련의 연결고리가 형성된다는 점도 부기해 둔다. 필자는 제9장에서 〈향악잡영〉에 등장하는 월전이라는 인물이 탈춤의 말뚝이와 연계될 수 있다는 견해를 제시한 바 있다. 그런데 양주별산대놀이에서 신장수는 말뚝이가 대신하고 있다. 공연의 편의상 대체된 것으로 볼 수도 있겠으나, 그 인물이 신격이라면 차원이 달라진다. 결코 아무에게나 대신 맡길 수 있는 배역이 아니다. 이 점에 주의하면 신장수가 말뚝이라는 신격의 또 다른 변신이라고 해석할 수도 있다.

신장수와 원숭이가 함께 등장하는 현상에 주목해 보자. 요나라의 천문도에서 원숭이는 월신(月神)이 관장하는 서방에 위치하고 있다. 중국에서는 일찍부터 간지(干支)와 오행이 결합된 설이 널리 유포되었는데, 그에 따르면 서방 금(金)에 해당하는 천간과 지지는 각각 경신(庚辛)과 신유(申酉)이다.[396] 이 중 신유의 신(申)은 곧 원숭이를 가리킨다. 그러므로 원숭이를 대동한 신장수의 정체가 인간이 아닌 신격이라면 비록 중국을 거쳤다고 하더라도 그 근원적 유래는 결국 서역이라 할 수 있다.

6) 제23구부터 제26구

이혜구는 제23구부터 제26구까지를 모두 처용을 묘사한 것으로 이해했다.[397]

> 23 신라의 처용 칠보 둘렀는데(新羅處容帶七寶),
>
> 24 머리 위 꽃가지 향기 흩뿌리네(花枝壓頭香露零).
>
> 25 낮게 휘돌리는 긴소매는 태평무인데(低回長袖舞太平),
>
> 26 붉게 취한 얼굴 아직도 술이 덜 깼네(醉臉爛赤猶未醒).

필자는 우선 여기에 묘사된 처용이 〈향악잡영〉에 등장하는 속독(束毒)과 연계될 수 있음을 앞절에서 밝혔다. 외양 특징만으로 보면 남송(南宋)시대 유당(劉鏜: 1219-?)의 〈관나(觀儺)〉시에 등장하는 야차(夜叉) 또한 봉두와 남면이라는 특징을 지닌다.[398] 야차는 일반적으로 악귀의 대명사로 인식되기에 얼핏 보아 속독이 추는 태평무와 어울릴 것 같지 않으나, 그 신격의 내력을 파헤쳐 보면 꼭 그렇지도 않다는 점을 알 수 있다. 불교의 신들 중에서 금강밀적(金剛密迹)은 달리 밀적금강(密迹金剛), 밀적역사(密迹力士), 비밀주(秘密主) 등으로도 지칭되는데, 금강저(金剛杵)를 든 금강역사 계열의 신이면서 야차의 총두목이기도 하다.[399] 잘 알려진 것처럼 금강역사는 불교에서 대표적인 구귀의 신이라 할 수 있다. 속독과 야차의 형상이 일치하고, 야차의 총두목이 금강역사 계열의 신이라면, 야차의 춤 또한 태평무와 상통한다고 할 수 있다. 속독과 종규의 봉두가 회화적 측면에서 금강신 계열의 영향을 받았고, 처용과 종규가 모두 취무(醉舞)로 벽사한다는 공통점을 지닌다. 이런 점들을 종합적으로 고려할 때 처용과 속독 사이에 내밀한 연관성이 있으리란 것이 필자의 견해이다.

위의 네 구와 관련해 하나 더 제기하고 싶은 것은 지금의 탈춤에 등장하는 취발이와의 관련성이다. 우연의 일치일지 모르지만 제26구에서 술 때문에 얼굴이 붉어졌다고 한 대목은 지금의 취발이 대사와 내용이 일치한다. 한 예로 양주탈춤 취발이의 대사를 제시해 본다.

> 취발이 (놀라서 물러서면서) 네밀헐 것 술 서너 잔 먹어 얼굴이 지지버얼거깐두루 상봉 독수리가 꾸미 자반인 줄 알구 훅훅 넘나들구 이거 까딱하다간 얼굴 잃어버리겠다.[400]

이두현의 조사에 의하면 취발이는 최괄과 연관되고, 최괄은 고려말부터 조선 전기에 걸쳐 두만강 연변이나 그 북쪽지방에서 살던 여진족을 지칭하는 오랑캐의 이름이라고 한다. 명칭의 유래가 여말선초(麗末鮮初)의 시기까지 소급될 수 있는 가능성을 시사하고 있다. 물론 이것이 탈춤에 등장하는 취발이라는 인물이 그 당시에 있었음을 의미하는 것은 아니다. 하지만 필자가 취발이의 대사에 주목하는 까닭은 또 다른 측면에서 그 자체의 오랜 내력이 느껴지기 때문이다. 그것은 중국의 전통극에서 사용되는 정장백(定場白) 또는 정장시(定場詩)와의 유사성을 통해서 감지할 수 있다. 정장백이나 정장시는 일반적으로 주요 등장인물이 처음 무대에 등장할 때 읊는 대사나 시를 지칭하는 말로, 그 내용은 주로 자신의 이력이나 예정된 정황과 관련된다. 특히 시의 경우에는 작품이 달라도 유사한 성격의 각색(脚色)이면 공식처럼 동일하거나 흡사한 시가 사용된다. 또 이들 대사는 대개 독백의 수법으로 관중에게 전달된다. 예를 들면 다음과 같은 식이다.

> 비록 관직에 있지만 율령(律令)이라곤 모른다오. 그저 돈만 준다면 송사는 그만이지.[401]

이것은 원명(元明)시대 잡극의 공연에서 흔히 부패한 관리역의 배우가 읊는 정장시인데, 등장인물이 부패한 인물임을 미리 관중에게 전달하는 기능을 한다. 그런데 위에 인용한 취발이의 대사는 자신의 취한 얼굴이 솔개미의 공격을 야기하고 그것을 퇴치하는 과정에서 자연스레 노장과 마주치게 된다는 내용을 전달하고 있다. 이 대사는 양주탈춤 외에 송파, 봉산, 강령 등의 탈춤에서도 공히 확인된다. 자신의 이력 및 일종의 예정된 상황을 말한다는 점에서 잡극의 정장시나 정장백과 상통하고 있다. 게다가 취발이의 대사는 그 내용이 상대적으로 덜 구체적이어서 중국극의 일반적인 정장백보다 오히려 더 초기적인 면모를 지니고 있다. 이 점은 한국의 탈춤에 등장하는 인물의 개념이 중국극의 각색보다 앞선다는 필자의 견해와도 부합한다.[402]

7) 제27, 28구

제27, 28구에서는 각종 서수(瑞獸)들의 춤을 묘사하고 있다.

> 27 누렁이 방아 찧고 용은 구슬 다툰다네(黃犬踏碓龍爭珠),
> 28 폴짝폴짝 온갖 짐승 요임금의 뜰이로세(蹌蹌百獸如堯庭).

이혜구는 위 두 구에 대해 크게 두 가지 해석을 제시했다. 제27구의 용이 구슬을 다툰다는 용쟁주(龍爭珠)가 제28구와 연결되느냐 아니냐에 따라 나뉘는데, 첫째 제28구와 무관한 경우라면 용이 구슬을 다투는 모습은 무언인형극 중에서도 만석중놀이에 해당하고, 그에 따라 누렁이가 방아 찧는다는 황견답대(黃犬踏碓)도 만석중놀이의 일부로 보아야 한다는 것이다. 둘째 용쟁주(龍爭珠)가 내용상 제28구와 연결된 경우라면 이들은 모두 어룡만연(魚龍漫衍)을 묘사한 것이며, 앞에 나온 황견답대(黃犬踏碓)는 현대 곡마단의 코끼리가 큰 통 위에 올라서서 발로 그 통을 굴리는 것과 같은 곡예를 연상시킨다고 했다. 이 밖에 위 두 구를 모두 인형극으로 추정한 견해도 있다.[403]

고려시대에는 사람이 놀던 놀이와 인형극의 내용이 중복되기 일쑤였기에 위 두 구절을 인형극으로 해석할 여지가 전혀 없다고는 할 수 없다. 그러나 시의 제목이 〈구나행〉임을 잊지 말아야 한다. 이 두 구는 구나에 수반된 놀이의 맨 끝을 묘사하고 있기에 문맥상 역귀를 모두 내친 다음 신수들이 태평을 구가하는 춤으로 해석해야 옳다. 배우들이 동물로 가장하여 노는 가상희(假像戱)라는 말이다. 제28구에 등장하는 개와 용은 모두 12지신에 속하는 신수(神獸)이며, 방아를 찧거나 구슬을 다투는 것은 그런 신수의 춤을 형용한 것이다. 이런 신수들의 춤은 구나가 끝난 뒤의 정화, 납길(納吉), 태평 등의 길상(吉祥)을 의미하며 요임금의 뜰 또한 치세(治世), 태평 등을 상징한다. 그래서 요임금의 뜰에서 뛰노는 신수들의 한 판은 전체 놀이를 마무리하는 태평무(太平舞)가 된다. 여러 가지 레퍼토리를 연속적으로 펼치는 비교적 큰 규모의 공연에서 동물로 가장한 가상희를 마무리로 사용하는 방식은 동아시아 의례(儀禮)의 역사에서 매우 오래된 관행이라고 할 수 있다. 멀리 갈 것 없이 한국의 사례만 보아도 쉽게 확인된다. 신라말 최치원의 시 〈향악잡영〉이 읊고 있는 다섯 가지 놀이 중에서 맨 마지막이 사자춤 〈산예(狻猊)〉이고, 명나라 사신 동월(董越)이 보았던 15세기 조선시대 산대잡희의 구성도 맨 마지막이 사자, 코끼리, 원(鵷)새, 난(鸞)새 등으로 가장하여 노는 가상희이다.[404]

3. 소결

이제까지 고찰한 결과에 의하여, 〈구나행〉에 묘사된 놀이가 이질적인 기예의 결합체인 백희가 아니라 전문적인 배우들이 가면이나 가상을 쓰고 놀았던 가면희였음이 드러났다. 가면희 속에 등장하는 인물은 대략 여섯 가지 부류이며, 그 정체는 모두 구나의 의미에 부합하는 신격으로 판단된다. 공연은 춤을 위주로 하되 사이사이에 기타의 기예가 곁들여지는 방식으로 전개되었다. 몇몇 등장인물의 경우에는 외양만 제시되고 행위가 구체적으로 드러나지 않아 놀이의 세부적인 내용까지 파악하기에는 어려움이 존재하지만 전체적인 성격을 파악하지 못할 정도는 아니다. 전체적인 결과를 이혜구의 주장과 비교해 정리하면 〈표7〉과 같다.

〈표7〉 〈구나행〉시의 해석 비교

<table>
<tr><th>句</th><th colspan="2">이혜구</th><th colspan="2">필자</th></tr>
<tr><td>13</td><td colspan="2">정식 구나가 사평순위부의 역사들에 의해 종결됨</td><td colspan="2">동의함</td></tr>
<tr><td>14</td><td colspan="2">악공들이 잡희를 하러 입장함</td><td colspan="2">이하 연희의 주체가 전문 배우들임이 명확히 언급됨</td></tr>
<tr><td>15</td><td>신수(神獸)의 제무(祭舞)
전도처용무(前度處容舞)</td><td>무용</td><td rowspan="2">백택(白澤)과 오방귀(五方鬼)가 하는 탄도(呑刀)와 토화(吐火)</td><td rowspan="2">신수귀졸(神獸鬼卒)의 가면희, 가상희</td></tr>
<tr><td>16</td><td>탄도(呑刀), 토화(吐火)</td><td>잡기</td></tr>
<tr><td>17</td><td rowspan="2">서호인(西胡人)</td><td rowspan="2">호인희(胡人戲)</td><td rowspan="2">월정(月精) 주연</td><td rowspan="2">신격의 가면희</td></tr>
<tr><td>18</td></tr>
<tr><td>19</td><td rowspan="2">남극성</td><td rowspan="2">호인희</td><td rowspan="2">남극성 주연</td><td rowspan="2">신격의 가면희</td></tr>
<tr><td>20</td></tr>
</table>

<table>
<tr><td>21</td><td rowspan="2">비전업배우인 고려 화교의 답교(踏蹻)</td><td rowspan="2">잡기</td><td rowspan="2">강남고객 주연</td><td rowspan="2">신격의 가면희
(가능성 높음)</td></tr>
<tr><td>22</td></tr>
<tr><td>23</td><td rowspan="4">처용</td><td rowspan="4">무용</td><td rowspan="4">처용 주연
취검 주연</td><td rowspan="4">신격의 가면희</td></tr>
<tr><td>24</td></tr>
<tr><td>25</td></tr>
<tr><td>26</td></tr>
<tr><td>27</td><td>개, 용</td><td>괴뢰희 또는
어룡만연(魚龍漫衍)</td><td rowspan="2">백수 주연</td><td rowspan="2">신수의 가상희</td></tr>
<tr><td>28</td><td>백수(百獸)</td><td>어룡만연(魚龍漫衍)</td></tr>
<tr><td>결론</td><td colspan="2">백희</td><td colspan="2">신귀(神鬼) 인물이 주연을 맡은
가면희와 가상희</td></tr>
</table>

〈구나행〉의 〈나희부〉에 묘사된 놀이의 전체적인 구성 방식은 개장, 본장, 종장의 순서로 엮인 삼단 형식을 취했을 것으로 판단되며, 구체적인 레퍼토리의 대응 관계를 예시하면 다음과 같다.

【개장】 -【 본장 】 -【종장】

【백택·오방귀】-【금천지정, 남극성, 강남고객, 처용·취검】-【백수】

이러한 구성 방식은 위로는 〈향악잡영〉, 아래로는 산대놀이의 그것과 일치한다. 세부적인 면에서 산대놀이와 관련될 수 있는 가능성은 본문에서 논한 바와 같다.

〈구나행〉의 나희는 여러 가지 놀이의 병렬체인 백희가 아니라 신귀 인물에 의해 주도된 가면희로 인식되어야 한다. 이질적인 잡기를 포함하고 있다고 하더라도 전체적인 성격은 춤이 위주가 된 가면희로 이해해야 타당하다. 이 점이 관건이다. 잡기의 병렬적 나열체인 백희가 아니라 가면희의 대오로 간주될 때 비로소 산대놀이와 관련된 역사적 의미를 담보하게 되기 때문이다.

본문에서 살폈다시피 〈구나행〉의 나희에 등장하는 가면이나 가상은 〈향악잡영〉에 묘사된 놀이와 마찬가지로 모두 서역 혹은 불교와 긴밀히 연계되어 있다. 그러나 사자의 의미를 지닌 산예와 백택을 제외하면 〈구나행〉과 〈향악잡영〉에 묘사된 놀이들 사이에는 외형적으로 뚜렷한 공유점이 발견되지 않는다. 특히 남극성에 대한 고찰 결과는 〈구나행〉에 예거된 놀이들이 고려시대 당시의 상황을 반영하고 있다는 사실을 분명하게 뒷받침하고 있다. 이런 점으로 미루어 볼 때 〈구나행〉 속의 나희는 단순히 전대의 전통을 이은 것이 아니라 오히려 고려시대 당시 사회에 미쳤던 호류의 영향을 적극 수용한 결과물이라고 판단된다.[405]

〈구나행〉 시 중 본문에서 소개가 누락된 부분의 원문과 역문

독자들의 이해를 돕기 위해 본문에서 소개가 누락됐던 〈구나행〉 시의 제목과 제1-12구, 제29-36구의 원문과 역문을 덧붙여 둔다.

驅儺行. 聞之敬書上送史官. 구나행. 소식 듣고 삼가 지어서 사관에게 드림

1 天地之動何冥冥, 천지의 운행 어찌나 아득한지,
2 有善有惡紛流形. 선과 악이 뒤섞여 흘러간다네.
3 或爲禎祥或祆蘖, 혹은 행운 되고 혹은 재앙 되니,
4 雜糅豈得人心寧. 뒤엉킴에 어찌 인심이 편안하리.
5 辟除邪惡古有禮, 사악함 물리침에 옛부터 예법 있어,
6 十又二神恒赫靈. 십이지신 언제나 영험을 떨쳤었다네.
7 國家大置屛障房, 국가에서는 병장방을 크게 두어,
8 歲歲掌行淸內庭. 해마다 나례로 궁궐을 맑혔었지.
9 黃門侲子聲相連, 황문진자들 끊임없이 소리치며,
10 掃去不祥如迅霆. 번개처럼 불길한 것들 쓸어냈지.
11 司平有府備巡警, 사평순위부에서 순위들 갖추니,
12 烈士成林皆五丁, 수많은 병사들 모두가 역사로세.

29 君王端拱八角殿, 임금께서 팔각전에 좌정하시면,
30 群臣侍立圍踈屛. 군신들 병풍을 둘러서 시립하리.
31 侍中稱觴上萬歲, 시중이 술잔 들어 만세 외치려니,
32 幸哉臣等逢千齡. 행운이도다 신등이 만난 천재일우의 모임.

33 海東天子古樂府, 해동천자의 고악부에,

34 願繼一章傳汗靑. 이 한 장 이어서 역사에 전해지길 바랄 뿐.

35 病餘無力阻趨班, 병 때문에 조반에 나갈 힘조차 없는데,

36 破窓盡日風冷冷. 구멍 뚫린 창문으로 찬바람만 종일 불어대네.[406]

제11장

한중 유희儒戱의 비교로 살핀 호류의 자취

1. 서언

한중 두 나라의 배우극은 오랜 전통을 지니고 있는데, 그중에서도 동질적 특성을 지닌 하나의 부류가 유희(儒戱)라고 할 수 있다. 이 장에서 사용하는 유희라는 명칭은 한중 두 나라의 고대 문헌자료에 언급되고 있는 '이유위희(以儒爲戱)'에서 가져온 말로 대략 유가(儒家)를 희롱의 대상으로 삼는 배우극 정도의 의미를 지닌다.[407] 전통시기 배우극은 제대로 된 극본이 전해지지 않기 때문에 세세한 내용까지는 알기 어렵다고 하더라도 문헌자료를 토대로 개략적인 줄거리와 기본적인 공연의 실상을 파악하는 것은 어렵지 않다.

문헌 기록에 의하면 역대로 공연됐던 유희는 고정된 하나의 내용으로 수렴되는 것이 아니라 제법 다양한 제재를 다룬 것으로 파악된다. 예를 들면 공자를 희롱의 대상으로 삼은 '농공자(弄孔子)' 부류가 있는가 하면 경전의 어구를 활용하는 부류도 있었고 혹은 삼교(三教)의 인물을 함께 출연시키는 부류도 있었다. 이들 각각의 부류는 그 안에서 다시 다양한 버전이 파생되기도 한다. 농공자 부류를 예로 들면 거기에는 항탁(項託)이라는 소년을 등장시켜 공자를 희롱하는 〈공자항탁상문서(孔子項託相問書)〉라는 작품이 있는가 하면, 대도(大盜) 도척(盜跖)을 등장시켜 공자를 희롱하는 공연물도 발견된다. 이런 유희의 유포 범위는 당나라 때 서역으로 칭해지던 지역에서부터 호족들의 주요 거주지였던 중국의 북방, 한족이 주로 지배했던 중원 및 그 이남 지역 그리고 한반도에 이르기까지 비교적 넓은 범위에 걸쳐 있다.

이 장에서 유희의 비교를 시도하는 까닭은 공자를 대표로 하는 유가 전체를 희롱거리로 삼는 의식이라는 점과 호족과 한족을 망라한 여러 나라에 광범위하게 유전됐다는 사실 등에 주목할 때, 유희 또한 동아시아에 폭넓은 영향을 미쳤던 호류의 자취를 읽어낼 수 있는 유용한 키워드라 판단하기 때문이다.

2. 당대(唐代)부터 명대(明代)까지의 유희[408]

당대부터 명대까지 유가를 놀이 대상으로 삼는 유희 중에서 대표적인 사례로는 유가의 대표적 인물인 공자를 희롱의 대상으로 삼는 농공자 부류를 첫 번째로 거론할 수 있다. 당나라 궁정에서 공자를 놀이의 대상으로 삼아 공연했던 사례는 《구당서(舊唐書)》 권17하 '문종기(文宗紀)'의 기록에서 찾아볼 수 있다.

> 대화(大和) 6년(832) 2월 기축일 한식날 임금이 인덕전에서 군신들에게 연회를 베풀었다. 이날 잡희 예인이 공자를 희롱하는 극을 공연했다. 임금이 "공자는 고금의 스승인데 어찌 모독할 수 있느냐!" 하고는 즉시 명을 내려 예인을 쫓아냈다.[409]

구체적으로 어떻게 공자를 희롱했는지는 알 수 없지만 문종이 즉각적인 반응을 보인 것으로 보아 그 희롱의 정도가 결코 가볍지 않았을 것으로 추정된다.

요송(遼宋)시대에 이르러서도 공자를 희롱하는 극은 배우들이 즐겨 무대에 올린 레퍼토리의 하나였으며 그 범위도 거란족의 요나라와 한족의 송나라를 망라하고 있었다. 요나라 궁정에서 공자를 희롱하는 배우극이 공연됐던 사실은 《송사(宋史)》 권297 '공도보전(孔道輔傳)'에 전해진다.

> 공도보(985-1039)가 …… 거란에 사신으로 갔다. …… 거란에서 사신에게 연회를 베푸는데 배우가 공자를 희롱하는 극을 공연하자 공도보가 발끈 화를 내며 밖으로 나가 버렸다. 거란은 접객을 시켜 공도보를 자리로 돌아오게 한 뒤에 사과할 것을 요구했다. 그러자 공도보가 정색을 하며 말했다. "송나라와 요나라는 우호관계를 맺어서 예와 문으로 서로를 접대한다. 그런데 지금 배우의 무리가 우리의 성인을 모독했는데도 금지시키지 않았으니 이것은 요나라의 과실이다. 어찌하여 내가 사과해야 한단 말이오?" 거란의 군신이 아무 말도 하지 못했다.[410]

공연의 구체적인 내용은 알기 어렵지만 공자의 후손인 공도보가 공연 도중에 성을 내며 자리를 박차고 나간 것으로 보아 희롱의 정도가 상당히 심했으리란 추측은 가능하다. 송나라 황감(黃鑑)이 남긴 《양문공담원(楊文公談苑)》에 의하면 송나라의 궁정 배우들도 공자를 희롱하는 극에 익숙했다.

> 지도(至道) 2년(996) 중양절에 태자가 여러 왕들과 함께 경림원에서 연회를 가졌는데 교방에서 공자를 희롱하는 극을 공연했다. 태자의 빈객

> 이지(李至)가 태자에게 말했다. "당나라 대화(大和) 연간에 악부에서 공자를 희롱하는 극을 공연했을 때 문종이 즉시 명하여 그것을 멈추게 하고 배우를 매질함으로써 그것이 이치에 어긋남을 징계했습니다. 노(魯)나라 정공(定公: 기원전 509-495 재위)은 유생을 놀이 대상으로 삼는 것조차 불가하다고 했는데 하물며 성인을 감히 놀릴 수 있겠습니까?" 이에 태자가 놀라 탄식하면서 임금에게 아뢰어 공연을 금지시켰다. 이에 그 극이 사라졌다.[411]

위 인용문에 의하면 이후로 공자를 희롱하는 극이 정말로 사라졌을 것 같으나 실제로는 일시적인 자제에 그쳤을 뿐이었고 얼마 지나지 않아 다시 무대 위에 등장한다. 송나라 왕벽지(王闢之)의 《면수연담록(澠水燕談錄)》에 전해지는 다음 기록을 보자.

> 원우(元祐: 1086-1093) 연간 정월 보름날 임금이 영상지로 행차하여 종신들에게 연회를 베풀었다. 교방의 배우가 공자를 희롱하는 극을 공연했다. 그러자 형부시랑 공종한(孔宗翰)이 상주했다. "당나라 문종 때 이 극이 공연된 바 있었으나 임금이 꾸짖어 그것을 내쳤습니다. 지금 성상께서 군신들을 호궤시키는데 어찌 이런 공연을 용납할 수 있겠습니까?" 이에 임금이 검관에게 맡겨서 다스리도록 했다.[412]

대략 90년이 지난 뒤에도 궁정의 배우들은 여전히 공자를 희롱하는 극을 무대에 올리고 있다. 그뿐만이 아니다. 당나라 문종 이래로 배우들의 공연과 이에 대한 처벌이 반복되었음에도 불구하고, 공자를 희롱하는 극의 생명력은 송대 전체를 관통했으며 극의 유포 범위도 궁정에만 제한된 것이 아니라 민간에까지 널리 미치고 있었다. 송나라 왕십붕(王十朋)이 남긴 《매계집(梅溪集)》 전집(前集) 권6 '시서(詩序)'편의 다음 기록이 이를 뒷받침한다.

> 염(郯)[413] 땅의 저자 사람들이 동악신(東嶽神)을 받든다는 명목으로 도척(盜跖)을 설정해 공자를 희롱하는데 차마 보지 못할 정도이다.[414]

도척은 도적떼 수천 명을 거느렸던 춘추시대의 대도(大盜)로 알려져 있는 인물인데 그런 인물을 내세워 공자를 희롱했다고 하니 그 희롱의 정도가 궁정에서 공연됐던 극보다 심하면 심했지 못하지는 않았을 것으로 짐작된다.

이 밖에 명나라 만력(萬曆) 2년(1574)의 것으로 알려진 〈예절전부(禮節傳簿)〉에는 당시까지 현지에서 계승하고 있던 다량의 극작품 제목이 수록되어 있는데, 그 가운데 '공잔극목(供盞劇目)'이라는 항목 아래에 〈소아난부자(小兒難夫子)〉라는 제목이 포함되어 있다.[415] 제목의 의미가 어린아이가 공자를 곤란하게 한다는 것이므로 이 작품은 앞에서 보았던 〈공자항탁상문서〉의 전통이 명대 당시의 극작품으로 여전히 전승되고 있었다는 물증이 된다. 또 만력 23년(1595)에 간행된 《역조고사통종(歷朝故事統宗)》 제9권에 〈소아론(小兒論)〉 한 편이 수록되어 있는데 그 내용의 8,9할 정도가 〈공자항탁상문서〉와 동일하다.[416]

상기한 사례들에서 보듯이 당대부터 명대까지 농공자류의 극이 면면히 전승되었던 사실은 확인할 수 있으나 정작 그런 극의 실체가 구체적으로 어떠했는지는 파악하기가 쉽지 않다. 물론 방법이 전무한 것은 아니어서 간접적이나마 공자 놀리기의 정도를 엿볼 수 있는 자료가 있기에 아래에 덧붙인다.

첫 번째 자료는 당오대시대의 변문(變文) 〈공자항탁상문서〉이다. 제목 그대로 공자와 항탁(項託)이라는 소년의 대화로 진행되는 이 작품은 문본(文本) 자체가 공연물로서의 특성을 강하게 지니고 있으나, 다만 극본이라고 확정할 근거가 다소 부족하다는 점에서 아쉬움을 남긴다. 그렇지만 텍스트의 유포 범위가 서역과 중국을 아우르고 있다는 점에서 호류의 자취를 읽어낼 수 있는 유용한 자료라고 할 수 있다. 작품의 성격을 이해하기 위해 텍스트의 일단을 소개하면 다음과 같다.

> …… (공자가) 사람을 보내 물었다: "뉘 집 아이이며 이름이 무엇인가?"
>
> 소년이 대답했다: "성이 항 이름이 탁입니다."
>
> 공자가 말했다: "너는 나이가 어린데도 사리 분별이 대단하구나."
>
> 소년이 대답했다: "제가 듣기로 물고기는 태어나서 사흘 만에 강과 바다에서 노닐고, 토끼는 태어나서 사흘 만에 삼백 보 길이의 땅을 뛰놀고, 말은 태어나서 사흘 만에 그 어미를 쫓아 다니며, 사람은 태어나서 사흘 만에 부모를 알아본다고 합니다. 자연의 이치대로 타고난 것이니 어찌 대단하다 마다를 말하겠습니까?
>
> 공자가 소년에게 물었다: "너는 돌이 없는 산, 물고기가 없는 물, 빗장이 없는 문, 바퀴가 없는 수레, 송아지가 없는 소, 망아지가 없는 말, 고리가 없는 칼, 연기가 없는 불, 아내가 없는 남자, 남편이 없는 여자, 해가 부족한 날, 해가 여유 있는 날, 암컷이 없는 수컷, 가지가 없는 나무, 자사(刺使)가 없는 성(城), 자(字)가 없는 사람이 무엇인지 아느냐?"
>
> 소년이 대답했다: "흙산에는 돌이 없고, 우물물엔 물고기가 없고, 빈 문에는 빗장이 없고, 어깨에 메는 수레에는 바퀴가 없고, 토우는 송아지가 없고, 목마는 망아지가 없고, 작두는 고리가 없고, 반딧불은 연기가 없고, 신선은 아내가 없고, 선녀는 남편이 없고, 겨울날은 해가 부족하고, 여름날은 해가 여유 있고, 홀로 된 수컷은 암컷이 없고, 시든 나무는 가지가 없고, 빈 성에는 자사가 없고, 어린 아이는 자가 없습니다."

공자가 말했다: "똑똑하다 똑똑해! 내 너와 함께 천하를 주유하고 싶은데 가능하겠느냐?"

소년이 대답했다: "저는 갈 수 없습니다. 제게는 엄부가 계셔서 마땅히 시중들어야 하고, 자모가 계셔서 마땅히 봉양해야 하고, 형님이 계시기에 마땅히 따라야 하고, 동생이 있기에 마땅히 가르쳐야 합니다. 그러므로 당신을 따라갈 수 없습니다."

……

공자가 탄식하며 말했다: "똑똑하다 똑똑해! 정말로 후생(後生)이 가외(可畏)라는 것을 이제야 알겠구나!"

공자는 항탁과의 문답에서 어느 하나 항탁보다 나은 것이 없자 항탁을 죽이고 싶은 마음이 생겼다. ……[417]

소년 항탁과의 문답에서 공자는 시종일관 우위를 점하지 못할 뿐만 아니라 심지어는 그런 이유로 항탁을 죽이고 싶은 마음까지 품는 것으로 묘사되어 있다. 일반인들에게 성인의 이미지로 굳어 있는 공자를 한낱 소인배에 불과한 인물로 폄하하고 있다는 점에서 위 작품은 전형적인 농공자류의 기풍을 보여주고 있다고 할 수 있다.

두 번째 자료는 송대 배우극과 관련된 기록들인데 아래의 사례는 송나라 홍매(洪邁)의 《이견지지을(夷堅志支乙)》 권4에 수록된 배우극의 한 장면이다. 극을 통해서 풍자하려는 주된 인물은 당시 정계의 실세였던 왕안석이지만 공자와 그 제자들까지 출연시키고 있어서 간접적이나마 공자에 대한 희롱의 정도를 엿볼 수 있다.

공자가 가운데 앉고 맹자와 왕안석이 옆에 선다. 공자가 앉으라고 하자 왕안석이 맹자에게 윗자리에 앉으라고 권하고 이에 맹자가 사양하며 말한다.

"상공은 천하의 존귀하신 분으로 작위가 일등입니다. 저는 겨우 공작에 불과하지만 상공께서는 귀하기가 진왕과 진배없는데 어찌 이리 겸손하십니까?"

그러자 왕안석은 안자에게 윗자리를 권하고 안자 또한 사양하며 말한다.

"저는 누추한 길거리의 범부에 불과합니다. 평생 업적이라곤 조금도 없지만 상공께서는 세상에 명성이 자자한 진정한 유자(儒者)이십니다. 위상이나 명성으로 볼 때 격차가 크니 사양하심은 과하십니다."

이에 왕안석이 윗자리에 앉는다. 그러자 공자 또한 편안하게 자리에 앉아 있지 못하고 자신의 자리를 양보한다. 왕안석이 황송해하며 공수(拱手)의 예를 표하면서 말한다.

"아니 됩니다."

공자와 왕안석의 양보가 이렇게 옥신각신 이어진다. 밖에 있던 자로가 성이 나서 참지 못하고 곧장 사당으로 들어가 공야장의 팔을 잡고 나온다. 그러자 공야장이 난처한 모습으로 말한다.

"제가 무슨 죄가 있길래 (끌고 나오십니까)?"

이에 자로가 공야장을 책망하며 말한다.

"자네는 어찌하여 장인을 조금도 보호하지 않는 것인가? 왕안석의 사위 좀 보게나."

자로의 이 말은 왕안석의 사위였던 채변(蔡卞)을 풍자하기 위한 것이었다. 당시에 사당 안에서 왕안석의 지위를 맹자보다 높이려는 의론을 전개하려는 움직임이 있었는데, 이 극이 공연된 다음 그런 움직임이 멈췄다.[418]

중국의 유희에서는 유가의 유명 인물을 등장시키는 방식 외에 경전의 어구를 이용하여 희롱하는 방식도 애용했다. 당나라 때 사람 고택(高

擇)은 함통(咸通: 860-873) 연간에 펼쳐졌던 궁정의 배우극과 관련된 기록을 남기고 있는데, 거기에는 경전의 구절을 이용해 공자를 모욕하는 장면이 포함되어 있다.

> 이가급이 …… 상좌에 올라 자칭 '삼교논형'이라 하자 구석진 자리에 앉은 자가 묻는다.
>
> "기왕 삼교에 박통하시다니, 석가여래는 어떤 사람입니까?"
>
> 이가급이 대답한다.
>
> "부인이오."
>
> 질문자가 놀라서 묻는다.
>
> "어째서입니까?"
>
> 이가급이 대답한다.
>
> "《금강경》에서 말하길 "자리를 펴고 앉는다(敷座而坐)"고 했으니 부인이 아니라면 어찌 번거롭게 "남편이 앉은 다음 아이가 앉겠소(夫坐兒坐)?"
>
> 임금이 그 말에 웃음을 터트린다.
>
> (질문자가) 또 묻는다.
>
> "태상노군은 어떤 사람입니까?"
>
> 이가급이 대답한다.
>
> "태상노군도 부인이오."
>
> 질문자가 그 말뜻을 잘 이해하지 못하자 이가급이 설명한다.
>
> "《도덕경》에서 말하길 '내게 큰 근심이 있으니 그것은 곧 내게 몸뚱이가 있기 때문이다. 내게 몸뚱이가 없다면 무슨 근심이 있으리?'라고 했소. 만약 부인이 아니라면 어찌 임신을 근심하겠소?"
>
> 임금이 그 말에 크게 즐거워한다.
>
> (질문자가) 또 묻는다.

"문선왕은 어떤 사람입니까?

이가급이 대답한다.

"부인이오."

질문자가 묻는다.

"어떻게 그것을 알 수 있습니까?"

이가급이 대답한다.

"《논어》에서 말하길 '팔고말고. 팔고말고. 나는 값 놓을 자를 기다리고 있소(待賈者).'라고 했소. 부인이 아니라면 무엇 때문에 시집가길 기다리고 있겠소(待嫁)?

임금이 아주 기뻐한다.[419]

이가급은 당나라 때 궁정 배우로 알려져 있는 인물인데 위 예문에서 보듯이 유불선 삼교의 경전에 나오는 구절을 모두 가져다 희롱거리로 삼고 있으며, 희롱의 정도가 심해질수록 임금의 즐거움도 그에 비례해서 높아간다. 이가급이 석가와 노자에 이어서 공자를 희롱할 때 사용한 "나는 값 놓을 자를 기다리고 있소.(吾待賈者也.)"라는 구절은《논어》'자한(子罕)'편에서 가져온 것이다. 그런데 '대고(待賈)'의 뜻을 원래 의미 대신 그것의 해음자인 '대가(待嫁)' 곧 '시집가길 기다리고 있다'라고 풀이함으로써 관객의 웃음을 유발한 것이다. 희롱의 강도가 심한 편은 아니지만 송대에 공연된 유희의 실체를 보여준다는 점에서 의미를 부여할 수 있다. 이 밖에 송나라의 무명씨가 지은《애일재총초(愛日齋叢鈔)》권2에도 악부의 배우들이 유가 경전의 구절을 즐겨 희롱거리로 삼았던 관행이 언급되어 있다.

경정(景定) 5년(1264)에 명당(明堂)이 완성되자 치사(致謝)한 다음, 태을궁에서는 재전(齋殿)에다 연회를 베풀었고, 거기서 교방의 배우가 경

> 전의 구절을 희롱하는 극을 공연했다. 형부시랑 서복(徐復)이 공도보가 거란에 사신으로 갔을 때 공자를 희롱한 극을 꾸짖은 고사를 인용하여 육경(六經)이나 전대 현인을 희롱의 대상으로 삼지 못하도록 악부를 벌줄 것을 청했다.[420]

이렇게 경전의 구절을 이용해 희롱거리로 삼던 전통은 금원시대에 이르면 정형화된 레퍼토리로 정착되니, 이런 사실은 이른바 원본(院本)이라고 칭해지던 공연물의 제목을 통해서 확인할 수 있다. 원명(元明) 두 왕조에 걸쳐 살았던 도종의(陶宗儀)의 《철경록(輟耕錄)》에 의하면 금나라 때는 원본과 잡극이 원래 하나였으나 원나라 때 이르러 차츰 분리되어 둘이 되었다고 한다.[421] 금나라 때 원본이 잡극과 하나였다는 말은 기실 양자의 뿌리가 동일하다는 점을 지적한 것으로 송나라 때의 잡극과 동질적이라는 말이기도 한데, 이것은 금나라 궁정음악의 내원을 들여다보면 짐작이 가능하다.

금나라 궁정음악의 내원은 크게 두 가지로 하나가 요나라의 음악이고 다른 하나가 송나라의 음악이다. 요나라와 송나라의 음악을 흡수한 방식은 약탈에 많이 의존했기 때문에 대단히 거칠었다고 할 수 있다. 금나라 태조와 태종 때는 주로 요나라 음악 중 연악(燕樂)과 산악(散樂)을 흡수하는 데 주력했으며, 따라서 이 시기에 주안점을 둔 것은 음악의 오락적 기능이라 할 수 있다.[422] 금나라는 요나라를 멸망시킨 다음 송나라를 상대로 전쟁을 일으켰고 그 와중에 대규모의 제색기예인(諸色伎藝人)과 여악(女樂)을 포획해 간다. 예를 들어 태종 천회(天會) 5년(1127) 정월 16일부터 23일까지 8일 동안 포획해 간 여악과 제색기예인의 수만 헤아려도 무려 4천 5백 명에 달한다. 또 정월 25일 하루 동안에 궁정의 교방 악인과 내시관 45명 노대지후와 기녀 1천 명을 빼앗아 가고 동시에 고관대작들의 집안에 있던 궁녀와 가무예인 수백 명, 잡극과 설화 등에

종사하던 각종 예인 150여 가(家)도 데려간다.[423]

다시 《철경록》 제25권을 보면 도종의(陶宗儀) 자신이 입수한 원본 작품의 리스트를 '원본명목(院本名目)'이라는 제명 아래 수록해 놓고 있다. 700종 가까운 제목 전체를 훑어보면 유희로 판단되는 작품의 제목 여섯 가지가 포함되어 있다. 구체적으로 말하면 '제잡대소원본(諸雜大小院本)' 항목 아래에 〈효경고(孝經孤)〉 1종, '제잡원찬(諸雜院爨)' 항목 아래에 〈타주논어(打注論語)〉, 〈논어알식(論語謁食)〉, 〈뇌고효경(擂鼓孝經)〉, 〈시서예악(詩書禮樂)〉 등 4종 그리고 '전흌염단(拴搐艶段)' 항목 아래에 〈타논어(打論語)〉 1종이 그것이다. 제목으로 볼 때 상기한 6종의 원본은 실제로 《시경(詩經)》, 《서경(書經)》, 《논어》, 《효경》 등과 같은 유가의 주요 경전을 가져와 배우극의 레퍼토리로 꾸민 것임을 알 수 있다. 이 밖에 '제잡원찬(諸雜院爨)' 아래의 〈집현빈타삼교(集賢賓打三教)〉 1종과 제잡체(諸雜砌) 아래의 〈삼교(三教)〉 1종 또한 삼교를 타이틀로 내세운 것으로 보아 유가 혹은 유가의 경전을 희롱거리로 삼았을 것으로 판단된다.

"육경(六經)이나 전대 현인을 희롱의 대상으로 삼지 못하도록 악부를 벌줄 것을 청했다."라는 《애일재총초(愛日齋叢鈔)》의 언급에서 보듯이 송금시대 유가들에게 경전의 어구를 놀이의 밑천으로 삼는 것은 공자와 같은 성현을 놀리는 것과 다를 바 없는 행위였다. 따라서 상기한 원본 작품들은 당송시대의 농공자류와 같은 유희의 전통이 원명시대까지 면면히 이어지고 있음을 뒷받침하는 증거가 된다.

3. 고려·조선시대 배우극과 산대가면희 속의 유희

고려에서도 송나라나 원나라와 마찬가지로 배우극이 성행했으며 그 가운데는 호인(胡人)이나 한인(漢人)이 등장인물로 나오는 이른바 호한잡희(胡漢雜戱)가 하나의 부류를 형성하고 있었다. 예를 들면 예종이 1117년에 남경에서 구경한 잡희는 거란의 투화인들이 바친 것이므로 실제 호인들이 주연한 잡희라고 할 수 있다.

> 정묘에 왕이 남경에 이르니 거란의 투화인으로 남경기내(南京畿內: 서울로부터 500리 이내)에 산거하는 자들이 거란의 가무와 잡희를 연주하여 어가를 맞이하니 왕이 어가를 멈추고 이를 관람했다.[424]

의종 19년(1165)에 내시좌우번 중에서 우번이 잡희예인으로 하여금 외국인이 공물(貢物)을 바치는 내용을 놀이로 공연하게 했는데 이 또한 내용으로 보면 호인잡희라고 할 수 있다.

> 갑신에 내시좌우번이 다투어 진귀한 감상용 공예품을 바쳤다. 그때에 우번은 귀족 자제가 많았는데 관리를 통하여 임금의 뜻이라는 명분 아래 공적·사적으로 진상할 진귀한 공예품·글·그림 등을 많이 뜯어내고 또 채붕을 만들어 잡기(雜伎)를 싣고 외국인이 공헌(貢獻)하는 모양을 지어 청홍개 이병과 준마 이필을 바쳤으나 좌번은 모두 유사(儒士)였으므로 잡희에 익숙하지 못하고 그 공헌한 바도 백에 하나도 당하지 못하는지라 우번에 미치지 못함을 부끄러워하여 남의 준마 다섯 필을 빌려서 바쳤더니 왕이 모두 이것을 받고 좌번에게는 백은 열 근과 단사(丹絲) 65근을, 우번에게는 백은 열 근과 단사 95근을 사(賜)하였는데 그 뒤에 좌번은 말의 값을 갚지 못하여 날마다 채무 상환을 독촉당하게 되니 사람들이 이를 비웃었다.[425]

1208년 희종이 최이의 사저로 행차했을 때 최충헌 등이 성대하게 준비한 공연에서도 호인과 한인이 등장하는 호한잡희가 주된 레퍼토리

중의 하나였다.

> 4년에 왕이 최이의 사저에 이어하니 충헌이 어가를 맞아 활동의 사저에서 헌수하고 여러 왕씨와 재추가 모두 시연하여 다음날에 파하였는데 금수채붕과 호한잡희가 사치를 다하였다.[426]

이색(1328-1396)이 남긴 〈제장입성(諸將入城)〉 시에 의하면 호한잡희의 공연은 고려 말기까지 지속됐다.

> 장수들이 전공을 세우고 개선하니,
> 순군부가 산대와 잡극을 펼치네.
> 당인(唐人)은 혀가 짧아 말이 매우 급하고,
> 호객(胡客)은 긴 허리에 춤 소매 휘돌리네.[427]

싸움에서 이기고 돌아오는 장수들의 개선을 축하하기 위해서 순군부에서 산대를 세우고 잡극을 펼쳤다고 했는데, 그 주된 레퍼토리로 당인희(唐人戲)와 호객희(胡客戲)가 묘사되고 있다. 시에서 말한 당인(唐人)은 곧 한인(漢人)의 의미이므로 14세기 당시 순군부에서 펼쳤던 잡극의 핵심이 13세기 초의 희종 때와 마찬가지로 여전히 호한잡희(胡漢雜劇)였음이 확인된다.[428]

요컨대 상기한 몇 가지 사례만으로도 고려시대 배우극 중에서 호한잡희는 무시하지 못할 정도의 비중을 차지하고 있었거나 혹은 가장 환영받는 레퍼토리였을지 모른다는 추정이 가능하다. 이런 시대 상황을 배경으로 고려와 당송 혹은 금원 배우극 사이의 관계를 엿볼 수 있는 사례를 살펴본다. 다음 사례는 고려 충혜왕(1330-1332, 1339-1344 재위) 때 장사랑 영태가 왕을 상대로 펼친 배우극의 장면으로 조선시대 성현

(成俔)이 남긴 《용재총화(慵齋叢話)》 권3에 전해진다.

고려 장사랑(將仕郞) 영태(永泰)는 배우극을 잘했다. …… 영태가 충혜왕(忠惠王)을 따라 사냥을 갔을 때 늘 배우극을 펼치자 임금이 그를 물속에 던져 버렸다. 영태가 물을 헤치고 나오자 임금이 크게 웃으며 물었다.

"너는 어디를 갔다가 이제 오는 것이냐?"

영태가 대답했다.

"굴원(屈原)을 만나러 갔다가 오는 길입니다."

임금이 물었다.

"굴원이 뭐라고 하더냐?"

영태가 대답했다.

"굴원이 말하길 '나는 어리석은 임금을 만나는 바람에 강물에 투신해 죽었지만, 너는 명군(明君)을 만났는데도 어찌하여 여길 왔느냐?'라고 했습니다."

이에 임금은 기뻐하며 은구(銀甌) 하나를 하사했다.[429]

여기서 영태가 놀았던 배우극은 그 내용이 당나라 때의 산악(散樂) 예인 고최외(高崔嵬)가 놀았던 배우극과 일치한다.

당의 산악 고최외는 농치(弄癡) 놀이를 잘했다. 태종이 급사에게 명해 그의 머리를 물속으로 집어넣었다. 한참 뒤에 물속에서 나온 고최외가 웃고 있자 태종이 그 까닭을 물었다. 고최외가 이렇게 대답했다.

"굴원을 만났는데, 그가 이렇게 말했습니다. '나는 무도한 초나라 회왕을 만나서 멱라수에 뛰어들었지만 너는 성명한 주군을 만났음에도 왜 여기까지 왔느냐?'"[430]

이런 일치는 우연이라기보다는 오히려 그 이면에 호족계통 예인의 매개가 있었기 때문에 가능했을 것으로 짐작된다.[431]

또 다른 사례로 신우(辛禑) 10년(1384)에 발생한 사건을 인용해 본다. 사건의 요지는 우가 신하 김원길에게 당인희(唐人戲)를 하도록 명했음에도 김원길이 다쳤다는 핑계를 대고 하지 않자 노하여 그를 매질하고 옥에 가두기까지 했다는 것이다.

> 우가 환수를 거느리고 말을 동지에서 씻기고 함께 달릴 때, 우가 손수 피리를 불고 환수로 하여금 잡희를 놀게 하고 김원길에게는 당인희(唐人戲)를 하게 했다. 원길이 말에서 떨어져 다리를 다쳤다는 핑계로 사양하니 우가 노하여 그를 거의 죽을 정도로 매질했지만 노기가 여전히 풀리지 않아서 순군옥에 가두었다가 뒤이어 석방했다.[432]

필자가 주목하는 것은 위 사건의 시말이 아니라 임금의 신분인 우가 환수, 김원길 등과 함께 직접 잡희를 노는 데 거리낌이 없었다는 점이다. 고관대작이거나 심지어 임금 신분임에도 불구하고 비천한 배우들이 담당하던 배우극을 직접 하려고 하는 기풍이 고려뿐만 아니라 요나라에서도 발견되기 때문이다.

> 종진은 묘호가 흥종이다. …… 늘 밤에 연회를 열었는데, 유사단 형제와 왕강 등 수십 명과 함께 악대를 맡고 후(后)와 비(妃)에게 옷을 갈아입고 여관(女冠)으로 분장할 것을 명했다. 이에 황후의 아비인 소목제가 말했다. "한족 관리들이 모두 자리에 있는데 후와 비가 놀이에 참여하는 것은 마땅치 않습니다." 그러자 종진이 소목제의 머리를 치면서 말했다. "나도 하는데 감히 누가?"[433]

위 예문의 요지는 요나라 흥종(興宗: 1031-1055 재위)이 거란족 신하들뿐만 아니라 한족 신하들까지 모두 모인 자리에서 당당하게 자신의 황후와 비들과 함께 직접 잡극을 펼치고자 했다는 것이므로, 고려의 우왕이 보여주는 기풍과 판박이라고 할 수 있다. 그러므로 이 두 가지 사례 또한 요와 고려 사이에 겉으로 드러난 것 이상의 인적 교류가 있었음을 의미하고 있는 것이다.

요송금과 고려 사이에 널리 유행했던 배우극과 관련하여 예상되는 인적 교류의 가능성은 또 다른 자료를 통해서도 엿볼 수 있다.《고려사절요》에 의하면 고려 충렬왕이 1288년 세자의 생일을 빌미로 여러 신하들에게 연회를 베풀었을 때 상장군 정인경(鄭仁卿)은 난장이놀이를 했고, 장군 간홍(簡弘)은 배우극을 펼쳤는데,[434] 여기서 상장군이나 장군의 지위를 가진 무장들이 직접 배우극을 펼칠 정도라면 일상에서 그만큼 배우들과 접촉할 기회가 많았음을 의미한다. 이런 사정을 이해할 수 있게 해주는 기록이《고려사(高麗史)》권102에 수록되어 있어서 다음과 같이 인용한다.

> 고종 초에 조충이 거란병을 강동성에서 토벌할 때 김인경을 불러 판관을 삼았다. 이때 몽고 원수 합진과 동진 원수 완안자연이 군량을 청하기에 조충이 이를 정찰코자 하였으나 적합한 사람을 얻기가 어려웠다. 이에 김인경이 가기를 청하니 …… 조충이 이에 허락하고 곧 김인경을 보내어 정병 1천을 거느리고 쌀 1천 석을 실어다 주게 했다. …… 김인경이 병사를 거느리고 가 뵈니 두 원수가 풍악을 베풀고 잔치를 열어 위로하여 환락을 다하고 파했다. 김인경이 주의 서문 밖에 나아가 방진을 치니 두 원수가 높은 데 올라가 바라보는데 몽고인 46명이 갑옷을 입고 칼을 차고 서로 마주해 서니 김인경이 재인으로 하여금 군전에 늘어서서 북을 치고 고함을 지르면서 잡희를 놀게 하고 또 활 잘 쏘는 사람 20여

명으로 하여금 일시에 함께 쏘게 하니 화살이 주의 성에 들어갔다. 거란의 성에 올라와 망보는 자가 다 달아나 피했다.[435]

밑줄 친 부분에서 보듯이 재인으로 하여금 군전에 들어서서 북을 치고 고함을 지르면서 잡희를 놀게 했다고 하고 있다. 이것은 군대와 함께 다닌 예인의 존재를 의미하며, 전투의 승패에 따라 포로 신세로 이리저리 전전했을 상황을 짐작하게 해 준다. 이는 앞에서 언급했던 금나라 궁정음악의 일부가 송나라와 요나라 예인의 약탈을 기초로 재구성된 사례와 다를 바 없다.

이제까지 고찰한 내용을 종합해 보면 요송금원의 잡극과 원본 그리고 고려의 배우극 사이에 나타나는 동질성은 예인이라는 관점에서 볼 때 단순한 문화적 접촉 이상의 인적 이동과 융합, 물론 거기에는 강제적이냐 아니면 자발적이냐 하는 차이는 있겠으나 어쨌든 상상 이상의 인적 이동과 융합으로 인해 나타난 현상이라고 생각된다. 또 이렇게 이해해야 많은 부분에서 나타나는 의문들이 자연스럽게 해소된다. 이에 대한 진전된 논의는 마지막 장에 예정되어 있으므로, 여기서는 고려에 이어서 조선시대의 유희를 계속해 살펴보기로 한다. 조선시대의 사례로는 《연산군일기(燕山君日記)》 11년(1505) 12월 29일조에 수록된 내용이 대표적이다.

배우 공길이 노유희를 하면서 아뢰었다.

"전하는 요순(堯舜)과 같은 임금이시고 저는 고요(皐陶)와 같은 신하입니다. 요순과 같은 성군은 늘 있는 것이 아니지만 고요와 같은 신하는 언제나 있는 법입니다."

또 《논어》를 외워서 말했다.

"임금은 임금다워야 하고 신하는 신하다워야 하고 아비는 아비다워야 하고 아들은 아들다워야 한다. 임금이 임금답지 않고 신하가 신하답지 않으면 곡식이 있다 한들 내가 그것을 먹을 수 있겠는가?"

왕이 듣고 그 말이 불경스럽다는 이유로 곤장을 치고 먼 곳으로 유배시켰다.[436]

《논어》라는 경전의 구절을 인용해 왕을 풍자한 방식이 중국에서 유전됐던 유희의 그것과 일치할 뿐만 아니라 공길(孔吉)이라는 배우가 노유희(老儒戱)를 했다고 언급하고 있으므로 명칭이라는 면에서도 확실한 유희의 사례가 아닐 수 없다. 《연산군일기》 5년(1499) 12월 30일조에 수록된 사례를 하나 더 보자.

왕이 인양전(仁陽殿)에서 나례를 구경하고 전교했다. "오늘 나례를 구경할 때 배우 공결(孔潔)이란 자가 이신(李紳)의 민농시(憫農詩)를 이렇게 외웠다. '김매는 수고로움 하루가 일 년 같아, 땀방울이 벼를 타고 땅으로 떨어지네. 뉘라서 알아주랴 소반 위의 쌀밥, 한 알 한 알 모두 고생의 결과물인 것을.' 또 삼강령(三綱領), 팔조목(八條目) 등의 말을 논하므로, 승전색(承傳色)을 시켜 '네가 문자를 아는 것 같은데 몇 권의 책을 읽었느냐?'라고 묻자 공결이 서서 대답하길 '글을 아는 것이 아니라 그저 주워들은 풍월일 따름입니다.'라고 대답했다. 이에 물러가 놀이를 바치라고 명했는데 따르지 않았으니 매우 무례하다. 의금부에 내려 보내 곤장 60대를 때린 다음 역졸(驛卒)에 소속시키도록 하라." 이에 승지 등이 아뢰었다. "공결은 배우로서 그저 우희를 할 줄 알 뿐입니다. 어찌 예의로 문책할 수 있겠습니까?"[437]

공결이라는 배우가 이신(李紳)의 민농시(憫農詩)를 외고 또 삼강령(三綱領)과 팔조목(八條目) 등의 말을 논했다는 것으로 보아 이 배우극도 유희로 귀속시킬 수 있다. 현재까지 찾아볼 수 있는 조선시대 유희의 자료는 대략 이 정도이다. 전체적으로 볼 때 한국 연희사에 나타나는 유희의 사례는 양적으로 빈약하다는 점이 아쉽긴 하지만 그렇다고 유희의 역사적 맥락을 파악하지 못할 정도는 아니다. 한국 연희사에서 유희의 자취는 최치원의 〈향악잡영〉 5수 중의 〈월전〉에서 이미 엿볼 수 있으며, 고려시대 배우극에도 당요송금원의 잡극이나 원본과의 비교 결과를 고려할 때 유희가 유전됐음은 확실해 보인다. 따라서 15세기 말과 16세기 초에 공연된 조선시대의 유희는 고려시대 배우극의 전통을 직접 계승한 결과라고 보아야 옳다. 더욱이 이 시기 유희의 전통은 이후 산대가면극의 양반과장을 통해서 현재까지도 계승되고 있다. 그 한 증거로 봉산탈춤 양반춤의 한 단락을 제시한다.

생원: 다음은 글이나 한 수씩 지어 보세.

서방: 그럼, 형님이 먼저 지어 보시오.

생원: 그러면 동생이 운자(韻字)를 내게.

서방: 예, 제가 한번 내 드리겠습니다. 산자 영잡니다.

생원: 아, 그것 어렵다. 여보게 동생, 되고 안 되고 내가 부를 터이니 들어 보게. (영시조로) "울룩줄룩 작대산(作大山)허니, 황천풍산(黃川豊山)에 동선령(洞仙領)이라."

서방: 하하, (형제, 같이 웃는다.) 거 형님 잘 지었습니다.

생원: 동생 한 귀 지어보세.

서방: 그럼 형님이 운자를 하나 내십시오.

생원: 총자, 못잘세.

서방: 아, 그 운자 벽자(僻字)로군. (한참 낑낑거리다가) 형님, 한 마디 들어 보십시오. (영시조로) "짚세기 앞총은 헌겊총하니, 나막신 뒤축에 거말 못이라."

말뚝이: 샌님, 저도 한 수 지을 터이니 운자로 하나 불러주십시오.

생원: 재구삼년(齋狗三年)에 능풍월(能風月)이라더니, 네가 양반의 집에서 몇 해를 있더니 기특한 말을 다 하는구나. 우리는 두 자씩 불러 지었건마는 너는 단자(單字)로 불러줄 터이니 한 자씩이나 달고 지어 보아라. 운자는 강자라.

말뚝이: (곧 영시조로) "썩정 바자 구녕엔 개대강이요, 헌바지 구녕엔 좆대강이라."

생원: 아, 그놈 문장(文章)이로구나. 운자를 내자마자 지어내는구나. 자알 지었다.[438]

등장인물 중 생원과 서방은 양반 신분이며 말뚝이는 그들의 하인에 불과하다. 그래서 양반 둘과 하인이 지은 글은 질적으로 차이가 나야 정상인데, 실제로 서방이 지은 글이나 말뚝이가 지은 글은 모두 한문을 제대로 익히지 못한 상민(常民)의 수준에 머물고 있다. 게다가 명색이 양반이라는 생원이 원색적인 대사를 읊고 있는 말뚝이를 문장가라고 치켜세우고 있다. 또 생원이나 서방으로 분한 탈꾼의 실제 신분이 양반이 아닌 점을 생각하면 '황천풍산(黃川豊山)에 동선령(洞仙領)'이나 '재구삼년(齋狗三年)에 능풍월(能風月)'과 같은 구절도 어울리는 대사라 할 수 없다. 오히려 "짚세기 압총은 헌겊총하니, 나막신 뒤축에 거말못이라."는 구절이 서방으로 분한 탈꾼의 실체에 제격이다. 이처럼 연기자나 등장인물의 신분과 대사의 어긋남은 '글을 아는 것이 아니라 그저 주워들은 풍월'일 따름이라는 전통 배우의 각도에서 접근해야 비로소 이해되는 현상들이다. 사례를 하나 더 보자.

(양반일동이 막둑이를 세차게 불러놓고 다시 합창한다. 오독도기 타령이다. 타령을 하면서 중간에 수양반과 차양반의 대화가 섞인다.)

(오독도기 타령1)

오독독 오독독이 춘양추추 월워월이
달도 밝고 명랑하다.
풍구다 당실 풍구다 당실.

수양반: 달이 밝다니?

차양반: 보름달이던가 보다.

수양반: 너 몰랐다. 월명성희(月明星稀)에 오작(烏鵲)이 남비(南飛)로다. 용타 용타 용타 용타 지랄로 헐신 연자바리고 아– 아 어허허 허허 헐레로구나.

(음악과 춤으로 다시 놀다가 다시 부른다.)

(오독도기 타령2)

저놈의 양반 거동 보소. 저놈의 양반 거동 보소.
갓을 벗어 등짐하고
이리로 비틀 저리로 비틀 비틀 비틀.

수양반: 비틀비틀이라니?

차양반: 술을 먹었던가 봐.

수양반: 너 몰랐다. 취야와공산(醉也臥空山)[439]하니 갱문행화촌(更問杏花村)이라. 용타 용타 용타 용타.

(음악과 춤으로 잠시 즐기다가)

(오독도기 타령3)

수양산 깊은 골로 가만히 술술 들어가니

버드나무 잎사구로 한오큼 주루룩 훑어다가

깊고 깊고 깊은 물에 여개도 풍덩 저개도 풍덩 풍덩.

수양반: 풍덩풍덩이라니?

차양반: 웅덩에 돌을 던지는갑다.

수양반: 너 몰랐다. 양류청청(楊柳靑靑)에 도수인(渡水人)이로다. 용타 용타 용타 용타.

(후렴 후에 음악과 춤으로 한참 논다.)

위 사례는 수영야류 양반과장의 한 단락인데, 이름만 들어도 알만한 중국 문인들의 시구를 가져와 놀이를 전개하는 방편으로 삼고 있어서 조선시대 유희의 전통을 직접 계승하고 있음이 한층 뚜렷하게 확인된다. 구체적으로 살펴보면 세 가지의 오독도기 타령을 이어가는데, 각각의 단락마다 먼저 타령을 불러놓고 그 가사 중 한 마디를 끄집어내어 고대 유명 시인들의 시구로 풀이하며 노는 방식이다. 첫 번째 타령에서는 조조(曹操)의 《단가행(短歌行)》에 나오는 '월명성희(月明星稀), 오작남비(烏鵲南飛)'라는 구절을 가져와 풀이했고, 두 번째 타령에서는 이백(李白)의 시 〈우인회숙(友人會宿)〉에 나오는 '취래와공산(醉來臥空山)'구와 두목(杜牧)의 시 〈청명(淸明)〉에 나오는 '차문주가하처유(借問酒家何處有), 목동요지행화촌(牧童遙指杏花村)'구를 사용했으며, 세 번째 타령에서는 왕유(王維)의 시 〈한식사상작(寒食汜上作)〉에 나오는 '양류청청도수인(楊柳靑靑渡水人)'구를 사용했다. 전통적인 유가경전의 어구를 활용한 것은 아니지만, 넓은 의미에서 이들 시인들도 유자(儒者)로 포괄할 수 있으므로 상기한 단락은 곧 조선시대 유희의 전통을 계승한 것이자 외연을 확대한 사례라 할 수 있다.

4. 소결

앞에서 살핀 것처럼 중국에서 유가 집단과 배우 집단 간의 갈등은 춘추전국시대부터 이미 노정되어 있었으며 두 집단 사이에 정치적 공방이 오고갈 수 있었음은 《사기(史記)》의 '골계열전(滑稽列傳)'만 읽어 보아도 미루어 짐작할 수 있다. 문제는 애초 유가 집단과 갈등을 빚었던 배우들의 뿌리가 호족계통인가 하는 점인데, 이에 대한 고증은 현재까지 확보된 자료만으로는 쉽지 않기 때문에 일단 판단을 유보해 둔다. 그러면 남는 문제는 진한시대 이래로 중국으로 유입된 호족계통 예인들이 농공자류의 유희를 확대 혹은 재생산하는 데 기여했느냐 여부인데, 이에 대해서는 그렇다고 판단된다. 앞에서 살핀 것처럼 요금원과 같은 북방 호족이 세운 왕조시기에 특히 그랬을 것으로 생각되며, 한국의 경우에는 그런 호족계통 예인들이 유입되어 배우극의 한 축을 담당했기에 더욱 의미를 지닌다. 이 점은 다음과 같은 질문을 던져 보면 더욱 명확해질 것이다. 즉 "만약 호족계통 예인들이 고려 조선 양대에 걸쳐 배우극을 담당했던 한 축이 아니었더라도 지금 전승되고 있는 산대가면극 속에 유희의 자취가 과연 잔존할 수 있었을까?" 필자의 대답은 그 반대일 가능성이 높다는 것이다.

요컨대, 한중 두 나라에 공통적으로 발견되는 유희는 앞 장들에서 살핀 사례들보다는 상대적으로 미약한 호류의 자취만 보여주고 있다. 그러나 이런 결론은 어디까지나 현재까지의 고찰만으로 그렇다는 말이다. 필자가 확보한 단서가 아직은 미약하기 때문에 여기서는 그저 향후에 춘추전국(春秋戰國) 시기에 활약했던 배우들의 내력이나 뿌리를 좀 더 소상하게 밝힐 수 있다면 새로운 주장이 가능하리라는 일말의 여운을 남기면서 글을 맺고자 한다.

결론

호류胡流의 주된 요인

이 책의 제목에서 표방하고 있는 호류는 그 자체가 호족계통 예인의 중국 및 한국으로의 유입을 전제하고 있다. 지리적으로 보나 역사적으로 보나 문화 속에 스며든 호류 현상은 중국이 한국보다 시기나 폭이 상대적으로 더 넓을 수밖에 없다. 따라서 중국만을 대상으로 삼는 호류의 문제는 본 연구와 구별되는 독립적인 연구의 주제가 될 수 있으며 범위나 분량도 더 광범위할 수 있다. 그렇지만 현재 필자가 이런 연구를 본격화하기에는 아직 준비가 덜 된 상태이다. 다시 말해서 중국의 상황을 모두 살핀 다음 본 연구를 진행한 것이 아니라 본 연구를 토대로 향후 연구 범위를 확장하고자 한다는 것이다. 그러므로 이 책에서 다룬 소주제들은 모두 한중 두 나라에 공통적으로 발견되는 단서들을 비교 고찰한 것이고 그 결과로써 호류를 제기하는 것이다. 어떻든 전통시기에 나라와 나라 또는 민족과 민족의 접촉을 통한 문화의 교류나 교섭 현상 중에서 가장 강력한 효과를 발휘하는 것은 사람이라는 요소가 직접 개입됐을 때라는 것이 필자의 생각이다. 그래서 이하에서는 호족계통 예인의 직접적인 유입과 활동 및 토착화를 호류라는 문화적 현상의 주된 요인으로 제시해 보고자 한다.

1. 호족계통 예인의 중국으로의 유입과 활동

인류의 역사적 경험에 비추어 볼 때 중국의 북방이나 서방에서 살던 다양한 호족 집단이 중국으로 이주해 온 것은 지극히 자연스러운 결과라 할 수 있고, 그런 관점에서 예능을 업으로 삼았던 사람들의 유입 사례를 문헌기록에서 하나하나 찾아내어 정리하면 예상보다 방대한 분량이 되리라는 것도 충분히 예상할 수 있다. 그렇지만 위에서도 언급했듯이 중국으로 유입된 호족계통 예인의 사례를 세밀하게 찾아서 정리하는 것은 이 책의 주제와 거리가 멀다. 그러므로 이하에서는 선진(先秦)시기부터 시작해 송원(宋元)시대에 이르기까지 호족계통 예인의 유입과 활동을 살피되, 한국의 호류와 연결시킬 수 있는 가능성을 염두에 두면서 대표적인 사례들을 선별적으로 예시하기로 한다.[440]

중국의 문헌기록에 나타난 환술사의 존재는 선진시기인 주나라 때로 거슬러 올라간다. 《열자(列子)》 '주목왕(周穆王)'편에 주나라 목왕 때 서극지국(西極之國)에서 온 환술사의 이야기가 실려 있다. 그는 물이나 불 속을 마음대로 드나들었고 돌이나 쇠도 뚫고 다녔으며 산천을 뒤집고 성읍을 옮길 수도 있었고 또 공중에 떠 있을 수도 있었다. 서극지국이 구체적으로 어디인지는 확정할 수 없지만 중국의 서쪽에 위치했던 나라임은 분명하므로 이 기록은 호족계통 예인의 중국으로의 유입이 사실상 선진시기부터 이어졌을 가능성을 강하게 제기하고 있는 것이다.

한대에는 실크로드의 개통과 더불어 본격적으로 유입된 서역의 호족 예인들이 여러 방면에서 활약했는데 그중에서도 환술 분야에서의 영향이 두드러진다. 예를 들면 《한서(漢書)》 제96권 '서역전(西域傳)'에 기원전 108년 알렉산드리아 일대의 환술사가 한나라 사절을 따라 중국에 들어온 사실이 기록되어 있고, 《후한서(後漢書)》 제86권 '서남이열전(西南夷列傳)'에도 동한(東漢)의 안제(安帝)가 영녕(永寧) 원년(120)에 신하들과 함께 탄국의 왕 옹유조가 보낸 환술사의 공연을 관람했다고 적혀 있다.[441] 《구당서(舊唐書)》 '음악지(音樂志)'에서는 이런 사정을 다음과 같이 정리하고 있다.

> 환술은 모두 서역에서 왔으며 특히 천축에서 많이 왔다. 한나라 무제가 서역과 관계를 뚫자 비로소 환술사들이 중국으로 왔다. 안제 때는 천축에서 환술사를 바쳤는데, 스스로 팔다리를 자르고 장이나 위를 끄집어 낼 수 있었다. 이때부터 역대로 이런 환술이 있게 되었다.[442]

위 기록에 근거하면 《사기》 '대원열전'의 주, 《한서》 '장건열전'의 주, 《후한서》 '서남이열전', 《위략》 등에 언급되어 있는 탄도(呑刀), 토화(吐火), 식과(植瓜), 종수(種樹), 도인(屠人), 절마(截馬), 자지해(自支解), 역우마두(易牛馬頭), 자박자해(自縛自解) 등은 모두 서역계 환술이 된다. 이 밖에 같은 시기에 공연됐던 안식오안(安息五案), 도로심당(都盧尋橦), 농사(弄蛇) 따위의 기예도 그 명칭 자체가 호족계통 예인의 유입이 있었던 사실을 말해 주고 있다. 안식오안은 물구나무를 선 채 여러 개의 책상을 층층이 쌓아가는 기예인데 여기서 안식(安息)이라는 말은 고대 이란 지역에 위치했던 나라 이름이며, 도로심당은 주유부로와 마찬가지로 장대타기를 뜻하지만 도로(都盧)라는 말은 지금의 미얀마 지역에 세워졌던 나라 이름이다. 또 수인농사(水人弄蛇)는 뱀을 부리는 기예인데, 수인(水人)은 지금의 인도에 위치했던 지역 명칭으로 추정된다.[443] 기예의 명칭에 특별히 중국 서쪽의 나라나 지명이 붙었다는 것은 애초에 이 기예들이 해당 지역에 살던 호족 예인들에 의해 전래됐기 때문일 것이다.

남북조시대에도 서역의 환술이 지속적으로 유입되었다. 로마와 인도에서 넘어 온 환술사가 민간에서 활동했던 일은 어환(魚豢)의 《위략(魏略)》과 간보의 《수신기》 등에 전해지고 있다. 《수신기》에 전해지는 한 가지 사례를 예시하면 다음과 같다. 내용은 영가(永嘉: 307-312) 연간 천축에서 건너온 어느 호인이 펼쳤다는 단설(斷舌)과 단견(斷絹)이라는 환술이다.

> (호인은) 혀를 자르려고 할 때 먼저 혀를 내밀어 구경꾼들에게 보여 준 다음 칼로 잘랐다. 그러면 피가 흘러 땅을 뒤덮었다. 잘린 혀를 불에 태워 그릇에 담아서 사람들에게 보여 주었다. (사람들이) 보니 호인의 반쪽 혀가 그 안에 있었다. 그러고 나서 잘린 혀를 가져다 입안의 혀와 합쳐서 이으면 잠시 뒤 예전과 같아져 정말로 끊어졌던 것인지 의심스러울 정도였다.
>
> 그는 또 비단 천을 가져다가 사람에게 주면서 각각 한쪽 끝을 잡고 있게 한 뒤 가운데를 잘랐다. 그런 다음 두 조각을 갖다 붙이면서 주문을 외면 천은 이미 연결되어 있었다.[444]

《북사(北史)》 '서역전(西域傳)'에 의하면 426년에 서역에서 북량으로 환술사절을 보낸 일이 있고, 448년에 열반국에서 북위로 환술사를 보낸 일이 있다.[445] 불도징(佛圖澄)이나 구마라집(鳩摩羅什: 344-413)과 같은 서역계 승려들을 통해서도 새로운 형태의 환술이 중국으로 유입됐다. 예를 들면 5호16국(五胡十六國) 시대의 고승이었던 불도징은 바리때 안에다 물을 부어 연꽃을 자라게 하는 '발내생련(鉢內生蓮)'이라는 환술을 시연하여 후조(後趙)의 두 군주 석륵(石勒)과 석호(石虎)를 감복시켰으며, 불경의 한역(漢譯)에 지대한 공로를 세운 구마라집은 무수한 바늘을 쌓아놓고 숟가락으로 떠먹는 '식침(食針)'을 수많은 승려들 앞에서 시연하기도 했다.[446]

당나라 때는 호풍(胡風)의 성행으로 인해 여러 분야에서 호족계통 예인들의 자취가 남게 되었다. 환술을 예로 보면 《법원주림(法苑珠林)》

〈십악편(十惡篇)〉에 서역에서 온 바라문의 공연을 다음과 같이 기록하고 있다.

> 당나라 정관(貞觀) 20년(646)에 서국(西國)에서 다섯 명의 바라문이 경사에 왔는데, 이들은 음악·주술·잡희 그리고 칼로 혀를 잘랐다가 다시 잇거나 뱃속의 창자를 꺼내어 잘랐다가 다시 잇는 따위의 환술에 아주 능했다.[447]

이 밖에 민간에서 환술을 시연했던 호인으로는 범승(梵僧) 난타(難陀)와 호미아(胡媚兒)가 전해진다.[448] 서역에서 전래된 환술의 공연 장면이 당시 중국인들이 보기에는 얼마나 충격적이었던지 《신당서(新唐書)》〈예악지(禮樂志)〉에는 그에 대한 금지령도 언급되어 있다.

> 천축의 기예가 스스로 팔다리를 자르거나 내장을 찌르는 (참혹한) 수준이어서 고종은 그런 환술이 민간의 풍습에 악영향을 끼칠까봐 걱정하여 중국에 들어오지 못하도록 명을 내렸다.[449]

《영표록이(嶺表錄異)》라는 책에는 서역에서 들어온 코끼리춤이 언급되어 있다. 희종(僖宗) 건부(乾符) 4년(877)에 지금의 베트남 중남부에 위치했던 점성국(占城國)에서 코끼리 세 마리를 바쳤는데 그놈들이 대전 앞으로 나와 황제를 대면할 때 배례(拜禮)도 하고 춤도 추었다는 것이다.[450] 단안절(段安節)의 《악부잡록(樂府雜錄)》에 소개되어 있는 당나라의 악무 건무(健舞)에는 능대(稜大)·아연(阿連)·자지(柘枝)·검기(劍器)·호선(胡旋)·호등(胡騰) 등이 포함되어 있는데 이중 자지·호선·호등은 지금의 이란 쪽 영향을 받은 호무(胡舞)이다. 이 밖에도 당나라 때는 서역 제국의 호무(胡舞)가 대단히 성행했으며 그런 사실은 이미 학계에 널리 알려져 있어서 굳이 더 이상 소개할 필요가 없을 정도이다.

이어서 한국과의 관련성을 좀 더 분명하게 읽어낼 수 있는 괴뢰자와 라리인(囉哩人)이라는 유랑집단에 대해 간단히 살펴보자. 먼저 괴뢰자에 대해서는 이 책의 제1장에서 한중일 세 나라의 자료를 비교 분석하면서 자세하게 논했기 때문에 핵심 내용만 간추려 제시한다. 중국 문헌의 초기 사례에 나타나는 '괴루지사(魁壘之士)'처럼 '괴루'라는 말이 사람을 형용할 때 사용된 것으로 보면, 놀이꾼으로서의 괴뢰자 집단은 한족과 구별되는 형체적 특징, 예를 들면 코가 우뚝하다거나 기골이 장대하다는 등의 특징을 지닌 호인이었을 가능성이 높다. 중국 사람들에게 널리 알려진 괴뢰희의 기원설 중에서 한나라 진평(陳平)이 평성에서 괴뢰를 이용해 고조(高祖)를 구했다는 이야기는 겉으로 드러난 것과 반대로 괴뢰희의 흉노 유래설을 암시하는 것으로 이해할 수 있다. 일본의 〈가이라이시기〉에서도 괴뢰자의 뿌리로 북적(北狄)을 지목하고 있으므로 북적의 기원도 추적해 보았는데 그들 역시 상(商)나라 때의 호인이라고 할 수 있는 귀방(鬼方)으로 거슬러 올라간다.[451] 춘추전국(春秋戰國)시대 이후의 흉노(匈奴), 오환(烏桓), 선비(鮮卑) 등은 모두 여기서 분화된 민족으로 알려져 있다고 하면서[452] 그렇게 본다면 중국의 괴뢰나 일본의 가이라이시는 그 유래가 모두 북적으로 일컬어지던 흉노를 거쳐 그 조상으로 알려진 귀방으로 귀착된다고 했다.

다음으로 라리인에 대해 살펴보면, 이들의 거주지는 원래 인도였으나 5세기 무렵 수만 명의 가수들이 페르시아로 들어왔고, 10세기에 이르러 집단 전체가 페르시아로 강제 유입되었으며, 그 후 다시 서북쪽으로 이주하면서 유럽 각지에 분포하게 된다. 라리인들이 인도에서 페르시아로 갔다가 왜 떠돌이 신세가 되었는지 또 그 모습이 어떠했는지는 페르시아의 시인 페르도우시가 1010년에 썼다고 알려진 서사시를 통해서 대략적이나마 엿볼 수 있다.

페르시아 왕 바흐람 주르도의 통치(420-438) 말기에 인도의 왕을 찾아가 페르시아에 음악가들을 보내 달라고 부탁했다는 이야기를 하고 있다.

"오, 구원의 손길을 펼치시는 왕이시여! 류트를 능숙하게 연주할 줄 아는 남녀 음악가 만 명을 뽑아 보내 주소서."

음악가들이 도착하자, 왕은 그들에게 곁에 있을 것을 명하고 암소 한 마리와 당나귀 한 마리를 주었다. 그들에게 농사를 짓도록 할 생각이었기 때문이다. 왕은 또 세무관들에게 명하여 그들에게 말 천 마리에 실을 수 있는 밀도 나누어 주게 했다. 그래서 음악가들은 땅을 경작하고 밀을 뿌려서 수확을 해 식량을 자력으로 해결하고, 가난한 자들에게 무료 봉사로 음악을 연주해 주어야만 했다. 그러나 음악가들은 왕의 곁을 떠나 암소와 밀을 모두 먹어버린 다음, 일 년 후에 노래진 얼굴로 나타났다. 그러자 왕이 말했다.

"너희는 내가 준 밀과 씨앗과 수확한 것을 모두 탕진해서는 안 되는 거였다. 이제 너희에게 남은 것은 당나귀뿐이다. 당나귀에 짐과 악기를 싣고, 비단 노끈으로 묶고 떠나라."

그래서 음악가들은 오늘날까지도 개와 늑대들이 다니는 길을 걸어 다니며, 도중에 도둑질을 하면서 전 세계를 떠돌고 있다.[453]

라리인들은 원나라 대덕(大德: 1297-1307) 연간에 중국으로 들어와 주로 감숙성과 산서성 일대에 거주했으며 그 당시 무슬림을 믿고 있었으므로 라리회회(囉哩回回)로 칭해졌다고 한다.[454] 원대의 라리회회 및 페르시아의 Luli 또는 Loli인에 대한 좀 더 자세한 내용은 중국 학자 양지구(楊志玖)가 쓴 〈원대의 집시-라리회회(元代的吉普賽人-囉哩回回)〉를 참고할 수 있다. 중국 학자 강보성(康保成)은 양지구의 논의에서 한 걸음 더 나아가 이들 라리인들이 송원(宋元)시대의 유랑예인이었던 노기(路歧)였을 것이라고 추정하고 있다.[455]

이제까지 환술 분야를 중심으로 한나라부터 당나라 때까지 중국으로 들어와 공연한 호인들의 사례를 선별적으로 예거한 다음 괴뢰자와 라리인에 대해 간단하게 개괄했다. 환술 분야를 중점적으로 살핀 것은 논의의 편의를 위해 그런 것일 뿐 다른 분야에서 호인들의 활동이 미약했다는 의미는 결코 아니다. 어쨌거나 이 정도의 예시만으로도 선진시기부터 한나라를 거쳐 원나라 때까지 호족계통 예인의 중국으로의 유입이 면면히 지속됐음을 뒷받침하기에는 부족하지 않으리라 생각된다. 특히 북조나 요, 금, 원이라는 왕조를 생각하면 중국으로 유입된 호족계통 예인들의 숫자나 활동 범위는 상상 이상이었을 것으로 짐작된다. 괴뢰자와 라리인에 대해서는 한국의 상황과 연결시킬 수 있는 중요한 고리가 되므로 특별히 재론한 것이다.

2. 호족계통 예인의 한국으로의 유입과 토착화[456]

한국 전통연희의 담당층에는 내원이 다른 몇몇 계통의 예인들이 혼융된 과정을 거쳐 오늘에 이른 것으로 추정된다. 김동욱은 판소리 광대의 내원을 둘로 제시한 바 있다. 하나는 남방의 화랑이고 다른 하나는 북방의 재인(才人)이라는 것이다.[457] 이 견해는 이두현에 의해 수용되어 《한국가면극》이라는 책에서 예인의 계보에 대한 견해가 초보적으로 나타나고 있으며, 전경욱의 《한국의 전통 연희》에 와서 그 내용이 좀 더 자세해진다. 그는 삼국시대 연희자에 대해서 "전문적 연희자들이 활동하고 있었음을 확인할 수 있다."라고 한 다음 구체적으로는 재승(才僧) 계통의 연희자를 제시했다. 고려시대 연희 담당층에 대해서는 좀 더 세분하여 '북방 유목민 계통의 수척, 재승 계통의 연희자, 서역 계통의 연희자' 등을 제시했으며, 조선시대 연희자에 대해서는 '세습무계의 무부(巫夫)

연희자, 북방 유목민 계통의 수척과 반인(泮人), 재승 계통의 승려·사장·사당·남사당, 조선 후기의 유랑예인 집단' 등 네 부류를 제시했다.[459] 이런 견해 중에서 필자가 주목하는 것은 양수척(楊水尺)을 포함한 북방유목민 계통의 수척 혹은 북방의 재인에서 내원한 광대로부터 조선시대의 백정과 반인으로 이어지는 맥락이라고 할 수 있다.

그러면 호족계통 예인이 어떻게 한반도로 유입됐는지 간단히 살펴보자. 조선시대 가면극을 담당한 예인의 한 부류는 백정 중에서도 재인의 역할을 담당했던 재백정(才白丁)이라 할 수 있으며, 조선후기 서울에서 산대도감계통 가면극을 담당했던 반인들이 바로 이 재백정으로 분류된다. 그런데 이런 백정의 뿌리를 따지고 보면 역사적으로 고려시대의 재인과 화척(禾尺)을 거쳐 멀리 양수척까지 거슬러 올라간다. 《고려사》의 기록에 의하면 양수척은 수초를 따라 옮겨 살면서 일정한 거주가 없이 다만 사냥을 일삼고 또 고리를 엮어 이를 판매하는 것으로 생업을 삼았으며 기생들이 대개 이 무리에서 나왔다고 설명하고 있다.

> 양수척은 태조가 후백제를 칠 때에 제어하기 어려웠던 유종(遺種)으로 본래 관적(貫籍)과 부역도 없었다. 수초(水草)를 따라 옮겨 살면서 일정한 거주가 없이 다만 사냥을 일삼고 또 고리(柳器)를 엮어 이를 판매하여 생업을 삼았다. 대개 기생들은 본래 유기장(柳器匠)의 후예이다.[459]

일본학자 아유카이 후사노신(鮎貝房之進)은 이런 특징에 주목하여 양수척의 무리가 중국 동북부 열하(熱河)지역을 무대로 활동하던 동호족(東胡族)과 유사하다는 점을 지적했다.[460] 그런데 그가 지적한 동호(東胡)계통 유목민의 생활습속을 지닌 종족의 이동은 기록으로 보면 고구려 양원왕 9년(553)에 이미 거란의 만여 가(家)가 이주한 바 있다. 이준구는 아유카이 후사노신의 견해에서 한 걸음 더 나아가 거란의 후예들이 양수척과 무관하지 않다고 주장했다.

> 고려 성종 12년 이래 25년 동안 고려와 요나라 사이에 벌어진 전쟁으로 말미암아 고려에는 투화(投化)하거나 포로가 된 거란인이 많았는데, 인종 원년(1123)에는 그 수가 수만이나 되었다. 뿐만 아니라 고려에는 속칭 '거란장(契丹場)'이라는 곳이 있어 거란의 유종이 함께 모여 살았다. 이는 조충(趙沖)이 거란의 포로들을 주현(州縣)에 나누어 보내 놀고 있는 땅을 가려서 모여 살게 하고, 전토(田土)를 주어 농사를 짓게 하여 백성으로 삼았던 데서 비롯되었다. 이같이 고려에 남아 있던 거란의 유종들이 양수척과 무관하지 않을 것으로 보인다.[461]

그는 고려 태조 왕건이 후백제를 칠 때 제어하기 어려웠던 유종이 곧 거란의 후예임을 시사하는 것으로 이해했다. 흥화도와 운중도에 많이 살았던 양수척이 거란의 침입 때 그들의 향도(嚮導)가 되어 산천의 요해(要害)와 도로의 원근을 알려 주었다는 사실이나, 고려 고종 3년(1216)에 거란의 유종이 김산(金山)과 김시(金始) 왕자가 몽고군에게 쫓겨서 압록강을 건너온 다음 운중도로 옮겨간 사실 등을 양수척이 거란의 후예임을 알려 주는 근거로 이해한 것이다.[462]

화척, 재인, 달단(韃靼) 등 여러 가지 명칭으로 불리던 호족계통 사람들이 조선시대 들어와 백정으로 통합·재편된 과정에 대해 조선 초기 사람 양성지(梁誠之)는 세조 2년(1456) 3월 28일에 올린 〈춘추 대사·오경·문묘 종사·과거·기인 등에 관한 상소〉에서 이렇게 요약하고 있다.

> 대개 백정을 혹은 화척이라 하고 혹은 재인, 혹은 달단이라 칭하여 그 종류가 하나가 아니니, 국가에서 그 제민(齊民)하는 데 고르지 못하여 민망합니다. 백정이라 칭하여 옛 이름을 변경하고 군오(軍伍)에 소속하

게 하여 사로(仕路)를 열어 주었으나, 그러나 지금 오래된 자는 5백여 년이며, 가까운 자는 수백 년이나 됩니다.[463]

이후 행첨지중추부사(行僉知中樞府事) 김영유(金永濡) 또한 재인과 백정의 뿌리가 호족임을 분명히 하고 있다.

성종 22년(1491) 4월 23일조: 우리나라의 재인과 백정은 그 선조가 호족〔胡種〕입니다.

재인과 백정이 본래 모두 이류(異類)였다는 기록은 이 밖에 성종 7년(1476) 7월 18일조에서도 거론되고 있다.

제도의 관찰사에게 하서하기를, "재인과 백정은 본디 모두 이류(異類)인데, 농업은 일삼지 않고 사람이 살지 않는 곳에 모여서 오로지 도둑질만 일삼으니, 이러한 조짐을 키워서는 안 될 것이다."[464]

이 시점에서 고려시대 거란계와 여진계가 어느 정도로 귀화했는지에 대해서도 궁금해지는데 선행연구에 따르면 거란계가 4,082명, 여진계가 대략 97,662명 정도로 파악된다.[465] 선화(宣和: 1119-1125) 연간에 사신으로 왔던 송나라 사람 서긍(徐兢)은 당시 고려의 상황에 대해 "거란의 항복한 포로 수만 명 가운데 기술을 지닌 공장이 열 중 하나는 있어서 그중 정교한 솜씨를 가진 자를 왕부에 머물게 하였다."라고 전하고 있다.[466]

다시 조선 예종(睿宗) 원년(1469)에 공조판서 양성지가 올린 상소를 보면, 양수척은 고려 초기인 10세기부터 13세기 최씨 정권 때까지 존재했으며 충렬왕(1274-1308 재위)과 공민왕(1351-1374 재위) 때는 재인과 백정이 이미 출현해 있었다. 그들은 15세기까지 줄곧 현가(絃歌)와 재살(宰殺)을 주업으로 삼고 있었다.

> 신이 그윽이 생각하건대, …… 우선 우리나라의 풍속으로 말하더라도 양수척이라는 것은 전조(前朝)의 초기에 있었는데, 강도(江都) 때에도 또한 있었으며, 재인과 백정은 충렬왕 때에 있었는데 공민왕 때에도 있었으므로, 먼 것은 5, 6백 년, 가까운 것은 수백 년을 올라가지 않습니다. 그 현가(絃歌)의 풍습과 재살(宰殺)의 일은 지금까지도 고치지 않고 있습니다.

이제까지의 고찰에 의하면 호족계통 예인들의 한반도 유입은 고려시대만 놓고 보더라도 초기부터 말기까지 지속적으로 이루어졌다. 이들은 내원이 다양했던 탓에 고려 때만 하더라도 재인, 화척, 백정 등으로 분류됐지만, 조선 초에 단행된 조치를 통하여 백정으로 통합·재편되었다. 이런 과정을 거치면서도 이들 집단은 전업(轉業)하지 않고 본래부터 업으로 삼았던 연예업과 도축업에 계속 종사하며 살았다.

이어서 한반도 안에서 호족계통 예인이 분산되고 토착화된 과정을 살펴보자. 양수척, 화척, 재인, 달단 등과 같은 호족계통 예인들이 백정으로 재편되는 조치는 세종 6년(1424)에 취해진다.《조선왕조실록》의 세종 6년(1424) 10월 10일의 기록을 보자.

> 병조에서 계하기를, "외방에 산재한 신백정(新白丁)은, 각도 경차관(敬差官)으로 하여금 그 도의 감사와 함께 부처(夫妻)와 자식을 자세히 조사하여, 본래 농업에 종사하여 생계에 충실한 자는 세 장정으로 한 호(戶)를 만들고, 처음으로 농업에 종사하여 생계가 충실하지 못한 자는 다섯 장정으로 한 호를 만드는데, 일률적으로 일찍이 내린 교지(敎旨)에 의

하여 그들의 재품(才品)에 따라 별패 시위(別牌侍衛)·수성(守城) 등의 군인으로 충정(充定)하고, 정역(正役)과 봉족(奉足)을 나누어 이름을 기록하여 보고하되, 정장의 수는 늙고 약한 자는 제외하고 모두 장정으로만 하소서." 하니, 그대로 따랐다.

조선 정부가 새롭게 통합된 신백정(新白丁)들을 토착화시키기 위해 시행한 핵심 조치의 하나는 그들을 전국 각지에 분산 배치하는 방식이었다.

세종 10년(1428) 5월 19일: 평안도 감사에게 전지하기를, "신백정(新白丁)들이 ……"

세종 12년(1430) 6월 23일: 병조에서 아뢰기를, "전라도 고흥진에서 경상도 사천진까지 …… 각 고을에 거주하는 신백정(新白丁)과 한산인(閑散人) 등을 뽑아서 ……"

세종 15년(1433) 2월 7일: 황희 등은, "평안·황해 두 도에 신백정(新白丁)을 뽑아서 ……"

세종 15년(1433) 윤8월 16일: 병조에서 아뢰기를, "튼튼하고 날랜 신백정(新白丁)을 충청도·경기도·황해도 등에서 뽑아서 운(運)을 나누어 들여보내기를 청하옵니다."

위 인용문을 통해서 당시 신백정의 소재지가 평안도, 경상도, 전라도, 황해도, 경기도, 충청도 등 전국적으로 분포되어 있었음을 확인할 수 있다. 그렇지만 분산배치를 통한 토착화의 과정은 생각보다 순탄하지 않았다. 세종 30년(1448)과 세조 2년(1456) 3월 28일의 다음 두 기록은 분산 배치된 백정과 현지 원주민 사이의 마찰과 갈등이 어느 정도였는지를 여실히 보여주고 있다.

전 동지돈녕부사 조뢰(趙賚)가 상서하기를, 갑진년(1424)에 신백정이라 고쳐 이름하여, 전토를 주고 군적에 넣어서 평민과 서로 혼인하게 하여 생업을 편안히 하게 하였사오나, 입법한 이후로 평민이 백정과 혼인하고, 백정이 평민에게 시집가서 밭일을 하고 농사에 힘쓴다는 말은 듣지 못하였습니다.

(백정은) 본시 우리 족속이 아니므로 유속(遺俗)을 변치 않고 자기들끼리 서로 둔취(屯聚)하여 자기들끼리 서로 혼인을 맺는데, 혹은 살우(殺牛)하고 혹은 동량질을 하며, 혹은 도둑질을 합니다. 또 전조 때, 거란이 내침하니, 가장 앞서 안내하고 또 가짜 왜구 노릇을 해 가면서, 처음은 강원도에서 일어나더니 경상도에까지 만연하여 장수를 보내어 토평(討平)하기에 이르렀습니다. 지금도 대소의 도적으로 체포된 자의 태반이 모두 이 무리입니다. 친척과 인당(姻黨)이 팔도에 연면(連綿)하여, 적으면 기근되고, 크면 난리를 일으키니, 모두 염려가 됩니다.

같은 부류끼리 모여 살면서 현지인과 동화하지 못한 채 완고하게 자신들의 풍습을 고집했고 그런 까닭에 소를 잡거나 동량질 혹은 도둑질을 일삼을 수밖에 없었던 신백정들의 행적이 고스란히 드러나 있다. 이들이 무리를 이루어 유랑하거나 난을 일으켰다는 기록은 중종(1506-1544 재위) 시기를 지나면서 점차 보이지 않게 된다. 이에 백정의 토착화는 대략 16세기를 고비로 이루어졌을 것으로 추정되고 있다.[467]

결국 1424년 시행된 조치에 따라 신백정으로 통합된 호족계통 예인들은 한 세기 이상의 마찰과 갈등의 과정을 거치면서 한반도 각지에서 저마다 뿌리를 내렸다고 할 수 있다.

이제까지 거란과 달단을 포함하여 다양한 명칭으로 불린 호족계통 예인들의 한반도 유입과 토착화 과정을 제한적으로 살폈다. 물론 한국에서도 삼국시대 이전부터 광범위한 호족계통 예인들의 유입과 활동이 있었을 것으로 추정되므로 이에 대한 정밀한 고찰이 별도의 연구 주제가 될 수 있을 것이다.

마지막으로 덧붙이면, 결론에서 다룬 것은 그저 한중 두 나라의 전통연희에서 공통적으로 발견되는 호류의 주된 요인으로서 호족계통 예인의 직접적인 유입 사례를 제한적으로 제시해 본 것에 불과하다. 그렇지만 이 정도만으로도 호족계통 예인들의 활약으로 말미암아 한중 두 나라의 전통 연희에 호류가 폭넓게 배어 있게 됐다는 주장을 뒷받침하기에는 부족하지 않으리라고 본다.

호류를 뒷받침하는 주요 증거임에도 불구하고 필자의 역량 부족으로 인해 이 책에서 누락되었거나 아직 논의를 심도 있게 전개시키지 못한 주제에 대해서는 향후 별도의 단행본으로 만날 것을 약속하면서 글을 마친다.

미주

1 黃錫鈞, 〈泉州提線木偶戲神相公爺〉, 470쪽 참조.

2 黃錫鈞, 위의 글, 473-474쪽 참조.

3 黃錫鈞, 위의 글, 473쪽.

4 吳自牧, 《夢粱錄》 卷1 '元宵', 孟元老 等著, 《東京夢華錄外四種》, 141쪽.

5 吳自牧, 위의 책, 卷19 '社會', 孟元老 等著, 위의 책, 300쪽.

6 "世人死者有作伎樂, 名爲喪樂. 魌頭, 所以存亡者之魂氣也, 一名蘇." 段成式, 《酉陽雜俎》 前集 第13卷 '尸穸編', 123쪽.

7 何昌林, 〈樂王, 戲祖, 拳宗, 醫聖〉, 63쪽.

8 康保成, 《儺戲藝術源流》, 317쪽.

9 《漢語大詞典》 '扶蘇'조, 357쪽.

10 金學主 譯, 《詩經》, 154쪽.

11 "又諸國各有別邑, 名之爲蘇塗. 立大木, 縣鈴鼓, 事鬼神." 陳壽, 《三國志》 卷30 '馬韓傳', 852쪽.

12 "其立蘇塗之義, 有似浮屠." 陳壽, 위의 책, 852쪽.

13 "舊傳, 惟娼優所居揭長竿, 以別良家, 今聞不然. 蓋其俗淫祠鬼神, 亦厭勝祈禳(鄭刻 禱)之具耳." 徐兢, 《高麗圖經》 卷3 '民居', 16-17쪽.

14 孫晋泰, 〈蘇塗考〉, 104쪽.

15 孫晋泰, 위의 글, 142-143쪽.

16 이상 이 절의 논의는 안상복, 〈한중 인형극의 비교연구-역사적 전개, 텍스트 및 공연과 관련된 몇 가지 논제〉, 326-329쪽을 첨삭 및 재구성하여 고쳐 쓴 것이다.

17 孫晋泰, 위의 글, 113쪽.

18 심우성, 《한국전통예술개론》, 188쪽.

19 "車駕登宣德樓, …… 樂作, 須臾, 擊柝之聲, 旋立鷄竿, 約高十數丈, 竿尖有一大木盤, 上有金鷄, 口銜紅幡子, 書'皇帝萬歲'字. 盤底有綵索四條垂下, 有四紅巾者爭先緣索而上, 捷得金鷄紅幡, 則山呼謝恩訖. 樓上以紅綿索通門下一綵樓, 上有金鳳銜赦而下, 至綵樓上, 而通事舍人得赦宣讀. 開封府, 大理寺排列罪人在樓前, …… 聞鼓聲, 疏枷放去, 各山呼謝恩." 孟元老, 《東京夢華錄》 卷10 '下赦', 孟元老 等著, 앞의 책, 60-61쪽.

20 孫晋泰, 앞의 글, 111쪽.

21 何昌林, 앞의 글, 62쪽.

22 〈도2〉는 강릉 강문의 솟대 사진으로 필자 촬영, 〈도3〉은 송대(宋代) 장택단(張擇端)이 그린 〈청명상하도(淸明上下圖)〉 속의 솟대, 현재 베이징의 고궁박물관 소장, 〈도4〉는 원대(元代) 왕진붕(王振鵬)이 그린 〈용지경도도(龍池競渡圖)〉 속의 솟대, 현재 타이베이 고궁박물원 소장.

23 이필영, 《솟대》, 12쪽.

24 何昌林, 앞의 글, 34-35쪽 참조.

25 이상 이 절의 논의는 안상복, 앞의 글, 330-331쪽을 첨삭 및 재구성하고 새로운 자료를 대폭 추가하여 고쳐 쓴 것이다.

26 黃少龍·王景賢, 《泉州提線木偶戱》, 88-90쪽에서 인용.

27 전경욱, 〈동아시아의 구음 '라라리(囉囉哩)'와 '라리련(囉哩嗹)'의 한국적 존재 양상〉, 123쪽에서 인용.

28 바르후트와 산치의 스투파 사진은 국립중앙박물관, 《고대불교조각대전》, 2015, 21쪽을 참조.

29 이하 외래기원설에 대한 설명은 안상복, 앞의 글, 325-326쪽에서 인용.

30 한자어 괴뢰자(傀儡子)는 일본어로 음독(音讀)하면 가이라이시, 훈독(訓讀)하면 구구쓰가 된다. 이하 이 책에서는 필요한 경우를 제외하고는 모두 음독을 원칙으로 삼아 가이라이시로 표기한다.

31 송석하, 〈조선의 민속극〉, 291쪽.

32 송석하, 〈광대란 무슨 뜻인가〉, 350-351쪽.

33 金在哲, 《朝鮮演劇史》, 115-121쪽.

34 李杜鉉, 《韓國假面劇》, 45-46쪽.

35 유민영, 〈한국인형극의 유래〉; 박진태, 〈중국 인형극의 수용과 변이과정(1)〉.

36 김청자, 〈한국 전통인형극의 새로운 접근〉.

37 임재해, 〈꼭두각시놀음의 역사적 전개와 발전 양상〉, 248쪽.

38 常任俠, 《東方藝術叢談》, 59쪽.

39 常任俠, 위의 책, 60쪽.

40 常任俠, 위의 책, 67쪽.

41 孫楷第, 《傀儡戱攷原》, 6쪽.

42 孫楷第, 위의 책, 9쪽.

43 董每戡, 《說劇》, 60-61쪽.

44 왕왕 무사(巫師)가 분식(扮飾)한다.

45 우속(禺屬)인 귀(鬼)를 지칭한다.

46 모후(母猴)인 우(禺)를 지칭한다.

47 귀두(鬼頭)인 '由'을 가리킨다.

48 우(偶)를 가리킨다.

49 무추(巫酋)가 원숭이토템을 분연(扮演)하는 것.

50 蕭兵,《儺蜡之風》, 779 및 782쪽.

51 孫楷第, 앞의 책, 9쪽.

52 或謂魌頭爲觸壙, 殊方語也.

53 江紹原과 陳志良의 견해는 蕭兵, 앞의 책, 786쪽 참조.

54 常任俠, 앞의 책, 68쪽 및 74쪽.

55 제선괴뢰와 동의어.

56 예컨대 孫楷第, 앞의 책, 3-4쪽.

57 季羨林, 〈列子與佛典〉, 319쪽.

58 孫楷第, 앞의 책, 9쪽.

59 窟石壘子, 亦云魁石壘子, 作偶人以戲. 善歌舞, 本喪家樂也. 漢末始用之於喜會. 齊後主緯尤所好. 高麗國亦有之.

60 "俗名傀儡子爲郭禿."

61 《舊唐書·音樂志》卷29.

62 傀儡戲, 木偶人也.

63 '杖頭傀儡任小三', '懸絲傀儡張金線'.

64 弄懸絲傀儡, 杖頭傀儡, 水傀儡, 肉傀儡.

65 《辭海》上卷, 584쪽.

66 翁敏華, 〈傀儡戲三辨〉, 269-272쪽.

67 顏師古의 주에 의하면 '장대한 사람'이란 뜻이다.

68 이상 이 절의 논의는 안상복, 〈고구려의 傀儡子(廣大)와 장천1호분 앞방 왼쪽 벽 벽화〉, 132-138쪽을 재구성하여 고쳐 쓴 것이다.

69 窟石壘子, 亦云魁石壘子, 作偶人以戲. 善歌舞.

70 歌舞戲, 有〈大面〉·〈撥頭〉·〈踏搖娘〉·〈窟石壘子〉等戲. 玄宗以其非正聲, 置教坊於禁中以處之.

71 國語假面爲戲者, 謂之廣大. http://www.krpia.co.kr

72 "今二小廣大在吾國, 全英甫. 朴虔中是也."《洛下生集》제20책《東事日知》, 한국고전종합DB에서 인용.

73 人類 : 傀 광대괴. 儡 광대뢰. 傀儡假面戲, 俗呼鬼臉兒.

74 鬼臉兒, 鬼頭, 假面-廣大. 面魁-곡도.

75 최남선,《조선상식문답속편》, 161쪽.

76 이상 이 절의 논의는 안상복, 앞의 글, 137-140쪽과 〈한·중 인형극의 비교연구-역사적 전개, 텍스트 및 공연과 관련된 몇 가지 논제〉, 336-337쪽을 바탕으로 수정 보완한 것이다.

77 귀방(鬼方)은 중국 상(商)나라 때 태행산맥(太行山脈)에서부터 서쪽의 황토고원에 걸쳐 살았던 민족으로 훈육(薰育)이라고도 불렸다.

78 당나라 두우(杜佑)의 《통전(通典)》에서는 흉노(匈奴), 오환(烏桓), 선비(鮮卑), 모용씨(慕容氏), 고차(高車), 돌궐(突厥), 거란(契丹), 회흘(迴紇), 귀국(鬼國) 등을 북적에 포함시키고 있다. 杜佑,《通典》卷185-200 邊防 제10-16 北狄1-7, 1045-1087쪽.

79 중국 학계에 제기된 괴뢰희 기원설에서 그 시작으로 일컬어지는 귀(鬼)와 귀방의 귀(鬼)가 동일한 글자가 사용되고 있는데, 이 또한 우연의 일치라기보다는 이면에 깊은 뜻이 담겨 있는 것으로 보인다.

80 가와타게 시게토시 저, 이응수 역,《일본연극사》상권, 167쪽 참조.

81 孫楷第, 앞의 책, 10쪽.

82 예를 들어 일본 학자 안도 마사쓰구(安藤正次)는 〈古代國語の硏究〉에서 "최세진의《訓蒙字會》에 의하면 괴뢰의 조선어는 Koang-Tai다. 조선어에 ng로 맛치는 말은 국어에는 Gu로 전용되는 데가 많다. 그러므로 Koang이 Kugu로 되고 다시 クグツ라는 국어가 되었으리라."고 했다. 송석하, 〈광대는 무슨 뜻인가〉, 351쪽.

83 최남선《조선상식문답속편》, 161쪽.

84 여기서는 귀방(鬼方)의 귀이면서 귀신의 귀를 아우르는 개념으로 제시한다.

85 窟石壘子, 亦云魁石壘子, 作偶人以戲. 善歌舞, 本喪家樂也. 漢末始用之於喜會. 齊後主緯尤所好. 高麗國亦有之.

86 顔之推,《顔氏家訓》'書証篇': "俗名傀儡子爲郭禿."

87 예를 들면 전호태의《고구려 고분벽화 연구》에서의 설명이 이와 동일하고, 조선화보사(朝鮮畵報社)에서 간행한《高句麗古墳壁畵》에서도 '들놀이와 사냥'이란 명칭을 붙이고 있어서 북한 학계의 인식도 이와 다르지 않음을 알 수 있다.

88 이상의 문제제기는 안상복, 〈고구려의 傀儡子(廣大)와 장천1호분 앞방 왼쪽 벽 벽화〉, 129-131쪽에서 인용.

89 傀儡子者, 無定居, 無當家. 穹廬氈帳, 逐水草以移徙. 頗類北狄之俗. 男則皆使弓馬, 以狩獵爲事. 或跳雙劍弄七丸, 或舞木人鬪桃梗. 能生人之態, 殆近魚龍曼蜒之戲. 變沙石爲金錢, 化草木爲鳥獸, 能■人目. 女則爲愁眉·啼粧·折腰步·齲齒咲, 施朱傅粉, 倡歌淫樂, 以

求妖媚. 父母夫知不誠ㅁ. 丞雖逢行人旅客, 不嫌一宵之佳會. …… 不耕一畝田, 不採一枝葉. 故不屬縣官, 皆非土民, 自限浪人. …… 夜則祭百神, 鼓舞喧嘩, 以祈福助. 원문은 大曾根章介 校注 〈傀儡子記〉, 山岸徳平·竹内理三·家永三郎·大曾根章介 等著, 《日本思想大系8: 古代政治社會思想》 수록본을 따랐고 번역은 필자.

90 전호태, 앞의 책 45면에서는 5세기 중엽으로, 보고서 173면에서는 5세기 말 6세기 초로 추정하고 있다.

91 이상 본 절의 논의는 안상복, 위의 글, 140-142쪽을 가져다 고쳐 쓴 것이다.

92 吉林省博物館.集安縣文物保管所, 〈集安長川一號壁畫墓〉, 162쪽.

93 전호태, 앞의 책, 39쪽.

94 "舊傳, 惟娼優所居揭長竿, 以別良家, 今聞不然. 蓋其俗淫祠鬼神, 亦厭勝祈禳(鄭刻 禱)之具耳." 徐兢, 《高麗圖經》, 16-17쪽.

95 김청자, 〈한국 전통인형극의 새로운 접근〉, 97쪽.

96 전호태, 앞의 책, 46쪽.

97 난조는 일반적으로 서조(瑞鳥)라고 할 수 있으므로 의미상 성수(聖樹)와 어울린다.

98 〈信西古樂圖〉, 正宗敦夫 編纂, 《日本古典全集第二回》 收錄本.

99 이상 소결의 내용은 안상복, 앞의 글, 151-152쪽을 가져다 수정 보완한 것이다.

100 인형놀이와 인형극을 포괄하는 개념으로 사용.

101 김재철은 《조선연극사》에서 가면극일 것이라 했고, 양재연은 〈무애무소고〉에서 가면무가 아니라고 했다.

102 이두현은 탬버린 같은 악기일 것이라 했다. 이두현, 《한국가면극》, 69쪽.

103 박진태, 〈고전인형극사의 전개양상〉, 83-114쪽.

104 或問, "俗名傀儡子爲郭禿, 有故實乎?", 答曰, "《風俗通》云, ……"

105 〈窟石壘子〉, 亦云〈魁石壘子〉, 作偶人以戲. 善歌舞, 本喪家樂也. …… 齊後主緯尤所好. 高麗國亦有之.

106 "北齊後主高緯雅好傀儡, 謂之郭公, 時人戲爲郭公歌." 郭茂倩, 《樂府詩集》 卷87 '邯鄲郭公歌', ??쪽.

107 傀儡幷越調夷賓曲, 李勣破高麗所進也.

108 "自昔傳云起漢祖在平城爲冒頓所圍, …… 後樂家翻爲戲, 其引歌舞有郭郎者, 髮正禿, 善優笑, 閭里呼爲郭郎, 凡戲場必在俳兒之首也." 段安節, 《樂府雜錄》, 61-62쪽.

109 "鮑老當筵笑郭郎, 笑他舞袖太郎當. 若敎鮑老當筵舞, 轉更郎當舞袖長." 陳師道, 《後山詩話》, 《歷代詩話》, 182쪽.

110 "傀儡裝成出敎坊, 綵旗前引兩三行, 郭郎鮑老休相笑, 畢竟何人舞袖長." 田汝成, 《西湖遊覽志餘》 卷20 '熙朝樂事', 356쪽.

111 曉旣失戒生聰, 已後易俗服, 自號小姓居士. 偶得優人舞弄大瓠, 其狀瑰奇. 因其形製爲道具, 以華嚴經一切無㝵人, 一道出生死, 命名曰無㝵, 仍作歌流于世. 嘗持此, 千村萬落, 且歌且舞, 化詠而歸, 使桑樞瓮牖玃猴之輩, 皆識佛陀之號, 咸作南無之稱, 曉之化大矣哉.

112 李仁老,《破閑集》, 1260년 목판본: 昔元曉大聖, 混迹屠沽中. 嘗撫玩曲項葫蘆, 歌舞於市, 名之曰無㝵. 是後好事者, 綴金鈴於上, 垂彩帛於下以爲飾, 拊擊進退皆中音節. 乃摘取經論偈頌, 號曰無㝵歌. 至於田翁亦效之以爲戲. 無㝵智國嘗題云, "此物久將無用用, 昔人還以不名名." 近有山人貫休作偈云, "揮雙袖所以斷二障, 三擧足所以越三界." 皆以眞理比之. 僕亦見其舞作讚, "腹若秋蟬, 頸如夏鼈. 其曲可以從人, 其虛可以容物. 不見窒於密石, 勿見笑於葵壺. 韓湘以之藏世界, 莊叟以之泛江湖. 孰爲之名小性居士, 孰爲之讚隴西駝李."

113 無㝵之戲, 出自西域, 其歌詞多用佛家語, 且雜以方言難於編錄, 姑存節奏.

114 又高陵縣捉得鏤身者宋元素, 刺七十一處, 左臂曰 "……." 右臂上刺葫蘆, 上出人首, 如傀儡戲郭公者. 縣吏不解, 問之, 言葫蘆精也.

115 游琪.劉錫誠 主編,《葫蘆與象徵》, 116-117쪽.

116 游琪.劉錫誠 主編, 위의 책, 116쪽.

117 김청자, 앞의 글, 103쪽.

118 游琪 劉錫誠 主編, 앞의 책, 58쪽.

119 游琪 劉錫誠 主編, 앞의 책, 58쪽.

120 곧 흘료족(仡佬族)을 말한다.

121 游琪 劉錫誠 主編, 앞의 책, 59쪽.

122 여기서의 한상(韓湘)은 중국의 민간에 널리 알려진 팔선(八仙) 중의 한 사람인 한상자(韓湘子)이며 호리병박은 그의 신물이다. 장자(莊子)가 박을 언급한 대목은《莊子》逍遙遊篇에 나온다.

123 董每戡,《說劇》, 61쪽.

124 歌舞戲, 有大面·撥頭·踏搖娘·窟石壘子等戲. 玄宗以其非正聲, 置教坊於禁中以處之.

125 "鮑老当筵笑郭郎, 笑他舞袖太郎當." 陳師道,《後山詩話》, 182쪽.

126 "矮人不省當筵事, 枉把郎當笑郭郎."

127 "【窣地錦襠】鮑老當年笑郭郎, 笑他舞袖太郎當. 若教鮑老舞郎當, 更覺郎當舞袖長."

128 "筵前鮑老笑琅璫",《嘯皐集》卷1, 한국고전종합DB.

129 "儵郭郎之飜然, 頭童髮而面頳. 袖猿長而蹁躚." 羅湜,《長吟亭遺稿》, 한국고전종합DB.

130 안상복, 〈한·중(韓·中) 인형극의 비교연구〉, 344쪽.

131 鮎貝房之進,《雜考》제9집, 546-547쪽.

132 "苛利子即傀儡子, 乃以一人在布帷之中, 頭頂小臺, 演唱打虎·跑馬諸雜戲."

133 "耍傀儡子. 一人挑担, 鸣锣, 前囊后笼. 耍时, 以扁担支起前囊, 上有木雕小台阁, 下垂其蓝布围, 人笼皆在其中. 笼内取偶人, 鸣锣, 衔哨, 连耍带唱, 有'八大出'之名:《香山还愿》,《铡美案》,《高老庄》,《五鬼捉刘氏》,《武大郎乍尸》,《卖豆腐》,《王小儿打老虎》,《李翠莲》." 蔡省吾,《一歲貨聲》'腊月'.

134 李調元,〈弄譜百咏〉.

135 李斗,《揚州畵舫錄》, 308쪽.

136 "造物弄人如弄幻, 達人觀幻似觀身. 人生幻化同爲一, 畢竟誰眞復匪眞." 李奎報,〈觀弄幻有作〉,《東國李相國後集》卷3,《韓國文集叢刊》, 한국고전종합DB.

137 "譬如工匠作機關木人, 行住坐臥, 唯不能言. 衆生亦爾. 自在天者, 喩如工匠. 木人者喩衆生身." 小野玄妙 主編,《大正新修大藏經》 제12책, 476-486쪽.

138 觀四大身, 因緣合成, 若如幻化, 譬如假物, 則非我有, 亦非他人. 猶如合材, 機關木人, 因對動搖. 愚者睹之, 謂為是人. 慧明察之, 合木無人. 一切三界, 皆空如是.

139 如世巧幻師, 幻作諸男女, 雖見諸根動, 要以一機抽, 息機歸寂然, 諸幻成無性.

140 也似機關傀儡, 皆因繩索抽牽, 或舞或歌, 或行或走, 曲罷事畢, 抛向一邊.

141 "造化成爲我, 如人弄郭禿. 魂魄似繩子, 形骸若柳木. 掣取細腰肢, 抽牽動眉目. 繩子乍斷去, 卽是乾柳樸." 王梵志 著, 項楚 校註,《王梵志詩校註》, 291쪽.

142 王梵志, 위의 책, 12-13쪽 및 17쪽.

143 "但看弄傀儡, 線斷一時休.", "看取棚頭弄傀儡, 抽牽全藉裏頭人." 각각 釋道原,《景德傳燈錄》 제5권 및 제12권.

144 양굉(梁鍠)은 당나라 천보(天寶: 742-755) 연간에 살았던 사람으로 알려져 있다.〈詠木老人〉이라는 시의 작자는 현종(玄宗)이라는 설도 있는데 학계에서는 그럴 가능성을 낮게 보고 있다.

145 "刻木牽線作老翁, 鷄皮鶴髮與眞同. 須臾弄罷寂無事, 還似人生一夢中." 이 작품은〈傀儡吟〉 또는〈詠窟磊子人〉이라는 제목으로도 알려져 있다. 彭定求等十人 勅編,《全唐詩》卷202, 2116쪽.

146 "傀儡棚中, 鼓笛聲送, 相搬弄. 想着那世事皆空, 恰便似一枕南柯夢." 臧晉叔 編,《元曲選》, 827쪽.

147 이상 이 장의 논의는 안상복,〈동아시아의 郭禿戲와 新羅高麗의 無导之戲〉를 가져다 첨삭 및 재구성하여 고쳐 쓴 것이다.

148 이하 인용하는 무제(武帝)와 주사(周捨)의〈上雲樂〉 원문은 각각 곽무천(郭茂倩)의《樂府詩集》744-746쪽 및 746-747쪽에 근거했다.

149 "青眼智智, 白髮長長. 蛾眉臨髭, 高鼻垂口. 非直能俳, 又善飮酒. 簫管鳴前, 門徒從後. 濟濟翼翼, 各有分部. 鳳凰是老胡家鷄, 獅子是老胡家狗. …… 但願明陛下, 壽千萬世, 歡樂未渠央."

150 김학주 선생은 일찍이 가면희(假面戲)라는 관점에서 주사(周捨)의 〈上雲樂〉을 분석한 바 있다. 양무제(梁武帝)와 주사의 작품에 대한 자세한 논의는 김학주, 《한·중 두 나라의 가무와 雜戲》 제7장 3 '〈上雲樂〉의 내용 및 구성', 320-329쪽 참조.

151 〈信西古樂圖〉, 正宗敦夫 編纂, 앞의 책.

152 이 책은 종름(宗懍)이 지은 《荊楚記》에 수(隋)나라 두공첨(杜公瞻)이 증보(增補), 주(注)를 첨가한 것으로 알려져 있다.

153 "十二月八日爲臘日. …… 村人竝繫細腰鼓, 戴胡公頭及作金剛力士, 以逐疫. 《小說》, "孫興公常著戲頭, 與逐除人共至宣武家, 宣武覺其應對不凡, 推問乃驗也." 金剛力士, 世謂佛家之神. 按《河圖玉版》云, "天立四極, 有金剛力士, 兵長三十丈." 此則其義." 宗懍, 《荊楚歲時記》.

154 "江淮之俗, 每作诸戏, 必先设嗔拳笑面, …… 按《荆楚岁时记》有谚语云: "腊鼓鸣, 春草生, 村人並细腰鼓, 戴胡公头, 及作金刚力士以逐除." 今南方为此戏者, 必戴面如胡人状, 作勇士之势, 谓之嗔拳, 则知其为荆楚故俗舊矣." 高承, 《事物纪原》 '博弈嬉戏·嗔拳', 電子版 《文淵閣四庫全書》.

155 장강(長江)과 회하(淮河) 사이를 지칭하는 말로 대략 지금의 강소성(江蘇省)과 안휘성(安徽省) 중부지역에 해당한다.

156 이백(李白)과 이하(李賀)의 작품은 곽무천(郭茂倩)의 앞의 책, 747쪽 및 748쪽에 각각 모아 놓았다.

157 관련된 시구의 원문은 이렇다. "哥舒开府设高宴, 八珍九酝當前头. 前頭百戲競撩亂, 丸劍跳擲霜雪浮. 獅子搖光毛彩竪, 胡騰醉舞筋骨柔. 大宛來獻赤汗馬, 贊普亦奉翠茸裘."

158 西湖老人, 《西湖老人繁勝錄》, 孟元老等著, 《東京夢華錄外四種》, 111쪽.

159 周密, 《武林舊事》 卷2 '舞隊', 孟元老等著, 위의 책, 371쪽.

160 "院本皆作傀儡舞." 宋懋澄, 《九籥集》 10, '御戲', 《文淵閣四庫全書》(電子版). 송무징(宋懋澄)은 대략 16세기 후반부터 17세기 초까지 살았던 사람이다.

161 "凡大祀慶成大宴用萬國來朝隊舞纓鞭得勝隊舞, 萬壽聖節大宴用九夷進寶隊舞壽星隊舞, 冬至大宴用聖喜隊舞百花聖朝隊舞, 正旦大宴用百戲蓮花盆隊舞勝鼓採蓮隊舞. 成祖永樂間更定樂章." 원문 출처는 王圻, 《續文獻通考》, 明萬曆30年松江府刻本, 卷157 '樂考'의 '迎膳樂章'. 中國基本古籍庫에서 인용.

162 "奉天殿宴儀洪武二十六年六月重定大宴禮 …… 出第五爵酒, 奏振皇綱之曲, 進酒如初, 飮畢, 奏百戲呈應舞. 畢, 出第六爵酒, 奏金陵之曲, 進酒進湯如初, 奏八蠻獻寶舞. 畢, 出

第七爵酒, 奏長楊之曲, 進酒如初." 원문 출처는 郭正域,《皇明典禮志》, 明萬曆四十一年劉汝康刻本, 卷3 '大宴儀'. 中國基本古籍庫에서 인용함.

163 〈憲宗元宵行樂圖〉, 明代, 歷史博物館 所藏.

164 〈信西古樂圖〉, 正宗敦夫 編纂, 앞의 책.

165 阮大鋮 著. 劉一禾 注. 張安全 校,《燕子笺》, 201-204쪽.

166 "(樂官跪介) 太平天子坐朝元, 日月雙欲照八蠻. 今日筵前來進寶, 波斯胡舞自迴旋. 稟老爺, 這回跳的是波斯進寶太平有象的隊子. (衆吹打, 假面矮波斯胡捧盤上介, 象奴騎象上介)【園林好】(眾) 矮波斯寶盆手持, 珊瑚樹連根帶枝. 雜進的零星珠翠, 又有個象奴兒把白象騎, 象奴兒把白象騎." 阮大鋮 著. 劉一禾 注. 張安全 校, 위의 책, 204쪽.

167 "阮圓海家優, 講關目, 講情理, 講筋節, 與他班孟浪不同. 然其所打院本, 又皆主人自製, 筆筆勾勒, 苦心盡出, 與他班鹵莽者又不同. …… 余在其家看《十錯認》·《摩尼珠》·《燕子箋》三劇, …… 至於《十錯認》之龍燈·之紫姑,《摩尼珠》之走解·之猴戲,《燕子箋》之飛燕·之舞象·之波斯進寶, 紙札裝束, 無不盡情刻畫, 故其出色也愈甚." 張岱,《陶庵夢憶》, 第八卷 '阮圓海戲', 111쪽.

168 衆吹打, 假面一人讀書, 一老人執杖舞介. 阮大鋮 著. 劉一禾 注. 張安全 校, 앞의 책, 203쪽. 삽도는 난홍실본(暖紅室本)에 수록된 것임. 같은 책, 202쪽.

169 〈南都繁會圖〉, 明代, 歷史博物館 所藏.

170 1696-1706년 사이에 완성된 것으로 알려져 있다.

171 扮如波斯國人衣制, 數人扮馴象, 作〈貢寶曲〉, 叩銅鼓以節之. 楊米人等 著,《清代北京竹枝詞》, 157-179쪽.

172 王兆乾 輯校,《安徽貴池儺戲劇本選》, 593-600쪽 참조.

173 감숙성(甘肅省) 영정(永靖)에 계승되고 있는 나희(儺戲) 중에서 〈삼회회(三回回)〉, 〈세회회(洗回回)〉와 함께 〈세료료(洗佬佬)〉가 서역의 호인희(胡人戲) 유형으로 분류되고 있다. 石林生,《永靖儺戲文化研究》, 27-28쪽 참조.

174 中國民族民間舞蹈集成編輯部,《中國民族民間舞蹈集成·江西卷》下, 805쪽. 표면적으로 드러나지 않지만 현지에서 회회(回回)와 같은 호인(胡人)으로 지칭되는 사례는 이 밖에도 비일비재하다.

175 "(老旦扮僧上)…… 小僧广州府香山多宝寺一个住持. 这寺原是番鬼们建造, 以便迎接收宝官员. 兹有钦差苗爷任满, 祭宝于多宝菩萨位前, 不免迎接. (净扮苗舜宾, 末扮通事, 外, 贴扮皂卒, 丑扮番鬼上) …… (净) 自家钦差识宝使臣苗舜宾便是. 三年任满, 例当祭赛多宝菩萨. 通事那里? (末见介)(丑见介)伽喇喇. (老旦见介)(净)叫通事, 分付番回献宝. (末)俱已陈设. (净起看宝介)奇哉宝也. 真乃磊落山川, 精荧日月. 多宝寺不虚名矣! 看香. (内鸣钟, 净礼拜介) …… (净引生看宝介)(生)明珠美玉, 小生见而知之. 其间

数种, 未委何名? 烦老大人一一指教.【驻云飞】(净)这是星汉神砂, 这是煮海金丹和铁树花. 少什么猫眼精光射, 母碌通明差. 嗏, 这是靺鞨柳金芽, 这是温凉玉斝, 这是吸月的蟾蜍, 和阳燧冰盘化. (生)我广南有明月珠, 珊瑚树. (净)径寸明珠等让他, 便是几尺珊瑚碎了他. (生)小生不游大方之门, 何因睹此!【前腔】天地精华, 偏出在番回到帝子家. 禀问老大人, 这宝来路多远? (净)有远三万里的, 至少也有一万多程. (生)这般远, 可是飞来, 走来? (净笑介)那有飞走而至之理. 都因朝廷重价购求, 自来贡献." 원문은 湯顯祖 著, 徐朔方·楊笑梅 校注,《牧丹亭》第二十一齣 '謁遇', 人民文學出版社, 1998, 119-120쪽. 역문은 탕현조 저, 이정재·이창숙 역,《모란정》, 193-200쪽. 부분 수정은 필자.

176 湯顯祖 著, 徐朔方. 楊笑梅 校注, 위의 책, 124쪽 주32, 34, 35, 38 참조.

177 李昉 等編,《太平廣記》卷402 '徑寸珠': 近世有波斯胡人, 至扶風逆旅, 見方石在主人門外, 盤桓數日, 主人問其故, 胡雲: 我欲石擣帛. 因以錢二千求買. 主人得錢甚悅, 以石與之. 胡載石出, 對眾剖得徑寸珠一枚. 以刀破臂腋, 藏其內, 便還本國. 隨船泛海, 行十餘日, 船忽欲沒. 舟人知是海神求寶, 乃遍索之, 無寶與神, 因欲溺胡. 胡懼, 剖腋取珠. 舟人祝云: 若求此珠, 當有所領. 海神便出一手, 甚大多毛, 捧珠而去.

178 湯顯祖 著, 徐朔方·楊笑梅 校注, 위의 책, 125쪽 주41 참조.

179 〈臚歡薈慶圖冊〉, 清代, 故宮博物院 所藏.

180 "四年, 王移御怡第, 忠獻迎駕, 獻壽于闊洞私第. 諸王宰樞皆侍宴, 翼日乃罷. 錦繡綵棚, 胡漢雜戲, 窮極侈異." 원문은 鄭麟趾 等著, 북한사회과학원·허성도,《高麗史》卷129 '崔忠獻傳', 누리미디어, http://www.krpia.co.kr에서 인용함. 이하《고려사(高麗史)》에서 인용하는 출처는 동일하므로 별도로 밝히지 않는다.

181 諸將功成奏凱來, 巡軍雜劇設山臺. 唐人舌短談鋒急, 胡客腰長舞袖回. 원문 출처는 한국고전종합DB.

182 안상복, 〈韓中 두 나라 山臺와 雜戲 비교 연구〉, 68쪽.

183 江南賈客語侏離, 進退輕捷風中螢. 新羅處容帶七寶, 花枝壓頭香露零. 低回長袖舞太平, 醉臉爛赤猶未醒. 원문 출처는 한국고전종합DB.

184 "十二年正月, 禑在李仁任第, 仁任妻進大爵曰, "今日三元, 謹上壽." 禑進爵仍戲曰, "吾一則爲孫, 一則爲婢壻. 今乃對飮, 得無失禮耶." 乃冒處容假面作戲, 以悅之." 鄭麟趾 等著,《高麗史》제136권 '禑王 12년 正月'에서 원문과 역문 모두 인용.

185 "丁亥, 曲宴. 崔怡進假面人雜戲. 賜銀甁人一口, 又賜妓綾各二匹." 원문은 鄭麟趾 等著,《高麗史》제23권 '고종 31년 2월 정해일'. 역문은 필자 수정.

186 안상복, 〈鰲山과 山臺의 명칭 · 유형과 역사전개상의 특징〉, 108-109쪽.

187 채색본 〈낙성연도〉 도판을 제공한 고려대학교 전경욱 교수에게 감사를 표한다.

188 "甲申, 內侍左右番爭獻珍玩. 時右番多紈袴子弟 …… 又結綵棚載以雜伎作異國人貢獻

之狀, 獻青紅盖二柄, 駿馬二匹." 鄭麟趾 等著,《高麗史》 제18권 '毅宗 19年 4월 갑신일'.

189 관련 기록은 모두 www.krpia.co.kr에서 검색 가능하다.

190 "十一月 庚子, 設八關會. …… 宋商客·東西蕃·耽羅國亦獻方物, 賜坐觀禮. 後以爲常." 鄭麟趾 等著,《高麗史》 제6권 '靖宗 元年 11월 경자일'.

191 "十一月辛亥, 設八關會, 御神鳳樓觀樂. 翼日大會, 大宋, 黑水, 耽羅, 日本等諸國人各獻禮物, 名馬." 鄭麟趾 等著,《高麗史》 卷9, '文宗 27年 11월 신해일'.

192 이상 이 장의 논의는 안상복, 〈韓中 두 나라의 異國人假面戱와 '貢物 바치기'에 대한 비교 고찰〉을 수정 보완한 것이다.

193 饒宗頤, 〈梵文四流母音ṚṜḶḸ與其對中國文學之影響〉, 187-198쪽.

194 그는 로류로루(魯流盧樓)가 리리루루(釐釐樓樓), 리리율율(唎唎栗栗), 리리루루(離離樓樓), 리리구려로(哩哩口呂嚧), 리려로로(哩黎魯盧), 리리리리(唎唎利利) 등으로도 번역되고 있음을 제시하고 있다.

195 饒宗頤, 〈南戲戲神咒囉哩嗹之謎〉, 209-222쪽.

196 沈繼生, 〈泉州傀儡戲中的嘮哩嗹-南戲戲神咒探源〉, 93-96쪽.

197 康保成, 〈囉哩嗹與中國戲曲的傳播〉, 76-118쪽.

198 무대 위에서 한 사람이 노래하면 무대 뒤에서 여러 사람이 화창(和唱)하는 가창방식.

199 정동화, 〈아리랑 語源에 대한 연구-音韻 分析을 중심으로〉, 388-389쪽의 표.

200 정동화, 위의 글, 387쪽.

201 박민일,《韓國 아리랑文學 연구》, 24-39쪽.

202 上堂云, "明日匹馬單鎗, 爲國出戰, 得勝回戈之日, 滿路歌謠", 大衆, "作麼生是歌謠一曲?" 乃云, "囉囉哩, 囉囉哩, 還有人和得麼?" 王昆吾·何劍平 編著,《漢文佛經中的音樂史料》, 694쪽.

203 上堂, "迎日出門去, 已覺披煙霧. 冒月望山歸, 重露濕禪衣. 心悄悄, 步遲遲. 無孔笛, 再三吹. 哩哩囉, 囉囉哩. ……" 王昆吾·何劍平, 위의 책, 700쪽.

204 澧州欽山文邃禅师, 福州人也. …… 上堂顾视大众曰, "有麼? 有麼? 如無, 钦山唱〈菩萨蠻〉去也, 囉囉哩哩." 便下座. 王昆吾·何劍平, 위의 책, 712쪽.

205 雲有赞曰, "百尺竿头曾进步, 溪桥一踏没山河. 从兹不出茶川上, 吟啸無非囉哩囉." 晋濟,《五燈會元》, 355쪽.

206 왕중양(王重陽)은 금(金)나라의 왕철(王喆)로 1112년에 태어나 1170년에 사망했다.

207 猿騎馬, 呈顛傻. 難擒難捉怎生捨? 哩囉唛! 哩囉唛! 饒宗頤, 앞의 책, 213쪽.

208 搗練子, 具如何. 從前輩孽暗消磨. 囉哩唛, 哩唛囉. 饒宗頤, 앞의 책, 213쪽

209 紹興九年, 張淵道侍郎家居無錫南禪寺, 其女請大仙. 忽書曰, "九華天仙降." 問爲誰? 曰, "世人所謂巫山神女者是也." 賦〈惜奴嬌〉大曲一篇, 凡九闋. "(其一曰)…… (歸第九)吾歸矣, 仙宮久離, 洞戶無人管之, 專俟吾歸. ……哩囉哩." 洪邁, 앞의 책, 557-558쪽.

210 司祝用吳語誦唱, 以七字句爲基础, 曲調介于湖歌與宣卷調, 是早期的一種吳歌. 每唱一節, 香民接'樂啊樂樂来, 樂啊哩哩哩樂啊樂哩樂来', 稱接樂来, 形成轻松愉悦气氛, 以此娱神. 蔡鐵民·陳俊才, 《中國民間文化-地方神信仰》, 164쪽.

211 唐梨园歌有囉哩嗹, 以五七言整句, 須有襯字乃可歌也. 吳喬, 《圍爐詩話》, 488쪽.

212 旋擘黃柑麝白墮, 哩喻囉, 從他擾擾如旋磨. 唐圭璋 編, 《全宋詞》, 2218쪽.

213 我適來擔至廟前, 見一個苦胎與它厮纏, 口裏唱個囉嗹囉囉嗹. 錢南揚 校注, 《永樂大典戲文三種校注》, 68쪽.

214 (末叫) 相公, 相公, 勝花娘子省了! (丑) 省了, 离哩連. (末) 唱得快活. 錢南揚 校注, 위의 책, 153쪽.

215 休将闲事苦萦怀, (和)哩哩囉, 哩哩囉, 哩哩來也. 이하 7구절이 이어지며 (和)로 표기된 부분에서 '哩哩囉, 哩哩囉, 哩哩來也.'가 반복된다. "取次推殘天賦才, (和) 不意當初完妾命, (和) 豈防今日作君災, (和) 仰酬厚德難從禮, (和) 謹奉新詩可當媒, (和) 寄語高唐休咏賦, (和) 今宵端的雲雨來". 董解元, 《西厢記》, 152쪽.

216 蓮花落易學, 桃李子難教. 張打油囉囉連和得着. 學不成打爻, 牵着狗兒當街叫, …… 這的是子弟每下稍. 隋樹森, 《全元散曲》, 1665쪽.

217 (齊舞) 哩嗹囉嗹 哩嗹嗹, 唻囉哩囉 囉哩嗹 囉哩嗹, 囉嗹哩嗹 囉哩唻囉 囉哩嗹 囉哩嗹. 《明本潮州戲文五種》, 67쪽.

218 (齊舞) 哩嗹囉嗹 哩嗹嗹, 唻囉哩囉 囉哩嗹 囉哩嗹, 囉嗹哩嗹 嗹囉哩嗹, 囉囉哩嗹 囉哩嗹. 위의 책, 75쪽.

219 哩羅 嗹羅 羅哩嗹, 哩嗹 哩羅 哩嗹哩, 嗹羅 嗹哩 嗹羅哩, 羅嗹羅 哩嗹哩, 嗹羅 嗹哩 嗹羅嗹, ……. 俞爲民校註, 《劉知遠還鄉白兎記》, 115쪽.

220 (内唱) 哏嗹哏, 柳嗹嗹, 呵柳嗹哏, 嗹柳嗹柳, 嗹哏, 嗹柳嗹. 《明本潮州戲文五種》, 480쪽.

221 (内唱) 嗹柳哏, 哏柳嗹, 嗹啞柳嗹 哏柳嗹, 哏柳嗹 啞柳柳 哏嗹. 위의 책, 558쪽.

222 (合) 嗹哩哩囉 囉哩嗹, 嗹哩哩囉 囉哩嗹. 毛晉 編, 《六十種曲評注》 卷2, 500쪽.

223 이 대목은 부부가 봉양화고(鳳陽花鼓)를 합창하는 장면이다. 《綴白裘》, 道光3年刻本, 第6冊, 27쪽: (合)咱也合唱歌, 穿州過府, 兩脚走如梭. …… (貼) …… (凈作坐身势回看貼介)嗳. (貼)哩囉嗹, 唱一個. 嗹哩囉 哩囉嗹, 唱一個嗹哩囉.

224 辣哩辣辣哩了(領) 今日敬酒大盛會 (合) 辣哩 (領) 深深謝禮三家師 (合) (辣辣哩了) ……. 蒙光朝, 《壯師劇概論》, 103쪽.

225 築起城墙都放你, 回家夫妻唱哩嗹囉. 《中國地方戲集成·安徽卷》, 中國戲劇出版社,

1960.

226 嗹(啊) 哩嘮嗹 嗹(阿) 哩嗹嘮 嘮嘮嗹, 嗹(阿) 哩嘮嗹 嗹(阿) 哩嗹嘮 嗹哩嗹 嘮哩嗹, 嘮(阿) 哩嘮嗹 嘮嗹嘮 哩(阿) 哩嘮 哩哩嗹, 嗹(阿) 哩嘮嗹 嗹(阿) 哩嘮嗹 哩嗹嘮 哩嗹嘮(阿)哩嘮嗹.《目連救母》(曲本), 油印本 1-2쪽.

227 那羅離. 好禾行, 一歲種禾二歲藏, 齊齊來到交阯國, 不悲白米那羅離. 饒宗頤, 앞의 책, 192-192쪽.

228 羅哩羅 羅哩羅 羅哩羅羅 羅哩羅 羅哩羅哩, 羅哩羅 羅哩羅 羅哩哩羅 羅哩羅羅 羅哩羅羅. 〈자고조(鷓鴣調)〉는 초웅주(楚雄州) 요안현(姚安縣)의 민가로 〈좌각조(左脚調)〉라고도 한다. 康保成, 앞의 책, 105쪽.

229 이상은 김연갑,《아리랑》, 511-525쪽에 수록된 198종의 중에서 간추린 것이다.

230 哩字引浊囉字清, 住乃哩囉顿唆喻.

231 강등학, 〈1945년 이전시기 통속민요 아리랑의 문화적 성격과 가사의 주제양상〉, 27쪽.

232 이상 이 장의 논의는 안상복, 〈라리련(囉哩嗹)과 아리랑-그 현상과 의미〉를 재구성하여 수정 보완한 것이다.

233 張撝之 外 主編,《中國歷代人名大辭典》, 2255쪽.

234 이상의 개괄적인 설명 및 33단의 단락 구분은 董越 著, 윤호진 옮김,《朝鮮賦》, 11-23쪽에 근거한 것이다.

235 김일출,《朝鮮 민속 탈놀이 연구》, 100-101쪽.

236 이두현,《한국가면극》, 130쪽.

237 장한기,《한국연극사》, 105-107쪽.

238 전경욱,《한국의 전통연희》, 253-255쪽.

239 윤호진, 앞의 책, 58-60쪽 및 154-157쪽.

240 윤호진, 앞의 책, 156쪽 주24.

241 지금의 경상남도 합천군 덕곡면 율지리.

242 崔常壽,《한국민족문화대백과사전》'대광대'조, http://www.encykorea.com

243 "趫爲高足之戱, 以足束于木竿上踹之而行."《漢語大字典》, 3500-3501쪽.

244 '清官遺聞·除夕慶隆舞'條: "一人躧高趫, 騎假馬." 위의 책, 3500-3501쪽.

245 일본 국립국회도서관 소장본. 별칭은 〈부상신초지회권(付喪神草紙繪卷)〉.

246 연비(蓮飛)의 출처는《和國諸織繪盡》, 古河三樹,《圖說庶民藝能-江戶の見世物》, 46쪽에서 재인용.

247 인용문에는 저자가 帥江納言로 표기되어 있는데 해당 주(註)에 의하면 이 사람이 곧 大江匡房이다.

248 帥江納言,《洛陽田樂記》, 218쪽.

249 河竹繁俊 著, 이응수 역《일본연극사》, 260쪽.

250 河竹繁俊, 위의 책, 278-279쪽.

251 하남성(河南省)의 독교(獨蹺)와 관련된 설명 및 〈도14〉의 스케치는 中國民族民間舞蹈集成編輯部 編,《中國民族民間舞蹈集成·河南卷》, 399-403쪽에 근거한 것이다.

252 산동성(山東省)의 독각교(獨脚蹺)에 대한 설명 및 〈도15〉의 스케치는 中國民族民間舞蹈集成編輯部 編,《中國民族民間舞蹈集成·山東省》, 469-274쪽에 근거한 것이다.

253 정작 제시한 근거 자료는 양산백(梁山伯)·축영대(祝英臺)의 애정고사(愛情故事) 자료일 뿐으로 양산귀가 무엇인지를 설명하지 못하고 있다. 윤호진 역, 앞의 책, 60쪽 및 156쪽.

254 강서성(江西省)의 나한무(羅漢舞)에 대한 설명 및 스케치는 中國民族民間舞蹈集成編輯部 編,《中國民族民間舞蹈集成.江西卷》, 473-488쪽에 근거함.

255 崔常壽, 앞의 글.

256 鄭昞浩,《한국민족문화대백과사전》'무동놀이'조, http://www.encykorea.com

257 심우성,《남사당놀이》; 鄭昞浩,《농악》.

258 鄭昞浩, 위의 책, 90 및 94쪽.

259 이상 이 장의 논의는 〈明人 董越의 朝鮮賦에 묘사된 15世紀 山臺雜戲 재검토〉 중에서 해당 부분을 가져다 재구성하고 수정 보완한 것이다.

260 전경욱,《春香傳의 辭說형성원리》, 80-86쪽; 김동욱,《春香傳硏究》, 158쪽.

261 "及爲右相, 與左相姜恪對掌樞密. 恪既曆任將軍, 立功塞外, 立本唯善于圖畫, 非宰輔之器. 故時人以千字文爲語曰, "左相宣威沙漠, 右相馳譽丹青."《舊唐書》卷77列傳27,《文淵閣四庫全書》(電子版)

262 "金人連年以深秋弓勁馬肥入寇, 薄暑乃歸, 遠至湖湘二浙. ……自是越人至秋亦隱山間, 逾春乃出. 人又以千字文爲戲曰, "彼則'寒來暑往', 我乃'秋收冬藏'."《鷄肋編》卷中,《文淵閣四庫全書》卷1039, 中國基本古籍庫.

263 "敬白社官, 三老等, 竊聞政本於農, 當須務滋稼穡. 若不雲騰致雨, 何以稅熟貢新. ……某乙則稽顙再拜, 終冀勒碑刻銘. 但知悚懼恐惶, 實若臨深履薄." 역문과 원문은 김장환 외 옮김,《太平廣記》11, 74-76쪽에서 인용.

264 趙翼,《陔餘叢考》22, 錢鍾書, 앞의 책, 742쪽.

265 錢南揚, 〈千字文院本之前後〉,《錢南揚先生紀念集》, 133쪽.

266 "唐封抱一任櫟陽尉, 有客過之. 旣短, 又患眼及鼻塞. 抱一用《千字文》語作嘲之. 詩曰, '面作天地玄, 鼻有雁門紫, 既無左達承, 何勞罔談彼.' 陸昕等 主编,《白話太平廣記》, 601쪽.

267 錢鍾書,《管錐編》, 742쪽.

268 이상 4종은 중국기본고적고(中國基本古籍庫)에서 원문을 확인할 수 있다. 서울대학교중앙도서관 전자책 소장.

269 李漁,《李笠翁十種曲》4, 14쪽.

270 王兆乾 輯校,《安徽貴池儺戲劇本選》, 113-116쪽.

271 毛晉 編,《六十種曲》3, 25쪽.

272 毛晉 編,《六十種曲》2, 4쪽.

273 毛晉 編,《六十種曲》4, 82쪽.

274 "(淨扮老道姑上) …… 貧道紫陽宮石道姑是也. 俗家原不姓石, 則因生爲石女, 爲人所棄, 故號石姑. 思想起來, 要還俗, 百家姓上有俺一家. 論出身, 千字文中有俺數句. 天呵, 非是俺'求古尋論', 恰正是'史魚秉直'. 俺因何住在這'樓觀飛驚', 打併的'勞謙謹勑'? 看修行似'福緣善慶', 論因果是'禍因惡積'. 有甚麼'榮業所基'? ……" 湯顯祖,《牧丹亭》, 91-93쪽.

275 錢南揚, 앞의 글, 134-136쪽.

276 錢鍾書, 앞의 책, 742쪽.

277 원문은《古本小說集成》370, 340-342쪽 참조했다.

278 원문은 西湖漁隱主人,《歡喜冤家》, 154-156쪽 및 漁隱主人이 編하고 大堂에서 간행한 淸代 木版本(서울대학교중앙도서관 소장)을 함께 참조했다.

279 교문사, 1997. 대사는 차례로 같은 책의 63-64쪽, 116-117쪽, 178-180쪽, 255-256쪽이다.

280 이두현, 앞의 책, 178-180쪽.

281 이두현, 앞의 책, 178쪽 및 주 347.

282 이 분류는 전경욱, 앞의 책, 81-84쪽을 따랐다.

283 김여란창본 춘향가, 김진영 등편,《春香傳 전집》2, 212-214쪽.

284 차례로 김진영 등편, 앞의 책 제7권 155쪽, 제8권 181쪽, 제9권 21쪽 참조.

285 김진영 등편, 앞의 책 제1권, 5-6쪽.

286 김진영 등편, 앞의 책 제9권 21쪽. 철자는 필자가 수정.

287 "契丹小兒初讀書, 先以俗語顚倒其文句而習之, 至有一字用兩三字者. 頃奉使金國時, 接伴副使祕書少監王補, 每爲予言以爲笑. 如"鳥宿池中樹, 僧敲月下門"兩句. 其讀時則曰: "月明裏和尙門子打, 水底裏樹上老鴉坐"大率如此. 補: 錦州人, 亦一契丹也." 洪邁,《夷堅丙志》18 '契丹誦詩',《夷堅志》, 1109쪽.

288 이두현,《韓國假面劇選》, 56쪽 주234.

289 田耕旭,《한국의 전통 연희》, 370-374쪽.

290 金東旭,《春香傳硏究》, 18-21쪽.

291 안상복, 〈중국 북방 秧歌戲와 二人轉 연구〉, 175쪽.

292 이상 이 장의 논의는 안상복, 〈千字文辭을 통해 본 韓中 傳統演戲의 관련성〉, 189-202쪽 및 210-214쪽을 재구성하여 첨삭하고 고쳐 쓴 것임.

293 "狼比地有大星, 曰南極老人. 老人見, 治安, 不見, 兵起." 司馬遷, 《史記》 27 '天官書', 楊鍾賢 主編, 《文白對照全譯史記》 2, 國際文化出版公司, 1992, 395쪽.

294 老人一星, 在弧南, 一曰南極, 爲人主之壽命延長之應. www.djsm.org/content.php?cn=god2에서 인용.

295 祀老人星於國都南郊老人廟. www.360doc.cn/article/152409_496410305.html에서 인용.

296 范曄, 《後漢書》 15 '祠星', 電子版 《四庫全書》.

297 壽星, 角亢也.

298 "開元二十四年七月, …… 勅壽星壇, 宜祭老人星及角亢七宿." 杜佑, 《通典》, 新興書局, 1965, 257면.

299 "壽星, 蓋南極极老人星也. 見則天下理安, 故祠之以祈福壽." 司馬貞, 《史記索隱》, 電子版《四庫全書》.

300 두숙(斗宿). 별자리 여섯이 있다.

301 卷3, '管輅教顏超延命' http://so.gushiwen.org/guwen/bookv_4206.aspx에서 인용.

302 "北方: 南斗六星, 天廟也. 丞相太宰之位, 主褒賢進士, 禀授爵祿, 又主兵." 《隋書》 20, 電子版 《四庫全書》.

303 《上淸經》: 南斗六星, 第一天府宮爲司命星君, 第二天相宮爲司祿星君, 第三天梁宮爲延壽星君, 第四天同宮爲益算星君, 第五天樞宮爲度厄星君, 第六天机宮爲上生星君, 怠称六司星君. http://baike.baidu.com의 '南斗六星'조.

304 翟灝, 《通俗編》, 417쪽.

305 毗騫國, 梁时闻焉, 在顿逊之外大海洲中, 去扶南八千里. 传其王身长丈二尺, 头长三尺, 自古来不死, 莫知其年. 其王神圣, 知将来事, 南方號曰長頭王. 杜佑, 《通典》, 앞의 책, 1009쪽.

306 《古今圖書集成 神異典》, 易夫, 《俗界諸神》, 75-76쪽.

307 《衆群仙慶賞蟠桃會》 '穿關': "正末南極星, 如意蓮花冠, 鶴氅, 牌子, 玎當, 白髮, 白髯, 執圭." 楊家駱 主編, 《全明雜劇》 10, 鼎文書局, 1979, 5886쪽.

308 《祝聖壽金母獻蟠桃)》 '穿關': "正末南極星, 如意冠, 鶴氅, 牌子, 玎當, 白髮, 白髯, 執圭." 위의 책, 5937쪽.

309 여기(呂紀)는 홍치 연간(1488-1505)의 궁정 화가로 추정되는 인물이다. 두 작품 모두 베이징 고궁박물원 소장.

310 제7회: 長頭大耳短身軀, 南極之方, 稱老壽.

311 "金天之精有古月, 或黑或黃目靑熒." 한국고전종합DB에서 인용.

312 이두현, 《한국가면극선》, 211쪽.

313 정렴(鄭𥖝: 1506-1549)을 말함.

314 〈東稗洛誦〉, 《조선조문헌설화 輯要(Ⅱ)》, 522-523쪽.

315 손진태 지음, 김헌선·강혜정·이경애 옮김, 《한국 민화에 대하여》, 111-112쪽 참조.

316 칠성신은 각각 맡은 역할이 다르다. 탐랑은 자손들에게 복을 주고, 거문은 장애와 재난을 없애 주고, 녹존은 업장을 소멸시켜 주고, 문곡은 구하는 바를 모두 얻게 해주고, 염정은 백가지 장애를 없애 주고, 무곡은 복덕을 두루 갖추게 해주고, 파군은 수명을 연장시켜 준다.

317 그는 두 신앙의 마찰을 우려하여 《약사칠불경》에다 칠성호마법을 만들어 칠성을 수용했다.

318 김경나·이성규, 〈한몽 수명관장 신격 연구〉, 18쪽 참조.

319 김경나·이성규, 앞의 글, 18-22쪽 참조.

320 이상 이 장의 논의는 안상복, 〈글로컬리즘의 관점에서 본 수성(壽星)노인의 형상 유래와 동아시아적 전개〉를 재구성한 것으로, 본 서의 주지와 무관한 부분은 생략하고 관련되는 부분은 자료를 보완하여 쓴 것이다.

321 선행연구로는 최남선의 〈향악오종이란 것은 무엇입니까〉, 양주동의 〈月顚·束毒〉, 양재연의 〈新羅五技硏究序說〉, 김학주의 〈鄕樂雜詠과 唐戱와의 比較考釋〉, 이두현의 〈五伎〉 등을 거론할 수 있다.

322 이두현, 《韓國假面劇》, 77쪽.

323 回身掉臂弄金丸, 月轉星浮滿眼看. 縱有宜僚那勝此, 定知鯨海息波瀾.

324 "18세 당시 오광대를 놀았다는 밤마리출신 윤화익옹과 그밖의 이정홍, 정성조옹 등의 증언에 의하면 오광대놀이를 시작하기 전에 걸궁패처럼 매귀(농악)를 치고, 먼저 '중(죽)방울'을 받는다고 하였다. 죽방울놀이 하는 재인이 탈놀음꾼과 함께 다니며 죽방울놀음을 하였는데 '세중방울' 노는 것도 보았다고 한다. 아마 죽방울의 개수를 말하는 것 같았다. 때로는 솔(솟)대광대놀음과 줄광대놀음도 함께 놀았다고 한다. 죽방울놀이가 진행되고 구경꾼들이 어지간히 모이게 되면 말뚝이와 다섯 양반이 나와 양반과장을 놀고, ……. 마지막으로 사자과장을 놀았으며 죽방울놀음으로 놀이마당을 끝내는 수가 많았다고 한다." 이두현, 앞의 책, 78쪽.

325 "市南宜僚弄丸, 而兩家之難解." 《莊子》 '徐无鬼'.

326 《孤本元明雜劇》本.

327 《敦煌研究》, 1998년 제1기, 〈도판1〉.

328 필자 소장 1998년 녹화 중국 호남성(湖南省) 목련대희(目連大戲)에 근거했다.

329 혹은 오도전륜왕(五道轉輪王)이라고도 한다.

330 卽位時, 由天感得輪寶, 轉其輪寶而降伏四方, 故曰轉輪王. 其輪寶有金銀銅鐵四種, 感得金輪者, 爲金輪王, 領東南西北四大洲.《佛學大辭典》, '轉輪王'조.

331 혹은 죽간불자(竹竿拂子)라고도 한다.

332 劉宏度,《宋歌舞劇考》, 18-24쪽.

333 관련 기록은《夢粱錄》卷3 〈宰執親王南班百官入內上壽賜宴〉條 참조.

334 《元史, 禮樂志》樂隊條.

335 肩高項縮髮崔嵬, 攘臂群儒鬪酒杯. 聽得歌聲人盡笑, 夜頭旗幟曉頭催.

336 月題者, 恐古所謂以儒爲戲者也. 卽假面圓額如月也.

337 "少頃, 儺戲輩鳴錚伐鼓, ……齊入官場. ……月顚. 大面. 老姑優. 兩班倡, 奇形怪容之流, 頭頭迭出, 面面相詭, 或狂叫或漫舞." 吳宖黙,《固城叢瑣錄》.

338 한중 두 나라 유희류에 대한 비교는 제7장에서 자세하게 다루었다.

339 김일출,《조선 민속 탈놀이 연구》, 57쪽.

340 漢語大字典編輯委員會,《漢語大字典》 제1권 '儒'와 漢語大詞典編輯委員會,《漢語大詞典》 제1권 '侏' 참조.

341 〈공자항탁상문서(孔子項託相問書)〉에 대해서는 제11장에서 좀 더 자세하게 논하였다.

342 黃金面色是其人, 手抱珠鞭疫鬼神. 疾步徐趨呈雅舞, 宛如丹鳳舞堯春.

343 "戶部尙書韋虛心, 有三子, 皆不成而死. 子每將亡, 則有大面出手牀下, 嗔目開口, 貌如神鬼." 李昉等 勅撰,《太平廣記》, 卷362 妖怪4 '韋虛心'.

344 "恍惚常見室中有衣冠大人, 列在四壁, 云'我平陽堯平 (明鈔本'堯平'作'堯神') 使者.' 請巫祝祠禱之, 終不能去. 乃避於精舍中, 見佛榻下有大面, 瞪目視之. 又將逃於他所, 出門, 復見群鬼, 悉戲巷中." 李昉等 勅撰, 위의 책, 卷362 妖怪4, '燕鳳祥'.

345 "又一參軍曰, '爾所爲全易. 吾能于使君廳前, 墨塗其面, 着碧衫子, 作神舞一曲, 慢趨而出." 李昉等 勅撰, 위의 책, 卷496 雜錄4 '趙存'.

346 이두현,《韓國假面劇選》, 175~176쪽.

347 봉산탈춤 취발이 가쪽. 전경욱,《한국가면극 그 역사와 원리》, 〈도판9〉.

348 이두현, 앞의 책, 175쪽.

349 "大面者, 爲黃金假面如佛像也."《星湖僿說類選》卷4下 '治道門 鄕樂'.

350 관련 용례는《漢語大詞典》, 제11권 '金人'조를 참조.

351 蓬頭藍面異人間, 押隊來庭學舞鸞. 打鼓冬冬風瑟瑟, 南奔北躍也無端.

352 "東毒亦假面如鬼形也." 李瀷, 《星湖僿說類選》, 卷4下 '治道門 鄉樂'.

353 "藍面掀靑唇, 亦有臙脂染. 厥角鬔鬔然, 怒目睒閃閃." 楊啓孝編, 《中國儺戲·儺文化資料彙編》, 159쪽.

354 弘學 編, 《佛敎圖像說》, 393쪽 참조.

355 필자는 〈중국 소희와 한국 탈춤의 전통 비교연구〉라는 글에서 대면과 속독을 묶어서 각각 쫓고 쫓기는 역을 맡았으리란 추정을 한 바 있는데 여기서 그 견해를 수정한다. 〈대면〉과 구분되는 독립된 판으로서 간주하는 것이 더 타당하다.

356 곽약허(郭若虛)는 《도화견문록(圖畵見聞錄)》의 '종규양(鍾馗樣)'에서 종규의 머리를 '봉발(蓬髮)'로 언급하고 있다.

357 한국고전종합DB, http://db.itkc.or.kr

358 遠涉流沙萬里來, 毛衣破盡看塵埃. 搖頭掉尾馴仁德, 雄氣寧同百獸才.

359 中文大辭典編纂委員會, 《中文大辭典》, '狻猊'조.

360 이 장의 논의는 안상복, 〈향악잡영과 산대놀이의 전통〉, 135-152쪽을 고쳐 쓴 것이다.

361 이 시가 지어진 연대는 사평부(司平府)라는 말에 근거할 때, 공민왕 18년(1368)에 순군만호부(巡軍萬戶府)가 사평순위부(司平巡衛府)로 바뀐 다음부터 우왕(禑王: 1374-1388 재위)이 다시 순군만호부(巡軍萬戶府)로 되돌리기 이전의 어느 시점에 지어진 것으로 추정된다. 鄭麟趾 等著, 《高麗史》, 77卷 志31 百官2 '諸司都監各色'조, http://www.krpia.co.kr

362 이 글에서 사용하는 나희(儺戲)라는 용어는 《고려사(高麗史)》(135卷 列傳48 辛禑 9年 正月조) 기록에 근거한 것이다. 다만 내용에 대해서는 구체적인 언급이 없는데, 같은 책 128권(列傳41 鄭仲夫) 관련 기록에서 '설나례정잡기(設儺禮呈雜技)'라고 한 것에 근거해 '나례에 수반된 놀이' 정도의 의미로 사용하고자 한다.

363 "煙火大起, 有假面披髮, 口吐狼牙煙火, 如鬼神狀者上場." 孟元老, 《東京夢華錄》, 卷7 '駕登寶津樓諸軍呈百戲', 孟元老 等著, 《東京夢華錄外四種》, 43쪽.

364 '서호유행(西湖遊幸)'조에서는 다양한 놀이 종목 중의 하나로 연화를 언급하고 있으며, '제색기예인(諸色伎藝人)'조에서는 연화(煙火)를 전담했던 기예인으로 진태보(陳太保)와 하도자(夏島子)를 예거했다. 각각 孟元老 等著, 위의 책, 375쪽과 465쪽 참조.

365 "又爆仗響, 有煙火就湧出, 人面不相覩, 煙中有七人, 皆披髮文身, ……." 孟元老 等著, 위의 책, 43쪽.

366 "或竿尖立横木列於其上, 裝神鬼, 吐煙火, 甚危險駭人." 孟元老 等著, 위의 책, 48쪽.

367 《동경몽화록(東京夢華錄)》 권7의 '가등보진루제군정백희(駕登寶津樓諸軍呈百戲)' 조에는 구체적으로 언급되어 있지 않지만 관련 대목에 모두 귀신으로 분장한 자들이 등장한다는 점에서 이렇게 부르기로 한다. 거기의 기록에 따르면 귀신놀이 대목은 모두 화약을 사용한 폭장(爆仗)에 의해 장면전환이 이루어지며, 전후하여 대략 7가지의 종목이 거론된다.

368 이 문제는 안상복, 〈唐宋 儺禮·儺戲와 驅儺行의 儺戲 그리고 산대놀이〉에서 자세하게 다루었다.

369 周華斌, 〈崑淨的'神'氣〉. 현대 예인들의 경험담에 의하면, 북곤(北崑)의 종규(鍾馗)나 북곤과 남곤의 장점을 살린 서릉운의 공연에서 이빨놀리기와 불토하기가 사용되었다고 한다.

370 "帝巡狩東至海, 登恆山, 於海濱得白澤神獸, 能言, 達於萬物之情. …… 帝令以圖寫之. 以示天下, 並作祝邪之文以祝之." 張君房 纂輯, 《雲笈七籤》, 卷100 '軒轅本紀'.

371 "驅儺之法, 自昔軒轅. 鍾馗白澤, 統領居仙." 黃徵·吳衛 校注, 《敦煌願文集》, 945쪽. 거선(居仙)을 제선(諸仙)으로 해석한 것은 같은 책 947면(校記11)을 따른 것이다.

372 각각 윤광봉, 《한국연희시연구》, 58-59쪽과 전경욱, 《한국가면극 그 역사와 원리》, 183-184쪽 참조.

373 여기서는 금정판(金睛判)과 수마귀(睡魔鬼)를 가리킨다.

374 여기서는 대모귀(大耗鬼)와 소모귀(小耗鬼)를 가리킨다.

375 여기서는 청·황·적·백·흑의 오귀(五鬼)를 가리킨다.

376 "東方有一鬼, 不許春時出. 南方有一鬼, 兩眼赤如月, 西方有一鬼, 便使秋天卒. 北方有一鬼, 渾身黑如漆. 四門皆有鬼, 搶之不遺一." 黃徵·吳衛, 앞의 책, 946쪽.

377 이두현, 《한국가면극선》, 334-335쪽.

378 여기서 정(淨)은 대사를 통해서 신(神)과 이대파(李大婆)라는 2개의 배역을 오간다. 錢南揚, 《永樂大典戲文三種校注》, 156-157쪽 및 169-171쪽.

379 이 극 제4절에서는 종규(鍾馗)가 오방귀(五方鬼)를 제압하는 과정이 재현되는데, 이 대목에서 중귀(衆鬼)들의 백희(百戲)와 폭장(爆仗)이 앞뒤로 연출된다.

380 第2折.

381 第3折.

382 이혜구, 〈牧隱先生의 驅儺行〉, 302쪽과 전경욱, 《한국의 전통 연희》, 187쪽에서는 모두 키가 큰 것으로 이해하고 있다.

383 윤광봉, 《한국 연희시 연구》, 59쪽에서는 귀가 큰 것으로 해석했다.

384 안상복, 〈글로컬리즘의 관점에서 본 수성(壽星)노인의 형상 유래와 동아시아적 전개〉, 38-43쪽 참조.

385 여기(呂紀)는 홍치(1488-1505) 연간의 궁정 화가로 추정되는 인물이다. 베이징 고궁박물원 소장.

386 이두현, 앞의 책, 211쪽.

387 "壽星的形象常爲一白髮老翁, 高腦門, 頭特長, 拄一根彎曲長拐杖." 中國道敎協會 蘇州道敎協會, 《道敎大辭典》, '南極仙翁', 704쪽.

388 이두현, 앞의 책, 80쪽 주 409.

389 이두현, 앞의 책, 197쪽.

390 易夫 編, 《道敎諸神》, 40쪽 참조.

391 이혜구, 앞의 글, 303쪽.

392 錦繡綵棚胡漢雜戱窮極侈異.

393 諸將功成奏凱來, 巡軍雜劇設山臺. 唐人舌短談鋒急, 胡客腰長舞袖回. 원문 출처는 한국고전종합DB.

394 이상 호한잡희에 대한 논의는 안상복, 〈韓中 두 나라 山臺와 雜戱 비교 연구〉, 68쪽에서 재인용했고 그중 일부에 대해 수정을 가한 것이다.

395 봉산탈춤 신장수춤. 이두현, 앞의 책, 169쪽.

396 兪曉群, 《數術探秘》, 三聯書店, 1995.

397 이혜구, 앞의 글, 304-305쪽.

398 夜叉蓬頭鐵骨朶, 赭衣藍面眼迸火.

399 馬書田, 《全像中國三百神》, 352쪽.

400 양주탈춤 취발이놀이, 이두현, 《주석본 韓國假面劇選》, 57쪽.

401 "雖則居官, 律令不曉. 但要白銀, 官事便了." 《灰欄記》 第2折에서 고(孤)라는 각색이 읊는 정장시.

402 (탈춤의 등장인물은) "대체로 參軍戱의 參軍과 유사한 면이 많으며, 늦어도 宋代 雜劇의 副淨이나 副末보다는 먼저 출현했다고 할 수 있다." 안상복, 〈중국 小戱와 한국 탈춤의 전통 비교연구〉, 686쪽.

403 윤광봉, 《한국연희시연구》, 61쪽.

404 이에 대해서는 안상복, 〈明人 董越의 朝鮮賦에 묘사된 15世紀 山臺雜戱 재검토〉, 217-219쪽에서 이미 지적한 바 있다.

405 이 장의 논의는 안상복, 〈驅儺行의 儺戱와 산대놀이〉, 411-412, 414-430, 433-434쪽을 가져다 첨삭하고 수정 보완한 것이다.

406 시의 원문은 한국고전종합DB에서 인용, 역문은 필자.

407 앞에서 인용했던 조선시대 이익(李瀷)의 언급이나 송대(宋代) 황감(黃鑑)의 《양문공담원(楊文公談苑)》 등에서 이런 구절을 찾아볼 수 있다.

408 본 절의 농공자류(弄孔子類) 부분은 안상복, 《宋金代 雜劇院本 研究》, 35-38, 46-47, 202-207쪽 등에서 일차 소개한 자료를 수정 보완하여 다시 쓴 것이다.

409 大和六年二月己丑, 寒食節, 上宴群臣於麟德殿. 是日, 雜戲人弄孔子. 帝曰 "孔子, 古今之師, 安得冒瀆" 亟命驅出.

410 孔道輔 …… 奉使契丹 …… 契丹宴使者, 優人以文宣王爲戲, 道輔艴然徑出. 契丹使主客者邀道輔還坐, 且令謝之. 道輔正色曰 …… "中國與北朝通好, 以禮文相接. 今俳優之徒, 侮慢先聖, 而不之禁, 北朝之過也. 道輔何謝" 契丹君臣默然.

411 至道二年, 重陽, 皇太子與諸王宴瓊林苑, 教坊以夫子爲戲. 太子賓客李至言於東朝曰 "唐大和中, 樂府以此爲戲, 文宗遽令止之, 笞優人, 以懲其無理. 魯定公以儒爲戲尙不可, 況敢及先聖乎" 東朝驚歎, 白於上, 而禁止之, 此戲遂絶.

412 元祐中, 上元, 駕幸迎祥池, 宴從臣, 教坊伶人以先聖爲戲. 刑部侍郎孔宗翰奏 "唐文宗時, 嘗有爲此戲, 詬斥去之. 今聖君宴犒羣臣, 豈宜尙容有此" 詔付檢官, 置於理.

413 지금의 절강성(浙江省) 온주(溫州)를 가리킨다.

414 鄭之市人, 以崇奉東嶽爲名, 設盜跖以戲先聖, 所不忍觀.

415 익화사(翼火蛇) 제오잔(第五盞)의 두 번째 극목이다. 寒聲 等, 〈迎神賽社禮節傳簿四十曲宮調注釋〉, 104쪽.

416 黃征·張涌泉 校注, 《敦煌變文校注》, 360쪽 참조. 같은 책 367-368쪽에 〈소아론(小兒論)〉 원문이 부록으로 수록되어 있어서 함께 참조.

417 遣人往問: "此是誰家小兒? 何姓何名?" 小兒答曰: "姓項名託." 夫子曰: "汝年雖少, 知事甚大." 小兒答曰: "吾聞魚生三日, 游於江海, 兎生三日, 盤地三畝, 馬生三日, 趁及其母, 人生三月, 知識父母. 天生自然, 何言大小?" 夫子問小兒曰: "汝知何山無石? 何水無魚? 何門無關? 何車無輪? 何牛無犢? 何馬無駒? 何刀無環? 何火無煙? 何人無婦? 何女無夫? 何日不足? 何日有餘? 何雄無雌? 何樹無枝? 何城無使? 何人無字?" 小兒答曰: "土山無石. 井水無魚. 空門無關. 轝車無輪. 埿牛無犢. 木馬無駒. 斫刀無環. 螢火無煙. 仙人無婦. 玉女無夫. 冬日不足. 夏日有餘. 孤雄無雌. 枯樹無枝. 空城無使. 小兒無字." 夫子曰: "善哉! 善哉! 吾與汝共遊天下, 可得已否?" 小兒答曰: "吾不遊也. 吾有嚴父, 當須侍之, 吾有慈母, 當須養之, 吾有長兄, 當須順之, 吾有小弟, 當須教之. 所以不得隨君去也." …… (夫子嘆曰) 善哉! 善哉! 方知後生實可畏也. 夫子共項託對答, 下下不如項託, 夫子有心殺項託……. 黃征·張涌泉 校注, 위의 책, 357-358쪽.

418 "孔子正坐, 顔孟與安石侍坐側. 孔子命之坐. 安石揖孟子居上, 孟辭曰: "天下達尊, 爵居其一. 軻僅蒙公爵, 相公貴爲眞王, 何必謙光如此?" 遂揖顔子, 顔曰: "回也陋巷鄙夫! 平生無分毫事業. 公爲名世眞儒, 位號有間, 辭之過矣!" 安石遂處其上. 夫子不能安席, 亦避位. 安石皇懼, 拱手云: "不敢!" 往復未決. 子路在外, 憤憤不能安, 徑趨從祠堂挽公冶長

臂而出, 公冶長爲窘迫之狀謝曰, "長何罪?" 乃責數之曰, "汝全不救護丈人, 看取別人家女婿." 其意以譏卞也. 時方議欲升安石於孟子之右, "爲此而止." 洪邁, 《夷堅志》, 支乙卷4 '優伶箴戲', 1576쪽.

419 可及 …… 升崇座, 自稱三教論衡. 其隅坐者問曰 "旣言博通三教, 釋迦如來是何人?" 對曰 "是婦人" 問者驚曰 "何也?" 對曰 "金剛經云 '敷座而坐'. 或非婦人, 何煩夫坐, 然後兒坐也?" 上爲之啓齒. 又問曰 "太上老君何人也?" 對曰 "亦婦人也" 問者益所不喩. 乃曰 "道德經云 '吾有大患, 是吾有身. 及吾無身, 吾復何患?' 倘非婦人, 何患乎有身乎?" 上大悅. 又問 "文宣王何人也?" 對曰 "婦人也" 問者曰 "何以知之?" 對曰 "論語云 '沽之哉! 沽之哉! 吾待賈者也' 向非婦人, 待嫁奚爲?" 上意極歡. 任二北, 《優語集》, 51-52쪽.

420 景定五年, 明堂禮成, 恭謝, 太乙宮賜宴齋殿, 敎坊優伶擧經語以戲. 刑部侍郎徐復引孔道輔使契丹, 責以文宣爲戲故事, 請誡樂部, 無得以六經前賢爲戲.

421 陶宗儀, 《輟耕錄》, 346쪽.

422 王福利 , 《遼金元三史樂志硏究》, 120-121쪽.

423 이상은 《三朝北盟會編》 卷77 '靖康二年', 中國基本古籍庫 참조.

424 "丁卯王至南京契丹投化人散居南京圻內者奏契丹歌舞雜戲以迎駕. 王駐蹕觀之." 《高麗史》 卷14, 동아대고전연구실 역주, 《역주고려사》 권2, 170쪽.

425 《高麗史》 卷18: 甲申內侍左右番爭獻珍玩. 時右番多紈袴子弟因宦者以聖旨多索公私珍玩書畫等物又結綵棚載以雜伎作異國人貢獻之狀獻青紅盖二柄駿馬二匹左番皆儒士不慣雜戲其所貢獻百不當一. 恥不及借人駿馬五匹以獻王皆納之賜左番白銀十斤丹絲六十五斤右番白銀十斤丹絲九十五斤. 其後左番不能償馬之直日被徵債時人笑之. 385-386쪽.

426 《高麗史》 卷129 崔忠獻傳: 四年, 王移御怡第, 忠獻迎駕獻壽于闊洞私第, 諸王宰樞皆侍宴, 翼日乃罷, 錦繡綵棚, 胡漢雜戲, 窮極侈異. 동아대고전연구실 역주, 《역주고려사》 권10, 510쪽.

427 諸將功成奏凱來, 巡軍雜劇設山臺. 唐人舌短談鋒急, 胡客腰長舞袖回. 한국고전종합DB에서 인용.

428 안상복, 〈韓中 두 나라 山臺와 雜戲 비교 연구〉, 68쪽 참조.

429 成俔, 《慵齋叢話》 卷3: 高麗將仕郎永泰, 善俳優戲. …… 泰又從忠惠王獵, 每呈優戲. 王投泰于水中, 泰撇裂而出, 王大笑問曰: "汝從何處去, 今從何處來?" 泰對曰: "往見屈原而來." 王曰: "屈原云何?" 對曰: "原云我逢暗主投江死, 汝遇明君底事來." 王喜賜銀甌一事. 한국고전종합DB에서 인용.

430 《太平廣記》 卷249 "高崔嵬": 唐散樂高崔嵬, 善弄癡. 太宗命給使捺頭向水下, 良久, 出而笑. 帝問之, 曰 "見屈原, 云 '我逢楚懷王, 無道, 乃沈汨羅水. 汝逢聖明主, 何爲來?'" (出自《朝野僉載》).

431 이상에서 소개한 영태와 고최외 이야기의 유사성에 대해서는 안상복, 〈韓中 優戲의 관련 양상에 대한 한 고찰〉, 337-338쪽에서 인용.

432 《高麗史》 卷135: (二月甲戌)禑率宦竪洗馬于東池, 與之馳騁, 禑手吹笛, 令宦竪爲雜戲, 使金元吉作唐人戲, 元吉辭以墜馬傷脚, 禑怒杖之垂死, 怒猶未解, 下巡軍獄, 尋釋之.

433 宗真庙号兴宗, …… 常夜宴, 與刘四端兄弟及王刚等数十人入樂队, 命后, 妃易衣爲女冠. 后父萧穆济言: "汉官皆在此, 后, 妃入戲, 非所宜也." 宗真击碎后父首曰: "我尚爲之, 若如何人也?" 曾巩, 《隆平集》, 電子版 《文淵閣四庫全書》 卷371.

434 《高麗史節要》 卷21 忠烈王 戊子十四年: 王, 以世子生日, 宴群臣, 上將軍鄭仁卿, 爲侏儒戲, 將軍簡弘爲倡優戲, 王, 亦拍手起舞. 한국고전종합DB에서 인용.

435 金仁鏡列傳: 高宗初趙冲討契丹兵于江東城辟仁鏡爲判官, 時蒙古元帥哈眞.東眞元帥完顔子淵請兵粮, 冲欲詗之, 難其人. 仁鏡請行, …… 冲乃許之, 卽遣仁鏡率精兵一千輸米一千石與之. …… 仁鏡領兵往見之, 兩元帥張樂宴慰極歡而罷. 仁鏡就州西門外, 結方陣, 兩元帥登高而望. 蒙古四十六人被甲帶劒相對而立, 仁鏡使才人列軍前鼓噪作雜戲, 又使善射者二十餘人一時俱射, 矢入州城, 契丹登城望者皆奔避. 역문은 동아대고전연구실 역주, 《역주고려사》 8, 615-616쪽에 근거해 약간 수정.

436 先是優人孔吉, 作老儒戲曰: "殿下爲堯, 舜之君, 我爲皐陶之臣. 堯, 舜不常有, 皐陶常得存." 又誦≪論語≫曰: "君君臣臣父父子子. 君不君臣不臣, 雖有粟, 吾得而食諸?" 王以語涉不敬, 杖流遐方.

437 《燕山君日記》 5년 12월 30일: 優人孔潔者, 誦李紳憫農詩, "鋤禾日當午, 汗滴禾下土. 誰知盤中飧, 粒粒皆辛苦." 之句, 又論三綱領八條目等語, 令承傳色問曰 "汝解文字, 其讀幾書" 潔立對曰 "不知書, 但傳聞之耳" 令退而呈戲, 亦不從命, 頗無禮° 令下義禁府, 杖六十, 屬驛卒. 承旨等啓: "潔優人, 但知呈戲耳, 豈可責之以禮?" 한국고전종합DB에서 인용.

438 이두현, 《주석본 韓國假面劇選》, 193-194쪽.

439 醉来卧空山, 天地即衾枕.(취하여 공산에 누우니 천지가 이부자리로세.)

440 이하 소개하는 《열자(列子)》부터 《악부잡록(樂府雜錄)》까지의 사례는 대부분 안상복, 《중국의 전통 잡기》에서 일차 소개한 바 있다.

441 "武帝始遣使至安息, 王令將將二萬騎迎于東界. 東界去王都數千里, 行比至, 過數十城, 人民相屬. 因發使隨漢使者來觀漢地, 以大鳥卵及犂軒眩人獻于漢, 天子大說. 安息東則大月氏." 《漢書》96 '西域傳' 및 "永寧元年, 撣國王雍由調復遣使者詣闕朝賀, 獻樂及幻人, 能變化吐火, 自支解, 易牛馬頭. 又善跳丸, 數乃至千. 自言我海西人. 海西卽大秦也, 撣國西南通大秦." 《後漢書》 86 '西南夷列傳'.

442 《舊唐書》 音樂志9. 大抵散樂雜戲多幻術, 幻術皆出西域, 天竺尤甚. 漢武帝通西域, 始以善幻人至中國. 安帝時, 天竺獻伎, 能自斷手足, 刳剔腸胃, 自是曆代有之.

443 신독(身毒). 지금의 인도에 위치했던 나라 이름.

444 "將斷舌, 先吐以示衆, 然後刀截, 血流覆地. 乃燒取置器中, 傳以示人, 視之, 舌半猶在. 既而還取, 合續之, 有頃如故, 不知其實斷否也. 嘗取絹布與人, 各執一頭, 中斷之. 已而取兩段, 合祝之, 絹布還連續, 故一體也."《太平廣記》284 '天竺胡人'.

445 《北史·西域傳》.

446 《太平廣記》.

447 "唐貞觀二十年, 西國有五婆羅門來到京師, 善能音樂, 呪術, 雜戲, 截舌, 抽腸續斷."

448 《문헌통고(文獻通考)》,《유양잡조(酉陽雜俎)》,《하동기(河東記)》 등에 의거.

449 "天竺伎 能自斷手足 刺腸胃 高宗惡其驚俗 詔不令入中國."

450 《太平廣記》441 雜說.

451 귀방(鬼方)은 중국 상(商)나라 때 태행산맥(太行山脈)에서부터 서쪽의 황토고원에 걸쳐 살았던 민족으로 훈육(薰育)이라고도 불렸다.

452 당나라 두우(杜佑)의《통전(通典)》에서는 흉노(匈奴), 오환(烏桓), 선비(鮮卑), 모용씨(慕容氏), 고차(高車), 돌궐(突厥), 거란(契丹), 회흘(迴紇), 귀국(鬼國) 등을 북적에 포함시키고 있다. 杜佑,《通典》卷185-200 邊防 제10-16 北狄1-7, 1045-1087쪽.

453 M. J. 드 괴즈, 〈아시아에 있는 집시들의 이동에 관한 연구논문〉, 앙리에트 아세오,《집시 유럽의 운명》, 115-116쪽.

454 원대의 라리회회 및 페르시아의 Luli 또는 Loli인과 관련된 내용은 楊志玖, 〈元代的吉普賽人-囉哩回回〉, 40-47쪽에 근거했다.

455 康保成, 〈囉哩嗹與中國戲曲的傳播〉,《儺戲藝術源流》, 76-118쪽.

456 이하의 논의는 안상복, 〈千字文辭을 통해 본 韓中 傳統演戲의 관련성〉, 205-210쪽을 바탕으로 고쳐 쓴 것이다.

457 김동욱,《春香傳研究》, 18-21쪽.

458 전경욱,《한국의 전통 연희》, 126, 219, 319쪽.

459 "傳楊水尺, 太祖攻百濟時, 所難制者遺種也. 素無貫籍賦役, 好逐水草, 遷徙無常, 唯事畋獵, 編柳器販鬻爲業. 凡妓種本出於柳器匠家." 鄭麟趾 等著,《高麗史》, 卷129 '崔忠獻列傳', http://www.krpia.co.kr

460 鮎貝房之進, 〈白丁攷〉,《雜攷》5, 朝鮮印刷, 1931.

461 이준구, 〈朝鮮시대 白丁의 前身 楊水尺, 才人. 禾尺, 韃靼〉, 4-5쪽.

462 이상은 이준구, 앞의 글, 6-7쪽 참조.

463 출처는 한국고전종합DB(http://db.itkc.or.kr). 이하《조선왕조실록》의 예문들은

모두 여기서 인용한 것이므로 별도로 출처를 표기하지 않는다.

464 “下書諸道觀察使曰: 才白丁, 本皆異類, 不事農業, 屯聚無人之地, 專以盜賊爲事, 漸不可長也.”

465 박옥걸,《고려시대의 귀화인 연구》, 59쪽 및 156쪽 표 참조.

466 徐兢,《高麗圖經》, 100쪽.

467 강만길, 〈王朝前期 白丁의 性格〉,《朝鮮時代商工業史硏究》, 337쪽 참조.

참고문헌

1. 원전류

국내

《高麗史節要》, 한국고전종합DB.

〈東稗洛誦〉,《조선조문헌설화 輯要(Ⅱ)》, 집문당, 1992.

覺訓,《海東高僧傳外》, 동국역경원, 1996.

金東旭,《春香傳研究》, 延世大學出版部, 1976.

金富軾,《三國史記》, 누리미디어, http://www.krpia.co.kr

김진영 등편,《春香傳 전집》2, 박이정, 1997.

曇無讖 漢譯,《大般涅槃經》, 동국역경원, 2001-2002.

동아대고전연구실 역주,《역주고려사》권2, 동아대출판부, 1966

董越著, 윤호진 옮김,《朝鮮賦》, 까치, 1994.

羅湜,《長吟亭遺稿》,《한국문집총간》28, 민족문화추진회, 1988.

朴承任,《嘯皐集》,《한국문집총간》36, 민족문화추진회, 1989.

徐兢,《高麗圖經》, 아세아문화사, 1972.

成俔,《慵齋叢話》, 한국고전종합DB, http://db.itkc.or.kr

吳弦默,《固城叢鎖錄》,《韓國地方史資料》18, 驪江, 1987.

李奎報,《東國李相國集》, 景仁文化社, 1993.

李穡,〈諸將入城〉및〈驅儺行〉, 한국고전종합DB, http://db.itkc.or.kr

李瀷,《星湖僿說》, 민족문화추진회, 1977.

李瀷,《星湖僿說類選》, 景文社, 1976.

李仁老,《破閑集》, 고려대민족문화연구소역주, 고려대출판부, 1964.

李學逵,《東事日知》, 한국고전종합DB, http://db.itkc.or.kr

一然,《三國遺事》, 누리미디어, http://www.krpia.co.kr.

鄭麟趾 等著,《高麗史》, 누리미디어, http://www.krpia.co.kr

鄭麟趾 等著, 북한사회과학원·허성도,《高麗史》, 누리미디어, http://www.krpia.co.kr

鄭麟趾 等著,《高麗史》1260년 목판본, 고려대민족문화연구소 역주, 고려대출판부, 1964.

竺法護 漢譯,《修行道地經》, 동국역경원, 1985.

국외

《古本小說集成》370, 上海古籍出版社, 1994.

《舊唐書》,《二十五史》本, 景印文化社, 1979.

《楞嚴經》, 藏經書院, 1906.

《明本潮州戲文五種》, 影印本, 廣東人民出版社, 1985.

《目連救母》, 曲本, 泉州地方戲曲硏究社·泉州木偶劇團, 1987.

《文淵閣四庫全書》, 電子版, 迪志文化出版有限公司, 1999.

高承,《事物纪原》,《文淵閣四庫全書》(電子版), 迪志文化出版有限公司, 1999.

郭茂倩,《樂府詩集》, 中華書局, 1991.

郭若虛,《圖畵見聞錄》, 兪劍華,《中國畵論類編》, 華正書局, 1975.

郭正域,《皇明典禮志》, 中國基本古籍庫, http://db.itkc.or.kr

段成式,《酉陽雜俎》, 源流出版社, 1983.

段安節,《樂府雜錄》,《中國古典戲曲論著集成》1, 中國戲劇出版社, 1982.

唐圭璋 編,《全宋詞》, 中華書局, 1979.

陶宗儀,《輟耕錄》, 文化藝術出版社, 1998.

董解元,《西厢記》, 上海古籍出版社, 1984.

杜佑,《通典》, 新興書局, 1965.

李昉 等編,《太平廣記》, 中國基本古籍庫, http://db.itkc.or.kr

馬端臨,《文獻通考》, 中華書局, 1986.

孟元老 等著,《東京夢華錄外四種》, 古亭書屋, 1975.

毛晉 編,《六十種曲》3, 中華書局, 1990.

毛晉 編, 黃竹三等評注,《六十種曲評注》, 吉林人民出版社, 2001.

范曄,《後漢書》, 電子版《四庫全書》.

富察敦崇,《燕京歲時記》, 北京古籍出版社, 1983.

司馬貞,《史記索隱》, 電子版《四庫全書》.

司馬遷 著, 楊鍾賢 主編,《文白對照全譯史記》2, 國際文化出版公司, 1992.

西湖老人,《西湖老人繁勝錄》, 孟元老等著,《東京夢華錄外四種》, 古亭書屋, 1975.

西湖漁隱主人,《歡喜寃家》, 北京師範大學出版社, 1992.

釋道原,《景德傳燈錄)》, 廣陵書社, 影印本.

宋濂·王褘主 編,《元史》, 景仁文化社, 1979.

宋懋澄,《九籥集》,《文淵閣四庫全書》(電子版), 迪志文化出版有限公司, 1999.

隋樹森,《全元散曲》, 中華書局, 1964.

顔之推,《顔氏家訓》, 電子版《文淵閣四庫全書》.
楊衒之,《洛陽伽藍記》, 電子版《文淵閣四庫全書》.
吳喬,《圍爐詩話》, 郭紹虞 編,《淸詩話續編》, 上海古籍出版社, 1999, 467-687쪽.
吳自牧,《夢粱錄》, 孟元老 等著,《東京夢華錄外四種》, 古亭書屋, 1975.
阮大鋮 著, 劉一禾 注, 張安全 校,《燕子箋》, 上海古籍出版社, 1986.
王季烈輯校,《孤本元明雜劇》, 中國戲劇出版社, 1957.
王圻,《續文獻通考》, 中國基本古籍庫, http://db.itkc.or.kr
王梵志 著, 項楚校註,《王梵志詩校註》, 上海古籍出版社, 1991.
王兆乾輯校,《安徽貴池儺戲劇本選》, 財團法人施合鄭民俗文化基金會, 1995.
劉宏度,《宋歌舞劇考》, 世界書局, 1979.
兪爲民校註,《劉知遠還鄕白兎記》,《藝術硏究》第3輯, 1985.
李斗,《揚州畫舫錄》, 山東友誼, 2001.
李昉 等編,《太平廣記》, 上海古籍出版社, 1991.
李聲振,〈百戲竹枝詞〉, 楊米人 等著,《淸代北京竹枝詞》, 北京古籍出版社, 1982.
李漁,《李笠翁十種曲》4, 朝記書莊, 1918.
李調元,〈弄譜百咏〉,《童山詩選》, 万卷樓, 道光5年(1825).
李調元,《童山诗选》,《叢書集成初編》2314冊, 中華書局, 1985.
張君房纂輯, 蔣力生等 校注,《雲笈七籤》, 華夏, 1996.
張岱,《陶庵夢憶》, 臺灣開明書店, 1978.
長孫無忌·魏徵 等撰,《隋書》20, 電子版《文淵閣四庫全書》.
莊周,《莊子》, 中華書局, 1979.
臧晉叔編,《元曲選》, 中華書局, 1958.
翟灝,《通俗編》, 商務印書館, 1959.
錢南揚 校注,《永樂大典戲文三種校注》, 華正書局, 1980.
田汝成,《西湖遊覽志餘》, 楊家駱 編,《大陸各省文獻叢刊第一集》第5冊, 世界書局, 1982.
鄭之珍,《目連救母勸善戲文》,《全明傳奇》68, 天一出版社, 1985.
宗懔,《荊楚歲時記》,《叢書集成初編》3025, 中華書局, 1991.
周密,《武林舊事》, 孟元老 等著,《東京夢華錄外四種》, 古亭書屋, 1975.
陳師道,《後山詩話》, 何文煥 編,《歷代詩話》, 藝文印書館.
陳壽,《三國志》, 中華書局, 1985.
晋濟,《五燈會元》, 中華書局, 1998.
蔡省吾,《一歲貨聲》, 北京出版社, 2015.
湯顯祖 著, 徐朔方·楊笑梅 校注,《牧丹亭》, 人民文學出版社, 1998.

彭定求等勅編,《全唐詩》, 宏業書局, 1982,
閒園鞠農編,《燕市貨聲》,《明清筆記史料》108冊, 中國書籍出版社, 2000.
洪邁,《夷堅志》, 北京燕山出版社, 1997.
黃徵·吳衛 校注,《敦煌願文集》, 岳麓書社, 1995.
黃徵·張涌泉 校注,《敦煌變文校注》, 中華書局, 1997.
大江匡房 著, 大曾根章介 校注,〈傀儡子記〉, 山岸徳平·竹内理三·家永三郎·大曾根章介 等著,《日本思想大系8：古代政治社會思想》, 岩波書店, 1979.
小野玄妙 主編,《大正新修大藏經》, 大正一切經刊行會, 1922-1934.
帥江納言,《洛陽田樂記》, 林屋辰三郎 校注,《古代中世藝術論》(日本思想大系23), 岩波書店, 1973.

2. 논저류

한글본

강등학,〈1945년 이전시기 통속민요 아리랑의 문화적 성격과 가사의 주제양상〉, 韓國民謠學會,《韓國民謠學》제21집, 2007.12.
강등학,〈향토민요 아리랑의 존재양상과 장르동향〉,《韶巖權五聖博士華甲紀念 音樂學論叢》, 民俗苑, 2000.
강만길,〈王朝前期 白丁의 性格〉,《朝鮮時代商工業史研究》, 한길사, 1984.
국립중앙박물관,《고대불교조각대전》, ㈜통천문화사, 2015.
金在哲,《朝鮮演劇史》, 學藝社, 1933.
金學主 譯,《詩經》, 명문당, 1985.
김경나·이성규,〈한몽 수명관장 신격 연구〉,《몽골학》제39집, 2014.11.
김연갑,《아리랑》, 현대문예사, 1986.
김일출,《조선 민속 탈놀이 연구》, 과학원출판사, 1958.
김재철,《조선연극사》, 학예사, 1933.
김청자,〈한국 전통인형극의 새로운 접근〉, 한국연극학회 편,《한국연극학》, 새문사, 1985.
김학주,《한·중 두 나라의 가무와 雜戲》, 서울대학교출판부, 1994.
김학주,〈鄉樂雜詠과 唐戲와의 比較考釋〉, 高麗大學校 亞細亞問題研究所,《亞細亞研究》제7권 제2호, 1964.
박민일,《韓國 아리랑文學 연구》, 강원대학교출판부, 1990.
박옥걸,《고려시대의 귀화인 연구》, 국학자료원, 1996.
박진태,〈중국 인형극의 수용과 변이과정(1)〉,《한국고전희곡의 역사》, 민속원, 2001.

박진태, 〈고전인형극사의 전개양상〉, 한국고전문학회, 《고전문학연구》 제20집, 2001.12.

박진태, 〈중국 인형극의 수용과 토착화 과정〉, 한국구비문학회 1999하계학술대회 발표문, 1999.8.19.

서연호, 《꼭두각시놀음의 역사와 원리》, 연극과 인간, 2001.

서울대학교동양사학연구실 편, 《講座中國史Ⅱ》, 지식산업사, 1989.

손진태 지음, 김헌선·강혜정·이경애 옮김, 《한국 민화에 대하여》, 도서출판 역락, 2000.

孫晋泰, 〈蘇塗考〉, 《民俗學論考》, 대광문화사, 1984, 99-145쪽. (孫普泰, 《朝鮮民族文化의 硏究》, 乙酉文化社, 1948, 182-223쪽에 수록된 논문임.)

宋錫夏, 《韓國民俗考》, 일신사, 1960.

송석하, 〈광대란 무슨 뜻인가〉, 《석남 송석하-한국 민속학의 재음미》, 국립민속박물관, 2004, (《조광(朝光)》, 1936.2, 253-257쪽에 수록된 논문임.)

송석하, 〈조선의 민속극〉, 《석남 송석하-한국 민속학의 재음미》, 국립민속박물관, 2004, (〈朝鮮の民俗劇〉라는 제목으로 민속학회, 《민속학》제4권 제8호, 1932.8, 9-23쪽에 수록된 논문임.)

심우성, 《남사당놀이》, 화산문화, 1994.

심우성, 《남사당패연구》, 동화출판공사, 1974.

심우성, 《한국전통예술개론》, 동문선, 2001

안상복, 《宋金代 雜劇院本 硏究》, 서울대학교대학원 박사학위논문, 1996.2.

안상복, 〈韓中 優戱의 관련 양상에 대한 한 고찰〉, 한국구비문학회, 《구비문학연구》 제8집, 1999.6.

안상복, 〈중국 小戱와 한국 탈춤의 전통 비교연구〉, 韓國中語中文學會, 《中語中文學》 제27집, 2000.12.

안상복, 〈향악잡영과 산대놀이의 전통〉, 韓國民俗學會, 《한국민속학》 제34호, 2001.12.

안상복, 〈唐宋 儺禮·儺戱와 驅儺行의 儺戱 그리고 산대놀이〉, 韓國中國語文學會, 《中國文學》제37집, 2002.5.

안상복, 〈驅儺行의 儺戱와 산대놀이〉, 韓國中語中文學會, 《中語中文學》 제30집, 2002.6.

안상복, 〈한·중 인형극의 비교연구-역사적 전개, 텍스트 및 공연과 관련된 몇 가지 논제〉, 韓國中國學會, 《中國學報》 제47집, 2003.6.

안상복, 〈고구려의 傀儡子(廣大)와 장천1호분 앞방 왼쪽 벽 벽화〉, 韓國民俗學會, 《한국민속학》 제37호, 2003.6.

안상복, 〈동아시아의 郭禿戱와 新羅高麗의 無㝵之戱〉, 韓國中國語文學會, 《中國文學》 제43

집, 2005.5.
안상복,《중국의 전통 잡기》, 서울대학교출판부, 2006.8.
안상복, 〈라리련(囉哩嗹)과 아리랑-그 현상과 의미〉, 韓國中國學會,《中國學報》 제59집, 2009.6.
안상복, 〈千字文辭을 통해 본 韓中 傳統演戱의 관련성〉, 中國語文學會,《中國語文學誌》 제47집, 2014.6.
안상복, 〈明人 董越의 朝鮮賦에 묘사된 15世紀 山臺雜戱 재검토〉, 中國語文學會,《中國語文學誌》 제49집, 2014.12.
안상복, 〈韓中 두 나라 山臺와 雜戱 비교 연구〉, 中國語文學會,《中國語文學誌》 제52집, 2015.9.
안상복, 〈鰲山과 山臺의 명칭·유형과 역사전개상의 특징〉, 韓國中國語文學會,《中國文學》 제86집, 2016.2.
안상복, 〈韓中 두 나라의 異國人假面戱와 '貢物 바치기'에 대한 비교 고찰〉, 韓國中國語文學會,《中國文學》 제90집, 2017.2.
안상복, 〈글로컬리즘의 관점에서 본 수성(壽星)노인의 형상 유래와 동아시아적 전개〉, 강릉원주대학교 인문학연구소,《해람인문》제43집, 2017.2.
앙리에트 아세오,《집시 유럽의 운명》, 시공사, 2010.
양재연, 〈무애무소고〉, 중앙대학교 문리대연합학회,《文耕》 창간호, 1955.
양재연, 〈新羅五技硏究序說〉, 陶南趙潤濟博士回甲紀念事業會,《陶南趙潤濟博士回甲紀念論文集》, 1964.
양주동, 〈月顚·束毒〉,《國學硏究論攷》, 을유문화사, 1962.
유민영, 〈한국인형극의 유래〉, 예술원,《예술논문집》 제14집, 1975.
윤광봉,《한국 연희시 연구》, 이우, 1987.
이두현,《한국가면극》, 문화재관리국, 1969.
이두현,《한국가면극선》, 교문사, 1997.
이준구, 〈조선시대 백정의 전신 양수척, 재인·화척, 달단-그 내력과 삶의 모습을 중심으로〉, 조선사연구회,《조선사연구》 제9집, 2000.
이필영,《솟대》, 열화당, 2000.
이혜구, 〈牧隱先生의 驅儺行〉,《한국음악연구》, 국민음악연구회, 1957.
임재해, 〈꼭두각시놀음의 역사적 전개와 발전 양상〉, 한국구비문학회,《口碑文學硏究》 제5집, 1998.1.
전경욱,《春香傳의 辭說형성원리》, 고려대학교 민족문화연구소, 1990.
전경욱,《한국 가면극 그 역사와 원리》, 열화당, 1998.

전경욱, 《한국의 전통 연희》, 학고재, 2004.
전경욱, 〈동아시아의 구음 '라라리(囉囉哩)'와 라리련(囉哩嗹)'의 한국적 존재 양상〉, 고려대학교 민족문화연구원, 《민족문화연구》 제64호, 2014.8.
전호태, 《고구려 고분벽화 연구》, 사계절, 2000.
정동화, 〈아리랑 語源에 대한 연구 -音韻 分析을 중심으로〉, 국어국문학회편, 《국어국문학》 제81호, 1979.
鄭昞浩, 《농악》, 열화당, 1986.
朝鮮畵報社出版部編, 《高句麗古墳壁畵》, 朝鮮畵報社, 1985.
최남선, 《朝鮮常識問答》, 동명사, 1946. 《육당최남선전집》 3, 현암사 재발간, 1973.
최남선, 《朝鮮常識問答續篇》, 동명사, 1946. 《육당최남선전집》 3, 현암사 재발간, 1973.
최남선, 〈향악오종이란 것은 무엇입니까〉, 《朝鮮常識問答》, 을유문화사, 1972.
崔常壽, 《韓國人形劇의 硏究》, 高麗書籍株式會社, 1961.
湯顯祖 著, 이정재·이창숙 역, 《모란정》, 소명출판, 2014.
河竹繁俊 著, 이응수 역 《일본연극사》, 청우, 2001.

중문본 및 일문본

《佛學大辭典》 제3판, 佛學書局, 1947.
《辭海》, 上海辭書出版社, 1979.
《中國地方戲集成·安徽卷》, 中國戲劇出版社, 1960.
《漢語大詞典》, 上海辭書出版社, 1986.
康保成, 《儺戲藝術源流》, 廣東高等教育出版社, 1999.
康保成, 〈囉哩嗹與中國戲曲的傳播〉, 康保成, 《儺戲藝術源流》, 廣東高等教育出版社, 1999.
季羡林, 〈列子與佛典〉, 《中印文化關係史論文集》, 三聯書店, 1982.
古河三樹, 《圖說庶民藝能-江戶の見世物》, 雄山閣出版, 1993.
吉林省博物館·集安縣文物保管所, 〈集安長川一號壁畫墓〉, 東北考古與歷史編輯委員會, 《東北考古與歷史》, 1982年 第1輯.
董每戡, 《說劇》, 人民文學出版社, 1983.
董每戡, 〈說郭郞爲俳兒之首〉, 《說劇》, 人民文學出版社, 1983.
馬書田, 《全像中國三百神》, 江西美術, 1995.
蒙光朝, 《壯師劇概論》, 廣西人民出版社, 1993.
潘魯生 主編, 《中國民間美術全集1 祭祀編 神像卷》, 山東教育出版社·山東友誼出版社, 1993.
山西師範大學戲曲文物研究所 編, 《中華戲曲》 第1輯, 山西人民出版社, 1986.

山西師範大學戲曲文物研究所 編,《中華戲曲》第3輯, 山西人民出版社, 1987.
常任俠,〈我國傀儡戲的發展與俑的關係〉,《東方藝術叢談》, 上海文藝出版社, 1984.
石林生,《永靖儺戲文化研究》, 甘肅北辰印務有限公司, 2015.
蕭兵,《儺蜡之風》, 江蘇人民出版社, 1992.
孫楷第,《傀儡戲攷原》, 上雜出版社, 1952.
沈繼生,〈泉州傀儡戲中的嘮哩嗹-南戲戲神咒探源〉,《泉州地方戲曲》第2期, 1987.2.
楊啓孝,《中國儺戲·儺文化資料彙編》, 臺灣施合鄭民俗文化基金會, 1993.
楊志玖,〈元代的吉普賽人-囉哩回回〉,《歷史研究》, 1991年 第3期.
易夫,《道教諸神》, 大衆文藝, 1999.
易夫,《俗界諸神》, 大衆文藝出版社, 1999.
吳文彬,〈五瑞圖試析〉,《故宮文物月刊》139, 1994.10.
翁敏華,〈郭禿과 꼭두각시놀음〉, 東洋演劇學會,《東洋演劇研究》제1호, 200.9.
翁敏華,〈傀儡戲三辨〉, 胡忌主編,《戲史辨》第1輯, 中國戲劇出版社, 1999.
王昆吾·何劍平,《漢文佛經中的音樂史料》, 巴蜀書社, 2002.
王福利,《遼金元三史樂志研究》, 上海音樂學院出版社 , 2005.
饒宗頤,〈南戲戲神咒囉哩嗹之謎〉, 饒宗頤,《梵學集》, 上海古籍出版社, 1993.
饒宗頤,〈梵文四流母音ṚṜḶḸ與其對中國文學之影響〉, 饒宗頤,《梵學集》, 上海古籍出版社, 1993.
兪劍華,《中國畫論類編》, 華正書局, 1975.
劉宏度,《宋歌舞劇考》, 世界書局, 1979.
游琪·劉錫誠 主編,《葫蘆與象徵》, 商務印書館, 2001.
兪曉群,《數術探秘》, 三聯書店, 1995.
任二北,《優語集》, 上海文藝出版社, 1982.
張家口市文物事業管理所 張家口市宣化區文物保管所,〈河北宣化下八里遼金壁畫墓〉,《文物》, 1990年 第10期, 1990.10.
張撝之 外 主編,《中國歷代人名大辭典》, 上海古籍出版社, 1999.
莊一拂,《古典戲曲存目彙考》, 上海古籍出版社, 1982.
錢南揚,〈千字文院本之前後〉,《錢南揚先生紀念集》, 南戲學會·南京大學中文系·江蘇民間文藝家協會, 1989.
錢鍾書,《管錐編》, 中華書局, 1979.
丁言昭,《中國木偶史》, 學林出版社, 1991.
周華斌 摹繪,〈南宋燈戲圖描摹圖〉, 山西師範大學戲曲文物研究所編,《中華戲曲》第1輯, 山西人民出版社, 1986.

周華斌,〈昆淨的"神"氣 - 兼談戲曲舞台上的淨及神鬼舞蹈的沿革〉,《文藝研究》2002.2.
中國道教協會·蘇州道教協會,《道教大辭典》, 華夏, 1994.
中國民族民間舞蹈集成編輯部,《中國民族民間舞蹈集成·江西卷》下, 中國ISBN中心, 1992.
中國民族民間舞蹈集成編輯部,《中國民族民間舞蹈集成·河南卷》, 中國ISBN中心, 1992.
中文大辭典編纂委員會,《中文大辭典》, 中国文化研究所, 1976.
蔡鐵民·陳俊才,《中國民間文化-地方神信仰》, 學林出版社, 1995.
何昌林,〈樂王, 戲祖, 拳宗, 醫聖〉, 山西師範大學戲曲文物研究所 編,《中華戲曲》第15輯, 山西古籍出版社, 1993.
寒聲 等,〈迎神賽社禮節傳簿四十曲宮調注釋〉, 山西師範大學戲曲文物研究所 編,《中華戲曲》第3輯, 山西人民出版社, 1987.
漢語大詞典編輯委員會,《漢語大詞典》, 上海辭書漢出版社, 1986.
漢語大字典編輯委員會,《漢語大字典》, 四川辭書出版社·湖北辭書出版社, 1991.
弘學 編著,《佛教圖像說》, 巴蜀書社, 1999.
黃錫鈞,〈泉州提線木偶戲神相公爺〉,《南戲論集》, 中國戲劇出版社, 1988,
黃少龍·王景賢,《泉州提線木偶戲》, 浙江人民出版社, 2007.
鮎貝房之進,《雜考》第9輯, 朝鮮印刷株式會社, 1938.
正宗敦夫編纂校訂,《日本古典全集》第2回《信西古樂圖》, 日本古典全集刊行會, 1927.

찾아보기

ㄷ

ㅂ

ㅅ

ㅇ

ㅋ

ㅌ

ㅍ

ㅎ

안상복

서울대학교대학원 중어중문학과에서 문학박사학위를 취득하였고, 현재 강릉원주대학교 중어중문학과 교수로 재직 중이다. 중국의 전통 연희 및 그와 관련된 동아시아 전통 연희의 비교연구에 주력하고 있다. 대표 저서로《중국의 전통 잡기》(2008년 대한민국학술원 우수학술도서),《명청시대 지역사회와 공연예술》(2014년 대한민국학술원 우수학술도서) 등이 있으며, 이 밖에 논문으로 〈오산과 산대의 명칭·유형과 역사전개상의 특징〉 외 40여 편이 있다.